EXPOSITION UNIVERSELLE DE 1878

FRANCE

NOTICES

SUR

LES MODÈLES, CARTES

ET DESSINS

RÉUNIS PAR LES SOINS

DU MINISTÈRE DES TRAVAUX PUBLICS

NOTICES

RELATIVES

À LA PARTICIPATION DU MINISTÈRE DES TRAVAUX PUBLICS

À L'EXPOSITION UNIVERSELLE,

EN CE QUI CONCERNE LE CORPS DES MINES.

EXPOSITION UNIVERSELLE À PARIS
EN 1878.

FRANCE.

NOTICES

RELATIVES

À LA PARTICIPATION DU MINISTÈRE DES TRAVAUX PUBLICS

À L'EXPOSITION UNIVERSELLE,

EN CE QUI CONCERNE LE CORPS DES MINES.

PARIS.

IMPRIMERIE NATIONALE.

M DCCC LXXVIII.

EXTRAIT
DU CATALOGUE GÉNÉRAL
DE
L'EXPOSITION UNIVERSELLE DE 1878,

RELATIF

À LA PARTICIPATION DU MINISTÈRE DES TRAVAUX PUBLICS

À LADITE EXPOSITION,

EN CE QUI CONCERNE LE CORPS DES MINES.

GROUPE II.

ÉDUCATION ET ENSEIGNEMENT. MATÉRIEL ET PROCÉDÉS DES ARTS LIBÉRAUX.

CLASSE 8.

ORGANISATION, MÉTHODES ET MATÉRIEL DE L'ENSEIGNEMENT SUPÉRIEUR.

2ᵉ PARTIE. — SERVICE DES MINES.

III. *École des mines (Enseignement).* — Programmes des cours professés à l'École des mines en 1877-1878, rédigés par MM. les professeurs et approuvés par le Conseil de l'École, avec tableaux de cristallographie et de géologie se rattachant aux cours de minéralogie, de paléontologie et de géologie.

IV. *Bureau d'essai de l'École des mines.* — Comptes rendus détaillés des analyses de minerais de fer français exécutées au bureau d'essai de l'École des mines depuis sa fondation, en 1845, jusqu'à ce jour.

V. *Bureau d'essai de l'École des mines.* — Comptes rendus des analyses d'eaux minérales et potables françaises exécutées au bureau d'essai.

VI. *Bureau d'essai de l'École des mines.* — Comptes rendus des analyses de phosphates de chaux français exécutées au bureau d'essai.

VII. M. de Chancourtois.

A. Géométrie du réseau pentagonal et sphérodésie graphique (instruments, épures sphériques et planes, modèles).

B. Étude des alignements géologiques et applications du réseau (globe à monture armillaire, distribution des gîtes minéraux).

CLASSE 16.

CARTES ET APPAREILS DE GÉOGRAPHIE ET DE COSMOGRAPHIE.

2ᵉ PARTIE. — SERVICE DES MINES.

XII. *Carte géologique détaillée de la France.* — M. Jacquot, directeur du Service.

1° Panneau central, comprenant trente-neuf feuilles assemblées de la carte au $\frac{1}{80,000}$, savoir : Calais, Dunkerque, Boulogne, Saint-Omer, Lille, Montreuil, Arras, Douai, Maubeuge, Saint-Valery, Abbeville, Amiens, Cambrai, Rocroy, Yvetot, Neufchâtel, Montdidier, Laon, Rethel, Lisieux, Rouen, Beauvais, Soissons, Reims, Bernay, Évreux, Paris, Meaux, Châlons, Mortagne, Chartres, Melun, Provins, Arcis, Nogent-le-Rotrou, Châteaudun, Fontainebleau, Sens et Troyes, par MM. Fuchs, Potier, de Lapparent, Douvillé, Guillier, Barrois, de Cossigny.

2° Onze feuilles de la carte au $\frac{1}{80,000}$, appartenant à la plaine du Sud-Ouest et groupées en trois panneaux, savoir : Bordeaux, La Teste-de-Buch, Sore, Grignols, Agen, Mont-de-Marsan, Montréal, Lectoure, Montauban, Castelnau et Auch, par MM. Jacquot, Linder, Doumerc.

3° Les Alpes du Dauphiné et la Savoie au $\frac{1}{80,000}$, groupe de quatre feuilles : Grenoble, Allevard, Vizille et Briançon, avec une feuille de coupes, par M. Lory.

4° Groupe de trois feuilles au $\frac{1}{80,000}$: Gien, Orléans et Bourges, par M. Douvillé.

5° Feuilles isolées : Le Mans, Nancy, Chalon-sur-Saône, Givet et Antibes, par MM. Guillier, Douvillé, Delafond, Gosselet, Potier.

6° Le comté de Nice au $\frac{1}{50,000}$, par M. Cameré.

7° Le Gévaudan à l'échelle du $\frac{1}{20,000}$, avec une feuille de coupes, par M. Fabre.

8° Le Morvan au $\frac{1}{40,000}$, par M. Michel Lévy.

9° Le massif du Cantal au $\frac{1}{40,000}$, par M. Fouqué.

10° Le massif du Mont-Dore, à la même échelle, avec une feuille de coupes, par M. Amiot.

11° Le gîte sidérolithique de Saint-Pancré (Meurthe-et-Moselle).

12° Roches du Morvan, du Cantal, du Mont-Dore, à l'appui des cartes exposées.

XIII. *Objets dépendant du Service des topographies souterraines :*

1° Bassin houiller de Brassac, avec une feuille de coupes, par M. Amiot.

2° Bassins de Bourg-Lastic et de Champagnac, par M. Amiot.

3° Bassin de Langeac, avec une feuille de coupes, par M. Amiot.

4° Bassin de Saint-Pierre-Lacour (Mayenne), avec une feuille de coupes, par M. Julien.

5° Plan d'assemblage au $\frac{1}{20,000}$ de la topographie des bassins du Nord et du Pas-de-Calais, par MM. Duponcq et Olry.

6° Topographie des minières du Cher, par M. de Grossouvre.

XIV. M. de Chancourtois. — Octoplanisphère pour l'étude des alignements géologiques.

XV. M. Delesse.

A. Carte agronomique du département de Seine-et-Marne.
B. Hydrologie souterraine de la Beauce.

XVI. M. Meugy. — Carte géologique et agronomique de l'arrondissement de Rethel (Ardennes).

XVII. M. Braconnier. — Carte géologique du département de Meurthe-et-Moselle.

XVIII. MM. Larousse, Potier et de Lapparent. — Cartes et coupes géologiques concernant le tunnel du Pas-de-Calais.

XIX. *Direction des mines.*

A. Carte statistique de la production minérale de la France en 1876.
B. Représentations graphiques de la production, de l'importation, de l'exportation et de la consommation de la houille et du fer en France.
C. Carte de la production, de la consommation et de la circulation des combustibles minéraux en France pendant l'année 1872.

GROUPE V.

INDUSTRIES EXTRACTIVES. PRODUITS BRUTS ET OUVRÉS.

CLASSE 43.

PRODUITS DE L'EXPLOITATION DES MINES ET DE LA MÉTALLURGIE.

SERVICE DES MINES.

I. *École des mines* (*Collections*). — Statistique géographique, par département, des minerais de fer de la France, dressée par M. Dupont avec la collaboration de M. Guyerdet, sous la direction de M. Daubrée, avec un album départemental explicatif.

II. *École des mines* (*Collections*). — Statistique géographique, par département, des phosphates de chaux de la France, dressée par M. Dupont avec la collaboration de M. Guyerdet, sous la direction de M. Daubrée, avec un album départemental explicatif.

NOTICE I.

ÉCOLE DES MINES. — ENSEIGNEMENT.

PROGRAMMES DES COURS

PROFESSÉS A L'ÉCOLE NATIONALE DES MINES EN 1878-1879,

RÉDIGÉS PAR MM. LES PROFESSEURS

ET APPROUVÉS PAR LE CONSEIL DE L'ÉCOLE.

COURS D'EXPLOITATION DES MINES

ET DE MACHINES.

M. Haton de la Goupillière,
ingénieur en chef des mines, professeur.

I. PROGRAMME DU COURS D'EXPLOITATION DES MINES.

PREMIÈRE PARTIE. — RECHERCHES DE MINES.

1re Leçon.

Découverte des gîtes. — Prévisions générales fournies par la géologie. — Indices matériels. — Emploi de la boussole. — Indications historiques et archéologiques. — Prolongement probable des gîtes connus.

Travaux de recherches. — Travaux sur les affleurements. — Attaque en galeries. — Descente dans les filons. — Coups de sonde.

2e Leçon.

Problème du passage des rejets. — Règle de Schmidt. — Méthode graphique. — Méthode trigonométrique.

3ᵉ Leçon.

Sondage. — Équipage de sonde. — Tête de sonde. — Tiges en fer, en bois. — Sondage à la corde. — Guides et parachutes. — Joints à chute libre.

4ᵉ Leçon.

Outils d'attaque. — Outils de curage.

Tubage. — Tuyaux provisoires ou définitifs. — Enfoncement, réenfoncement, arrachement des tubes.

Accidents. — Déviation du trou, invasion de sables coulants, coïncement d'un outil, rupture de tiges, chute d'un boulon, prise des tiges par l'éboulement, etc.

5ᵉ Leçon.

Sondage au diamant.

Engin extérieur. — Chevalement. — Force motrice.

6ᵉ Leçon.

Applications du sondage. — Recherche de mines. — Moyens de retirer des témoins.

Coups de sonde dans l'intérieur pour percer aux eaux ou dans le mauvais air.

Exploitation du sel gemme, de l'huile de pétrole par les trous de sonde.

Puits artésiens et boitouts.

Captage des eaux thermales.

SECONDE PARTIE. — ABATAGE DES ROCHES.

7ᵉ Leçon.

Travail à la main. — Pelles, râbles, râteaux. — Pioche, pic, rivelaine. — Pinces, coins, aiguille infernale. — Ciseau, pointerolle. — Massette, etc.

Travail par le feu.

Travail par l'eau. — Cartouches hydrauliques de Guibal. — Levier hydraulique de Tangye. — Désagrégation par l'eau courante, méthode de Californie. — Sautage des roches par congélation, par imprégnation du bois desséché. — Dissolution, méthodes du Salzkammergut.

8ᵉ Leçon.

Tirage à la poudre. — Choix de l'emplacement du coup de mine.

Forage. — Massette, curette, fleurets, drague, barre à mine, tarière, élargisseurs du fond.

Chargement. — Cartouches. — Poudre comprimée. — Tasseau par-dessus, par-dessous, latéral, central.

Bourrage. — Épinglette, bourre, bourroir.

Amorçage. — Anciens procédés, étoupille de sûreté.

Inflammation. — Précautions, long-feu, raté. — Emploi de l'électricité.

9ᵉ Leçon.

Étude du mode d'action de la poudre. — Composition de la poudre ternaire et de ses diverses variantes.

Le pyroxyle.

La nitroglycérine, la dynamite et ses dérivés.

10ᵉ Leçon.

Perforation mécanique. — Perforateur Lisbet. — Description détaillée du perforateur Dubois-François. — Indications sur les perforateurs les plus importants.

Hâveuses mécaniques.

Résultats économiques.

TROISIÈME PARTIE. — PUITS ET GALERIES.

11e Leçon.

Généralités sur le soutenement.

Boisage. — Essences. — Achat, conservation, façon des bois. — Outils du boiseur. — Machine à encocher, machine à faire les picots. — Cadres complets ou incomplets, voûtes en bois. — Cuvelages.

Muraillement. — Matériaux, mortiers. — Appareils et voûtes.

Blindage métallique dans les galeries et dans les puits.

12e Leçon.

Percement des galeries. — Poussage, picotage.

Tunnels. — Méthode par section entière ou fragmentée. — Terrains ébouleux ou aquifères.

13e Leçon.

Fonçage des puits, avaleresses.

Pose des boisages et des trousses à picoter.

Pose du muraillement, roulisses.

Emploi de la trousse coupante.

14e Leçon.

Fonçage à niveau plein. — Procédé Kindt et Chaudron, procédé Guibal, procédé Triger.

Fonçage sous stot, procédé Lisbet, méthode ascendante.

QUATRIÈME PARTIE. — MÉTHODES D'EXPLOITATION.

15e Leçon.

Aménagement général d'une mine.

Les trois principes fondamentaux des méthodes d'exploitation : abandon de piliers massifs, foudroyage du toit, remblai.

16ᵉ Leçon.

Méthode par piliers abandonnés. — Exemples divers.

Généralités sur l'emploi du foudroyage du toit. — Avantages et inconvénients. — Propagation en hauteur. — Direction générale de l'éboulement. — Traçage et dépilage.

17ᵉ Leçon.

Méthodes fondées sur le foudroyage du toit.

Massifs courts et massifs longs. — Exemples.

Tracés en demi-pente. — Exemples.

Enlevures contiguës suivant l'inclinaison. — Exemples.

Grandes chambres du Staffordshire.

Méthode par tranches inclinées dans les gîtes puissants. — Exemples.

Méthode horizontale. — Exemples.

18ᵉ Leçon.

Généralités sur l'emploi du remblai. — Avantages et inconvénients. — Nature des remblais. — Introduction dans les travaux. — Pose des remblais. — Tassement, fractures du sol. — Passage sous les remblais. — Remblais incomplets. — Résultats économiques.

19ᵉ Leçon.

Gîtes minces et peu inclinés, exploités avec remblai.

Méthode des grandes tailles montantes. — Exemples.

Méthode des grandes tailles chassantes. — Exemples.

Méthode des demi-pentes. — Exemples.

20ᵉ Leçon.

Gîtes minces très-inclinés exploités avec remblai.

Méthode des gradins renversés. — Maintenages. — Exemples.

Méthode des gradins droits. — Exemples.

Méthode des chassages étroits. — Exemples.

21ᵉ Leçon.

Gîtes puissants exploités avec remblai.
Méthode des tranches inclinées. — Exemples.
Méthode horizontale en travers. — Exemples.
Méthode horizontale en direction. — Exemples.

22ᵉ Leçon.

Méthode verticale. — Exemples.
Méthode par rabatage, en travers, en direction. — Exemples.
Résultats économiques.

23ᵉ Leçon.

Exploitation à ciel ouvert. — Exemples.
Exploitation des tourbières.

CINQUIÈME PARTIE. — ROULAGE.

24ᵉ Leçon.

Portage à dos.
Traînage.
Brouettage.
Chemins de bois, chiens de mines.
Navigation souterraine.

25ᵉ Leçon.

Chemins de fer souterrains. — Voie de fer ou d'acier. — Croisements et bifurcations. — Traction en palier. — Pente automotrice, pente d'égale résistance dans les deux sens. — Courbes.

26ᵉ Leçon.

Matériel roulant. — Roues calées ou folles. — Parallélisme des essieux. — Boîtes à huile. — Ensemble du véhicule. — Exemples.
Locomotives souterraines.

27e Leçon.

Plans inclinés automoteurs. — Poulies, freins, recettes, etc. — Plans à deux, trois ou quatre rails. — Plans à simple ou à double effet. — Plans à deux trains, à chariot contre-poids, à contre-poids vertical. — Plans à chariot-porteur.

28e Leçon.

Traction mécanique en palier ou en vallée.
Système du câble-queue.
Système de la corde sans fin.
Système de la chaîne flottante. — Chaîne flottante en descente.

SIXIÈME PARTIE. — EXTRACTION.

29e Leçon.

Appareil d'extraction. — Câbles en fer, en acier, en aloès, en chanvre; ronds, plats, diminués. — Attelage du câble. — Bennes et cuffats, cages. — Parachutes. — Guidonnages en bois, en fer, en câbles. — Molettes. — Évite-molettes. — Bobines, bobine folle. — Tambours coniques. — Tambours spiraloïdes.

30e Leçon.

Chevalement en bois, en fer, en maçonnerie. — Organisation des recettes. — Clichages. — Culbuteurs. — Plans bisautomoteurs. — Câbles aériens. — Rivages, drops.

31e Leçon.

Moteur d'extraction. — Emploi de l'homme, du cheval, de la force hydraulique. — Machine à vapeur d'extraction. — Vitesse et force en chevaux. — Avant-projet d'une machine d'extraction.

Le mécanicien d'extraction; ses fonctions, ses manœuvres, ses devoirs. — Frein à vapeur. — Signaux.

32ᵉ Leçon.

Théorie analytique de la régularisation de l'extraction. — Moyens divers employés à cet effet. — Calcul d'un appareil à bobines.

33ᵉ Leçon.

Procédés accessoires d'extraction verticale. — Treuils des carriers. — Billons de conduite et de rappel.

Appareils oscillants de Mehu, Bource, Schultz, Guibal.

Norias d'extraction.

Extraction atmosphérique, système Blanchet.

Treuils intérieurs, treuils différentiels, balances sèches.

SEPTIÈME PARTIE. — ÉPUISEMENT.

34ᵉ Leçon.

Aménagement des eaux. — Travaux de défense extérieurs. — Serrements en bois, en maçonnerie, en métal. — Plates-cuves. — Cas particulier des mines de sel. — Galeries d'écoulement.

35ᵉ Leçon.

Pompes de mines. — Pompes foulantes, pompes élévatoires. — Emploi de la pompe aspirante. — Répétitions de pompes. — Bâches. — Aspirant, clapets, chapelles, pistons, maîtresses tiges, tuyaux, joints. — Mise en place, réparations, machine-cabestan.

36ᵉ Leçon.

Moteurs d'épuisement. — Machines à simple ou à double effet; au fond ou au jour; à traction directe ou à balancier. — Contre-poids solides, liquides, pneumatiques. — Solutions spéciales dans les machines à double effet pour ne pas fouler sur les tiges. — Régénérateur Bockholtz.

37ᵉ Leçon.

Moyens divers d'élévation des eaux. — Épuisement par les bennes. — Pompes d'avaleresse. — Emploi du siphon. — Ancienne fontaine de Héron à Schemnitz. — Appareil Lisbet à air comprimé. — Chapelet hydraulique. — Roue à tympan. — Pompes centrifuges. — Vis d'Archimède. — Bélier hydraulique. — Éjecteur Friedmann.

HUITIÈME PARTIE. — AÉRAGE.

38ᵉ Leçon.

Généralités sur l'atmosphère des mines. — Température. — Soustraction d'oxygène. — Développement de gaz étrangers. — Le grisou ; étude détaillée de ses propriétés. — Acide carbonique, hydrogène sulfuré, etc.

Moyens de guider le courant. — Carnets d'aérage, canards. — Barrages. — Portes d'aérage, à guichets, autoclaves, automotrices, solidaires, portes Verpilleux.

Dispositions générales à donner au courant. — Circulation ascensionnelle. — Fractionnement du courant. — Élargissement du retour d'air. — Suppression des nids de grisou.

Vitesse. — Dépression. — Tempérament d'une mine (Guibal). — Orifice équivalent (Murgue).

39ᵉ Leçon.

Aérage sans machines. — Aérage spontané. — Cheminées d'aérage. — Foyers d'aérage. — Jets de vapeur. — Pluie artificielle.

40ᵉ Leçon.

Aérage mécanique. — Ventilateurs aspirants ou foulants. — Fermeture hydraulique, fermeture Briard. — Ventilateur à force centrifuge, ventilateur à bras, ventilateur Guibal, ventilateur Lemielle, ventilateur Fabry.

NEUVIÈME PARTIE. — SERVICES DIVERS.

41e Leçon.

Éclairage. — Anciens procédés. — Lampes de sûreté, Mueseler, Dubrulle, etc. — Lampe électrique. — Lampisterie.

Coups de grisou. — Influence des poussières. — Précautions en cas de danger imminent. — Sauvetage après le coup de feu. — Appareils Galibert, Rouquairol, Denayrouze, Fayol, pour respirer dans le mauvais air.

42e Leçon.

Incendies. — Causes. — Moyens préventifs. — Remèdes. — Caractères spéciaux imprimés à la méthode d'exploitation par la fréquence des incendies. — Circonscription des foyers. — Arrachage des feux. — Extinction en grand d'une mine incendiée.

Éboulements. — Précautions dans les tailles. — Effondrements en grand, exemples historiques.

Coups d'eau. — Moyens préventifs. — Sauvetage.

43e Leçon.

Ouvriers. — Organisation du travail. — Modes divers de payement. — Rendement en houille du piqueur. — Cités ouvrières, bains, hôtels, écoles, églises, hôpitaux, construits par les compagnies. — Sociétés coopératives, cantines; caisses de secours, de retraite, de dépôts, de prêts.

Descenderies. — Échelles. — Ascension par le câble. — Warocquières. — Descente des chevaux. — Écuries.

DIXIÈME PARTIE. — PRÉPARATION MÉCANIQUE DES MINERAIS.

44e Leçon.

Généralités et principes fondamentaux. — Klaubage et scheidage. — Débourbage. — Broyage. — Concasseurs, cylindres, bocards, meules, désintégrateur Carr.

45ᵉ Leçon.

Classement magnétique.

Classement géométrique sur les grilles. — Cribles inclinés, fixes, à secousses, à mouvement d'excentrique, à barreaux mobiles (Briard). — Trommels.

46ᵉ Leçon.

Classement par le criblage à la cuve. — Cribles intermittents ou continus. — Cribles du Hartz. — Cribles Graffin, Revollier, Évrard, Marsaux, etc. — Deschlammeur Dor, Wasserstrom-apparat, spitzlutte, dolly-tub.

47ᵉ Leçon.

Classement par l'écoulement sur une surface solide. — Labyrinthe. — Spitzkasten. — Caisson allemand. — Table dormante. — Round-buddle. — Trichter-heerd. — Tables tournantes.

Classement par l'influence des secousses. — Table à secousses. — Table de Rittinger.

Données économiques.

II. PROGRAMME DU COURS DE MACHINES.

PREMIÈRE PARTIE. — HYDRAULIQUE.

1ʳᵉ Leçon.

Généralités sur les machines. — Récepteurs, mécanismes, opérateurs. — Théorème de la transmission du travail. — Rendement, causes de perte de force vive. — Théorème de Carnot sur le choc. — Théorème de Duhamel sur l'introduction brusque de liaisons.

2ᵉ Leçon.

Hydraulique. — Mouvement permanent. — Évaluation de la

pression dans les cas où elle est possible directement. — Théorème de Daniel Bernouilli, influence de la viscosité, cas du mouvement relatif pour une rotation uniforme d'entraînement.

3ᵉ Leçon.

Écoulement par un orifice en mince paroi. — Orifice parfaitement évasé. — Ajutage rentrant de Borda. — Grands orifices, vannes rectangulaires. — Déversoirs. — Canal de fuite. — Orifice noyé.

4ᵉ Leçon.

Régime non permanent. — Temps de la vidange d'un vase, d'un étang. — Temps de l'égalisation des niveaux dans deux sas d'écluse contigus.

Théorème de Belanger sur les changements brusques de section. — Ajutage conique. — Buse divergente. — Limites imposées au régime permanent.

5ᵉ Leçon.

Tuyaux de conduite. — Lois du frottement des liquides. — Pertes de charge aux divers points singuliers. — Problème de l'établissement d'une conduite simple. — Établissement théorique d'un projet de distribution d'eau pour une ville.

6ᵉ Leçon.

Détails pratiques sur l'exécution de ces projets. — Filtrage. — Château d'eau. — Joints, coudes, robinets, cloches à air, etc.

Canaux à ciel ouvert et à régime uniforme. — Établissement du projet d'un canal d'usine.

7ᵉ Leçon.

Régime permanent varié des cours d'eau. — Détermination du profil du remous occasionné par un barrage. — Ressaut brusque de la surface de l'eau.

Jaugeages. — Procédés divers employés suivant l'importance du cours d'eau. — Appareils tachométriques.

SECONDE PARTIE. — MOTEURS HYDRAULIQUES.

8ᵉ Leçon.

Création d'une chute d'eau avec ses accessoires. — Formule générale exprimant le rendement des moteurs hydrauliques et formant le point de départ uniforme de la théorie de chacun d'eux en particulier.

Roue en dessus. — Forme de l'eau dans les augets. — Influence du déversement. — Roue à manteau. — Chapelet à godets.

9ᵉ Leçon.

Roue de côté. — Roue Sagebien. — Indications sur les roues Pihet, Belanger, Wadington, Marozeau, Baron, Mary, Delnest. — Roue à goître.

10ᵉ Leçon.

Roue en dessous à aubes planes, roues pendantes. — Indications sur les roues Morosi, Deparcieux, Michel, la chaîne hydraulique (Roman), la roue et l'hélice flottantes (Colladon).

Roue Poncelet.

11ᵉ Leçon.

Description des turbines. — Turbines Fontaine, Fourneyron, Canson, Jonval-Kœchlin, Girard-Callon, etc.

12ᵉ Leçon.

Théorie des turbines.

13ᵉ Leçon.

Machines à colonne d'eau : simple à simple effet, double à simple effet, simple à double effet, types plus complexes.

14ᵉ Leçon.

Balances hydrauliques, à travées égales ou inégales, verticales ou inclinées.

Accumulateurs Armstrong et leurs applications.

Maré-moteurs de Perse, Bélidor, Barreau, de Caligny.

Résumé général relatif au choix d'un moteur hydraulique suivant les circonstances. — Avant-projet de l'établissement d'une usine à force hydraulique.

TROISIÈME PARTIE. — THERMODYNAMIQUE.

15ᵉ Leçon.

Thermodynamique des gaz parfaits. — Lois expérimentales de Mariotte, de Gay-Lussac et des chaleurs spécifiques. — Équation fondamentale de constitution des gaz parfaits. — Évaluation, au moyen de l'air, de l'équivalent mécanique de la chaleur.

16ᵉ Leçon.

Expression différentielle de la quantité de chaleur communiquée à un gaz. — Travail de la détente isotherme, de la détente adiabatique. — Loi de Laplace. — Facteur d'intégrabilité.

17ᵉ Leçon.

Pneumatique ou théorie du mouvement des gaz parfaits. — Écoulement par un orifice. — Équations de Zeuner, de Navier, de Weissbach. — Écoulement dans le vide. — Mouvement dans les tuyaux. — Tirage des cheminées.

18ᵉ Leçon.

Jaugeage des gaz. — Anémomètres.

Moteurs éoliens. — Moulins à vent, panémones, turbine éolienne.

19ᵉ Leçon.

Moteurs à air comprimé. — Comparaison théorique de la transmission de la force à distance par les accumulateurs hydrauliques ou par l'air comprimé. — Échauffement dans la compression, refroidissement dans la détente, machines frigorifiques.

Compresseurs, machines soufflantes, souffleries à air chaud.

20ᵉ Leçon.

Moteurs à air chaud. — Théorème de Carnot pour les gaz. — Coefficient économique maximum. — Régénérateurs de chaleur. — Établissement détaillé du rendement pratique des machines à air chaud.

21ᵉ Leçon.

Thermodynamique générale. — Réversibilité. — Théorème de Mayer, postulatum de Clausius, théorème de Carnot au point de vue général.

22ᵉ Leçon.

Équation de Clausius annulant l'entropie d'un cycle fermé. — Facteur d'intégrabilité. — Travail de la détente isotherme d'un corps quelconque.

23ᵉ Leçon.

Thermodynamique des vapeurs saturées. — Lois expérimentales de Regnault. — Théorie de la vaporisation. — Équations et tables numériques de Zeuner.

24ᵉ Leçon.

Expression différentielle de la chaleur communiquée à un mélange d'eau et de vapeur. — Évaluation du travail théorique d'une machine à vapeur saturée. — Appréciation détaillée du rendement pratique de ces appareils.

25ᵉ Leçon.

Machines à feu diverses et appréciation de leur véritable valeur. — Machines à vapeur surchauffée, à vapeurs combinées, aéro-vapeur, machines à gaz, à pétrole, à poussière de charbon, à acide carbonique, à ammoniaque, à huile, fulmi-moteurs, machines solaires, électro-moteurs.

QUATRIÈME PARTIE. — MACHINES À VAPEUR.

26ᵉ Leçon.

Généralités sur la constitution des machines à vapeur. — Cylindre. — Chemise de vapeur. — Purgeurs. — Graisseurs. — Pistons.

27ᵉ Leçon.

Distribution à détente fixe par le tiroir normal et par le tiroir à recouvrements. — Établissement d'un projet *à priori*. — Méthode analytique. — Méthodes graphiques de Zeuner, de Deprez.

28ᵉ Leçon.

Les six phases de la distribution : admission, détente, échappement anticipé; échappement proprement dit, compression, admission anticipée. — Discussion détaillée des influences utiles ou nuisibles de ces six périodes.

29ᵉ Leçon.

Influence du laminage de la vapeur. — Tiroirs de Trick, de Hanrez.

Influence de l'espace libre. — Tiroirs indépendants.

Influence de la pression sur le dos du tiroir. — Tiroirs équilibrés, tiroirs à galets, tiroirs à piston, tiroir en D.

30ᵉ Leçon.

Distribution elliptique du système Deprez.

31ᵉ Leçon.

Détente variable. — Son but. — Variation de la puissance, arrêt, changement de marche. — Contre-vapeur; discussion détaillée de ses phases; tube d'inversion.

32ᵉ Leçon.

Organes de manœuvre: à leviers, à vis, à cylindre auxiliaire, servo-moteur.

Ancien système à becs de canne. — Coulisse de Stephenson; sa théorie simplifiée. — Coulisse de Gooch.

33ᵉ Leçon.

Distributions à double tiroir. — Détentes Farcot, Meyer, Guinotte.

Adaptation de la détente variable aux machines d'extraction. — Appareils Guinotte, Scohy, Audemar.

34ᵉ Leçon.

Distribution par robinets. — Machines Ingliss, Corliss, Brotherhood.

Distribution par soupapes. — Machines Sulzer, Audemar. — Machine de Cornouailles, période d'équilibre, cataracte, jeux de fer.

35ᵉ Leçon.

Machines Compound à deux cylindres.
Machines oscillantes.
Machines rotatives.

36ᵉ Leçon.

Générateurs. — Données générales. — Utilisation de la chaleur. — Fumivorité.

Chaudières à bouilleurs. — Chaudières de Cornouailles. — Chaudières tubulaires. — Chaudières tubulées.

37ᵉ Leçon.

Chaudières à circulation active, Field, Thirion, etc.
Chaudières inexplosibles, Belleville, Howard, etc.
Chaudières à gaz, Ponsard, Miller, etc.
Foyers fermés, Dufay, Pascal, etc.

38ᵉ Leçon.

Alimentation. — Pompe alimentaire. — Retour d'eau. — Injecteur Giffard.

Causes d'explosion; désincrustateurs; appareils de purification.

Appareils de sûreté : indicateurs de niveau; manomètres; soupapes de sûreté.

39ᵉ Leçon.

Condenseurs. — Pompe à air. — Appareil Létoret. — Éjecteur Morton. — Condenseur de surface.

Évaluation théorique de l'eau de condensation.

40ᵉ Leçon.

Indicateur de Watt, indicateur Richards, indicateur Deprez.

Moteurs animés. — Rôle de la chaleur dans leur puissance motrice. — Données expérimentales. — Récepteurs : treuil, roues à marche, manége, etc.

CINQUIÈME PARTIE. — THÉORIE DE LA RÉSISTANCE DES MATÉRIAUX.

41ᵉ Leçon.

Traction et compression directes. — Données expérimentales. — Détermination du profil théorique des câbles d'extraction d'égale résistance.

42ᵉ Leçon.

Flexion par des forces purement normales. — Fibre neutre. — Section en X du mètre international. — Moment fléchissant.

— Effort tranchant. — Essieu de wagonnet. — Théorie du cisaillement et du décollement des fibres longitudinales.

43ᵉ Leçon.

Discussion de la forme transversale de la section. — Pièce en double T. — Influence de la subdivision des pièces sur la résistance de l'ensemble. — Détermination, dans quelques cas simples, du profil longitudinal des pièces fléchies. — Solides d'égale résistance.

44ᵉ Leçon.

Flexion par des forces obliques.
Torsion.

45ᵉ Leçon.

Application de ces théories générales à l'établissement des pièces principales des machines.

Tige de piston, œillets, clavettes, etc.

Cylindres à vapeur, rebords, boulons, pas de vis, etc.

Chaudières, rivures, couvre-joints, etc.

46ᵉ Leçon.

Engrenages, dents, jantes, bras, etc.

Pièce chargée debout, influence des moises, de l'évidement intérieur.

Pièce de cuvelage d'un puits dans les terrains aquifères.

47ᵉ Leçon.

Arbres tournants, ronds, carrés, évidés.

Volant; influence de la force d'inertie, tangentielle ou centrifuge.

COURS DE MÉTALLURGIE.

M. Lan, ingénieur en chef des mines, professeur.

PREMIÈRE ANNÉE.

1re Leçon.

Introduction générale : Objet et division du cours. — Métallurgie générale. — Métallurgies spéciales des divers métaux usuels (limites de la métallurgie avec la minérallurgie; rapports de la métallurgie avec l'exploitation des mines). — Chapitres qui composent la métallurgie générale :

1° Opérations physiques et chimiques dont se composent les procédés métallurgiques. — 2° Combustibles en général. — 3° Moyens de production de la chaleur et des hautes températures. — 4° Fourneaux et appareils métallurgiques. — 5° Conditions auxquelles l'homme intervient dans les procédés métallurgiques. — 6° Conditions économiques ou éléments de dépenses qui font le coût des procédés métallurgiques. — 7° Fabrication des produits réfractaires. — 8° Propriétés et moyens de préparation industrielle des divers combustibles.

MÉTALLURGIE GÉNÉRALE. (17 leçons.)

Chapitre Ier. — Opérations physiques et chimiques qui composent les procédés métallurgiques :

Voie sèche : Calcination. — Distillation. — Sublimation. — Recuit. — Cémentation. — Grillage. — Rôtissage. — Fusion (simple ou crue, réductive, oxydante). — Propriétés physiques et chimiques des silicates. — Affinage et raffinage.

Voie humide : Dissolution. — Sulfatisation. — Chloruration. — Amalgamation. — Cémentation et précipitation. — Cristallisation.

Les procédés par voie sèche sont de beaucoup les plus importants; ils exigent l'emploi de hautes températures, et les combustibles sont leur matière première essentielle.

2e Leçon.

CHAPITRE II. — Des combustibles en général :

Combustibles proprement dits. — Propriétés essentielles d'un combustible industriel. — Composition. — Combustibilité. — Inflammabilité. — Pouvoir calorifique. — Teneur en cendres; leur nature, etc.

Détermination du pouvoir calorifique des combustibles. — Combustibles simples. — Combustibles composés. — Valeur pratique des coefficients de pouvoirs calorifiques.

Température de combustion. — Mesure théorique des effets thermométriques des divers combustibles brûlés dans l'air froid ou chaud. — Formules de calculs. — Combustion complète ou parfaite. — Combustion avec excès d'air et avec défaut d'air. — Volumes et poids d'air nécessaires à la combustion des divers combustibles. — Volumes de gaz brûlés produits par unité de poids ou de volume des combustibles.

3e Leçon.

CHAPITRE III. — Des moyens de production de la chaleur et des hautes températures :

Théorie de la combustion. — Divers modes de combustion.

1° *Combustion des gaz.* — Diverses natures de gaz combustibles. — Divers dispositifs répondant aux conditions essentielles de la combustibilité des gaz. — Influence de l'échauffement préalable des gaz et de l'air. — Principes des fourneaux Siemens et autres analogues. — Qualités chimiques des flammes.

2° *Combustion des combustibles liquides* (pétroles, goudrons, huiles diverses). — Lampes communes. — Appareils par jets de chalumeau. — Appareils à entraînement d'huile par l'air comburant. — Comment cette combustion rentre dans celle des gaz.

3° *Combustion des combustibles solides* :

A. Combustion des combustibles carbonisés avec ou sans grille;

B. Combustion des combustibles naturels avec ou sans grille;

C. Combustion des métaux. — Cornue Bessemer.

Le mode de combustion règle la forme générale des fourneaux métallurgiques.

4e Leçon.

CHAPITRE IV. — Des fourneaux et appareils métallurgiques :

1° *Classification des fourneaux en trois types principaux de profils* :

A. Fours sans chauffe distincte : — à courant d'air naturel (tas de calcination, stalles, fours de calcination); à courant d'air forcé (fours à cuve, bas foyers, fours à manche, demi-hauts fourneaux). — Emploi des diverses formes. — Mode de production et d'utilisation de la chaleur dans ces divers fourneaux. — Combustibles qui leur conviennent. — Nature des réactions et des opérations métallurgiques auxquelles ils conviennent.

B. Fours à chauffe distincte. — Fourneaux à réverbère. — Fourneaux alandiers. — Emploi des diverses formes. — Mode de production de la chaleur, etc., comme au paragraphe précédent. — Tirage naturel. — Tirage forcé.

C. Fours à vases clos. — Fourneaux à galères. — Fours à vent, etc.

5e Leçon.

2° *Dispositions générales des divers types de fourneaux.* — Massifs ordinaire et réfractaire qui les composent. — Comment, partant des profils intérieurs, s'établit l'épure de la construction générale d'un fourneau; un ou deux exemples de construction. — Fouilles, fondations, massifs extérieurs et armatures extérieures. — Massif intérieur. — Emploi des parties métalliques dans les massifs extérieurs et simplification de ceux-ci.

6e Leçon.

3° *Appareils accessoires de la métallurgie.* — Généralités sur la substitution des machines à la main de l'homme dans les diverses manutentions des procédés métallurgiques; — sur les appareils mécaniques de transport et de levage; — sur les appareils mécaniques de soufflage (diverses souffleries examinées sommairement en dehors des considérations et théories mécaniques exposées ailleurs [cours de mécanique; cours de construction]). — Accessoires des souffleries. — Appareils à air chaud. — Appareils mécaniques pour les opérations métallurgiques elles-mêmes. — Machines pour l'ouvraison des métaux (martelage, laminage, tréfilage, etc.).

7e Leçon.

CHAPITRE V. — Conditions du travail de l'homme dans les procédés métallurgiques. — Question de la main-d'œuvre :
Généralités sur l'intervention de l'homme dans les opérations métallurgiques. — Rapports des ouvriers avec les chefs d'usine. — Travail des enfants. — Travail des femmes. — Travail des hommes. — Recrutement du personnel. — Divers systèmes de rémunération des ouvriers : à la journée, à la tâche, à l'entreprise. — Partie fixe et partie variable du salaire. — Durée des postes de travail. — Influence des ouvriers sur les progrès métallurgiques. — Rôle des ingénieurs. — Influence des inventeurs. — Rôle des directeurs ou administrateurs.

CHAPITRE VI. — Conditions économiques des procédés métallurgiques :
Frais de premier établissement. — Fonds de roulement. — Consommations de matières premières. — Produits. — Frais de

main-d'œuvre et surveillance. — Entretien des bâtiments, des machines et de l'outillage. — Frais spéciaux d'un procédé métallurgique. — Frais généraux. — Frais d'intérêt et d'amortissement des capitaux engagés. — Bénéfices.

8ᵉ Leçon.

Chapitre VII. — Préparation des matériaux réfractaires naturels et fabrication des produits réfractaires :

1° *Partie technique* : Matériaux réfractaires naturels (argiles réfractaires, sables, silicates naturels, roches diverses). — Taille et mode d'emploi des matériaux réfractaires.

Matériaux réfractaires artificiels. — Argiles et ciments. — Compositions diverses des alliages pour briques réfractaires. — Pisé. — Coulis réfractaire. — Préparation des argiles et des ciments. — Travail mécanique des pâtes. — Moulage des briques. — Séchage et cuisson des briques et autres produits réfractaires.

2° *Partie économique* : Position des usines. — Consistance. — Force motrice. — Prix des matières premières. — Frais de main-d'œuvre. — Prix de revient de la tonne de briques réfractaires. — Prix de vente.

9ᵉ Leçon.

Chapitre VIII et dernier de la métallurgie générale. — Propriétés générales et préparations industrielles des divers combustibles :

§ 1ᵉʳ. — ÉTUDE DES PROPRIÉTÉS GÉNÉRALES DES COMBUSTIBLES.

1° *Combustibles végétaux.* — Classification des bois. — Leurs propriétés physiques. — Composition des bois verts et plus ou moins desséchés. — Densité et poids du mètre cube. — Nature et proportion des cendres. — Action de l'air. — Action de la chaleur sur les bois. — Charbon de bois. — Culture et exploitation des bois. — Estimation et achat des bois à charbon.

10e et 11e Leçons.

2° *Combustibles minéraux.* — Tourbes, lignites et houilles. — Généralités. — Tableau général des compositions comparées des divers combustibles végétaux et minéraux.

A. Classification des tourbes (mousseuses ou légères, brunes, noires). — Propriétés physiques. — Teneurs en eau. — Densités. — Compositions chimiques. — Nature et proportion des cendres. — Action de l'air, de la chaleur. — Charbon de tourbe.

Exploitation de la tourbe. — Dessiccation à l'air. — Prix des tourbes.

B. Classification des lignites (bois fossiles, lignites terreux, lignites proprement dits, lignites gras ou bitumineux, bitumes, pétroles).

Propriétés. — Compositions. — Cendres, etc.

C. Classification des houilles. — Caractères généraux. — Variations de composition, de densité, etc. — Eau hygrométrique, cendres, etc.

Étude des diverses variétés de houilles : sèches à longues flammes ; — grasses à longues flammes (variété dite grasses maréchales) ; — grasses à courtes flammes. — Houille anthraciteuse. — Anthracite.

Emploi de ces diverses variétés. — Prix et variations de prix.

12e Leçon.

§ 2. — PRÉPARATIONS MÉCANIQUES DES COMBUSTIBLES.

1° Sciage, refendage, etc. des bois.

2° Agglomération et compression des combustibles minéraux menus.

Tourbes. — Lignites. — Houille. — Anthracite. — Frais d'agglomération. — Prix comparés des agglomérés de houille et des gros charbons naturels. — Différences à l'emploi au point de vue économique.

13e Leçon.

§ 3. — PRÉPARATIONS PHYSIQUES DES COMBUSTIBLES.

Dessiccation et torréfaction des tourbes et des bois. — Classification des procédés : 1° pour la tourbe; 2° pour le bois. — Description de ces divers procédés. — Leurs résultats économiques.

14e Leçon.

§ 4. — CARBONISATION DES COMBUSTIBLES.

Classification des procédés de carbonisation :

A. Fabrication du charbon de bois. — Propriétés du charbon de bois. — Procédés de carbonisation en forêts (en meules, en tas, en fosses, en fours). — Résultats économiques : rendements et frais des divers procédés. — Prix de revient du charbon de bois. — Variations du prix de vente.

B. Fabrication du charbon de tourbe (en meules, en fours, à vase clos). — Résultats économiques. — Difficultés à l'emploi du charbon de tourbe.

15e Leçon.

C. Fabrication du coke (charbon de houille).

Introduction : Anciens procédés de carbonisation des houilles en tas ou en meules. — Avantages et inconvénients. — Emploi des gros et menus avec ces modes de carbonisation.

Fabrication du coke de fours. — Ses propriétés et emplois divers. — Classification des fours à coke :

 a. Fours avec admission d'air à l'intérieur;

 b. Fours sans admission d'air;

 c. Fours de systèmes mixtes.

Description des fours des divers types et du matériel accessoire de chacun de ces types (fours à boulanger, fours belges, fours Appolt, fours à gaz, Knab, etc.).

16ᵉ Leçon.

Description du travail de la carbonisation pour coke des divers mélanges de houilles grasses et maigres. — Nature des produits. — Rendement. — Disposition et construction des usines à coke. — Frais de carbonisation. — Prix de revient du coke. — Prix de vente.

17ᵉ Leçon.

§ 5. — GAZÉIFICATION DES COMBUSTIBLES.

Principes généraux de la gazéification des combustibles. — Procédés (par distillation, par réaction de la vapeur d'eau sur le charbon, par combustion incomplète). — Procédé par distillation et combustion incomplète. — Gazogènes des divers types pour préparer, par ce dernier procédé, les gaz combustibles avec les bois et charbons de bois, avec les tourbes et lignites, avec les houilles et anthracites. — Gazogènes à courant d'air forcé et à tirage naturel.

MÉTALLURGIE DU FER. [SIDÉRURGIE.] (31 leçons.)

18ᵉ et 19ᵉ Leçons.

Introduction : Fer pur et fers du commerce. — Aperçu historique sur les divers procédés de fabrication du fer. — Divers produits sidérurgiques. — Fers, fontes et aciers. — Caractères distinctifs essentiels de ces trois sortes de produits. — Compositions chimiques comparées. — Sommes des matières étrangères alliées au fer dans les fontes, dans les aciers, dans les fers.

Propriétés physiques des fontes, aciers et fers. — Influence des corps étrangers sur ces propriétés. — Propriétés chimiques. — Action de l'air et de la chaleur. — Classification des fontes, aciers et fers du commerce. — Divers modes d'emploi des produits sidérurgiques. — Essais divers auxquels on soumet les fontes, fers et aciers avant leur emploi. — Classification à ce point de vue.

20ᵉ Leçon.

Division de l'étude des procédés sidérurgiques. — Généralités sur les différences entre le fer et les autres métaux. Il ne s'obtient qu'à l'état solide, d'où l'obligation de le soumettre à des opérations mécaniques multipliées pour le façonner.

Les fontes et les aciers, au contraire, comme la plupart des autres métaux usuels, fusibles à des températures pratiquement réalisables, peuvent se façonner par moulage, et, sauf les fontes, presque tous peuvent aussi se laminer, s'étirer, se tréfiler, en feuilles, fils ou barres de formes variées. La sidérurgie, après la préparation des lingots de fonte ou d'acier, ou des masses solides de fer brut (massiots), doit donc étudier les moyens de façonnage des premiers par moulage et des deux derniers par martelage, laminage, etc. La plupart de ces procédés de façonnage se retrouvant, sauf variantes légères, dans l'élaboration des lingots bruts des autres métaux, l'étude qui en sera faite ici permettra de n'y plus revenir et de ne s'occuper, dans les métallurgies du cuivre, du plomb, du zinc, etc., que de la fabrication des lingots bruts.

De là aussi résulte la division suivante des procédés sidérurgiques :

1° Fabrication des fontes en lingots (saumons) ;

2° Fabrication des fers en massiots ;

3° Fabrication des aciers en massiots ou en lingots ;

4° Fabrication des fers et aciers en barres du commerce, en feuilles (tôles), en fils, en barres de formes spéciales (profilés divers : rails, bandages, fers à T, etc.) ;

5° Fabrication des fontes et aciers moulés ;

C'est-à-dire cinq parties, qui comprendront chacune deux sections, l'une technique et l'autre économique.

PREMIÈRE PARTIE. — FABRICATION DES FONTES EN LINGOTS.

1ʳᵉ SECTION (section technique). — Généralités sur les minerais de fer et les matières additionnelles (réactifs divers) de la fabrication des fontes.

Classification des minerais de fer selon la richesse et selon la nature des gangues. — Minerais fusibles par eux-mêmes. — Minerais à gangues calcaires, siliceuses, argileuses, etc. — Impuretés des minerais de fer.

21e Leçon.

Examen spécial des diverses sortes de minerais de fer sous le rapport de leur composition et des associations minérales qui les constituent. — Classification des minerais sous le rapport de leur mode de gisement géologique. — Influence de ce mode de gisement ou de formation sur la qualité des minerais.

Préparations diverses des minerais de fer (mécaniques, physiques et chimiques). — Étude spéciale du grillage des minerais de fer, en tas, en fours.

Fondants et autres réactifs de la fabrication des fontes : castine, chaux vive, spath fluor, etc.

22e Leçon.

Principes généraux de la fusion réductive des minerais de fer. — Divers produits de cette opération. — Formes générales des fourneaux propres à cette opération. — Théorie générale du travail de réduction et fusion dans les hauts fourneaux. — Causes des différences entre l'allure idéale ou théorique des hauts fourneaux et leur allure pratique.

23e Leçon.

Éléments divers influant sur les variations d'allure des hauts fourneaux :

1° Influence du vent (pression, température, densité, mode de distribution, etc.).

2° Influence de la nature des combustibles (charbon de bois, coke, combustibles naturels ou simplement préparés). — Nature des cendres; rôle de leurs divers éléments.

3° Influence des minerais (composition; éléments fixes et volatils; réductibilité; fusibilité; modes de chargement et distribution, etc.). — Modes d'action des fondants, etc.

4° Diverses allures des hauts fourneaux : allure régulière ou normale; allures irrégulières. — Caractères spéciaux des diverses allures en fontes grises, truitées, blanches, etc. — Moyens généraux de les régler et de passer de l'une à l'autre.

24e Leçon.

Produits des diverses allures de hauts fourneaux. — Fontes. — Laitiers et gaz. — Influence des matières étrangères contenues dans les minerais combustibles et fondants. — Ce que deviennent le silicium, les métaux terreux, le manganèse, le phosphore, l'arsenic, le soufre et les divers autres corps simples. — Proportions de ces divers éléments dans les fontes, les laitiers et les gaz.

25e Leçon.

Détermination des profils et dimensions intérieures des hauts fourneaux :

1° Au charbon de bois; — 2° au coke. — Divers exemples de chacun de ces deux types. — Calcul des capacités. — Aperçu historique sur les variations de ces capacités.

26e et 27e Leçons.

Dispositions et dimensions extérieures des hauts fourneaux. — Mode de construction. — Accessoires divers de ces appareils : souffleries, appareils à air chaud. — Monte-charges. — Appareils de chargement. — Prises et conduites de gaz.

28ᵉ Leçon.

Description du travail des hauts fourneaux. — Séchage. — Mise en feu. — Premiers lits de fusion. — Lits de fusion pour allure normale en fonte d'un numéro déterminé pour une même nature de matières premières. — Détails sur les moyens de faire varier l'allure. — Moyens dont disposent les ouvriers pour diriger le travail. — Composition du personnel ouvrier. — Manœuvres confiées à chaque groupe d'hommes.

29ᵉ Leçon.

Divers accidents des hauts fourneaux. — Allure sèche; allure froide. — Accrochages. — Suspension ou arrêt momentané du travail. — Dégradations des parois de la cuve, du creuset, de la sole. — Dégradations du massif extérieur. — Accidents par explosions. — Réparations diverses pendant le travail. — Fin d'un fondage ou d'une campagne de haut fourneau. — Durée des campagnes. — Mise hors du fourneau.

Résultats du travail des hauts fourneaux. — Produits et consommations. — Balances des matières. — Utilisation des divers produits.

30ᵉ Leçon.

2ᵉ Section (section économique) de la fabrication de la fonte. — Statistique de la production de la fonte en Europe et en Amérique. — Position des usines. — Consistance des usines et leurs dispositions générales. — Dépenses de premier établissement. — Capital de roulement. — Frais de main-d'œuvre et surveillance. — Frais d'entretien. — Frais généraux. — Montant des frais de façon dans divers cas particuliers. — Divers exemples de calcul des prix de revient de la tonne de fonte. — Prix de vente ou cours des fontes de moulage et des fontes d'affinage. — Prix des fontes à acier.

DEUXIÈME PARTIE. — FABRICATION DES FERS EN MASSIOTS.

(FERS BRUTS, BLOOMS, BILLETTES, ETC.)

31e Leçon.

1re Section (section technique). — Généralités sur l'affinage des fontes et sur le travail mécanique des produits de l'affinage. — Classification des procédés d'affinage des fontes, c'est-à-dire de leur transformation en fer brut. — Deux procédés types :

1° Procédé anglais (à la houille, au réverbère);

2° Procédé continental (au charbon de bois, au bas foyer).

Nombreuses variantes de ces deux procédés types. — Procédés mixtes tenant à la fois des deux types. — Substitution de plus en plus générale du procédé anglais au procédé continental. — Raisons générales de cette substitution.

A. Procédé type anglais. — Affinage (puddlage) en une seule opération suivie d'un travail de martelage et laminage pour massiots (barres brutes, etc.). — Description du matériel. — Four à puddler (profil et dimensions). — Appareils de cinglage et étirage pour massiots : presses, marteau frontal, marteau à vapeur ou pilon-laminoir ébaucheur.

32e Leçon.

Description du travail de puddlage et de façonnage du fer brut ou massiot. — Théorie du puddlage. — Réactions successives. — Influence de la nature des scories. — État du fer à sa sortie du four à puddler. — Cinglage et martelage pour blooms, billettes, lopins, etc. — Cinglage et laminage pour massiots en barres.

Résultats généraux du procédé type anglais : influences respectives de la nature des fontes et du travail lui-même sur la qualité des produits; exemples des résultats à cet égard avec des fontes grises au bois et au coke, avec des fontes truitées, avec des fontes blanches (provenant de divers minerais, de hauts fourneaux à air chaud ou à air froid, etc.).

Produits et consommations de l'affinage type anglais pour fer brut.

33ᵉ Leçon.

A. Variantes du procédé type anglais :

1° Quant à la formule de travail : puddlage sec ou froid ou en sable. — Affinage en deux opérations, mazéage et puddlage. — Puddlage de fontes et riblons. — Puddlage de riblons. — Puddlage avec addition de réactifs divers (spiegeleisen, oxydes de manganèse, etc.).

2° Quant aux dispositifs d'appareils : fours à puddler à deux portes. — Fours à gaz Siemens et autres. — Fours à sole mobile. — Fours à ringards mobiles. — Fours rotatifs. — Fours avec utilisation des flammes perdues.

34ᵉ Leçon.

B. Procédé type continental (procédé comtois ou allemand, au bas foyer).

Affinage en une seule opération, ou pour bloom ou lopin brut, ou même pour barres finies dites fers martelés.

Description succincte du matériel : bas foyer d'affinage (profils, dimensions et construction). — Marteaux et martinets.

Description du travail. — Réactions. — Théorie. — Comparaison avec le puddlage.

Résultats généraux du procédé type continental : divers exemples de l'application du procédé à diverses natures de fontes.

Produits et consommations, selon que le procédé vise simplement à la production du fer brut en masses prismatiques (blooms, lopins, billettes) ou en barres du commerce dites fers martelés.

35ᵉ Leçon.

B. Variantes du procédé type continental :

1° Quant à la formule de travail : procédé silésien, par attachement. — Procédé wallon, à deux foyers. — Divers procédés en deux opérations : mazéage et affinage. — Affinage de fontes et ferrailles (riblons) ou de riblons seuls.

2° Quant aux dispositifs d'appareils : foyers doubles; foyers voûtés; foyers avec utilisation des flammes perdues; foyers à air chaud, etc.

36e Leçon.

C. Procédés mixtes de fabrication du fer brut :

1° Traitement des fontes au coke par mazéage (soit à la finerie anglaise, soit au réverbère à la houille ou à gaz) et par affinage au bas foyer de la fonte mazée.

2° Traitement direct des minerais par réduction incomplète au four à cuve (blau-ofen, stuck-ofen).

3° Traitement direct des minerais au bas foyer. — Procédés catalan, corse, etc.

Résumé général sur les divers procédés de transformation des fontes en fer massiot.

2° SECTION (section économique). (Voir la 2° section de la quatrième partie la de Sidérurgie.)

TROISIÈME PARTIE. — FABRICATION DES ACIERS EN MASSIOTS ET EN LINGOTS.

37e Leçon.

Rappel de la classification des aciers :

1° Aciers d'affinage ou de forge, préparés à l'état de masses solides (lopins, blooms, barres) par affinage des fontes au réverbère (à la houille) ou au bas foyer (au charbon de bois). — Formules de travail qui ne sont que des variantes de l'affinage des fontes pour fer en massiots. — Choix spécial des fontes propres à cette fabrication. — Modification des appareils d'affinage (modifications dans le puddlage ou dans l'affinage). — Cassage et triage des produits. — Résultats généraux. — Produits et consommations pour acier puddlé ou pour acier au bas foyer. — Variante de cette fabrication. — Affinage de certaines fontes à l'état solide pour fonte malléable. (Voir aux moulages. — 5° partie de la Sidérurgie.)

38ᵉ Leçon.

2° Aciers fondus d'affinage : type acier Bessemer.

Choix des fontes propres à cet affinage. — Théorie du procédé Bessemer. — Description du matériel d'un atelier Bessemer. — Description du travail. — Résultats généraux. — Produits et consommations.

2° bis. Variantes de la fabrication des aciers fondus d'affinage.

Modification du matériel et du travail Bessemer. — Affinage des fontes pour acier fondu (au réverbère). — Procédés Bérard, Martin, Ponsard, etc., à vase clos (au creuset; procédé Uchatius).

39ᵉ Leçon.

3° Aciers de cémentation.

Préparation de l'acier par cémentation du fer à l'état solide. — Pour barres d'acier brut dit acier-poule. — Description du matériel et du travail. — Cassage et triage. — Résultats. — Produits et consommations. — Destinations des aciers cémentés.

4° Aciers fondus.

Traitement par fusion de toutes les variétés précédentes d'acier, et particulièrement des aciers d'affinage et de cémentation (1° et 3°). — Procédé type : fusion à vase clos, c'est-à-dire en creuset. — Description des divers fours propres à ce travail (fours à vent, au coke ou au charbon de bois). — Fours à réverbère à la houille, réverbère au gaz (Siemens et autres). — Description du travail. — Résultats. — Produits et consommations. — Motifs de la supériorité des aciers fondus par ce procédé.

40ᵉ Leçon.

4° *bis*. Variantes de la fabrication des aciers fondus :

a. Cémentation et fusion simultanées en creuset (formules de Réaumur; fonte et fer).

Choix des matières. — Résultats. — Infériorité des aciers ainsi obtenus. — Modification de ces formules par Mushet et Heath en Angleterre. — Améliorations de qualité.

b. Cémentation et fusion simultanées au réverbère (Siemens et autres; aciers fondus sur sole).

Formules analogues aux précédentes. — Différence du travail au réverbère (sur sole et au creuset). — Résultats. — Produits et consommations. — Résumé général sur les divers procédés de fabrication des aciers en massiots, barres brutes ou lingots.

Considérations économiques (à compléter à la 2ᵉ section de la quatrième partie).

QUATRIÈME PARTIE. — FABRICATION DES FERS ET ACIERS EN BARRES, FEUILLES, ETC. DU COMMERCE.

41ᵉ et 42ᵉ Leçons.

1ʳᵉ SECTION (section technique).

A. *Fabrication des fers en barres marchandes* (rondes, plates ou carrées).

Deux procédés types : au marteau ou au laminoir.

Procédé mixte : corroyage au marteau et étirage au laminoir.

1ᵉʳ procédé : Fers martelés. — Fers de masse. — Exemple des anciennes forges au bois. — Même travail pour le façonnage que pour le forgeage. — Application de ce mode de travail aux fers à la houille bruts puddlés. — Résultats généraux. — Produits et consommations.

2ᵉ procédé : Fers laminés (fers à l'anglaise) sans martelage préalable.

Paquetage des fers en barres brutes. — Réchauffage. — Soudage et étirage au laminoir. — Description des appareils (cisailles, fours à réchauffer, divers trains de laminoirs). — Description du travail pour gros, moyens et petits fers. — Détail de la classification des fers laminés sur dimensions. — Résultats généraux. — Produits et consommations. — Perfectionnements divers des fours, des laminoirs. — Insuffisance des diverses modifications de ces appareils à corriger les défauts particuliers des fers laminés.

3ᵉ procédé (procédé mixte) : Fers corroyés proprement dits.

Travail par paquetage en trousses (comme au procédé n° 2). — Réchauffage des trousses. — Martelage ou corroyage. — Second réchauffage des lopins soudés et martelés. — Étirage au laminoir. — Exemples de Low Moor et Bowling en Angleterre. — Applications en France.

Formules analogues des procédés mixtes : franc-comtois, du Lancashire, etc.

Résultats comme qualités. — Produits et consommations.

Variantes des procédés de fabrication des fers en barres. — Travail des fers de riblons.

B. *Fabrication des aciers en barres* (rondes, carrées ou plates).

1° Application des procédés types et mixtes des fers aux aciers d'affinage solides. — Similitude des résultats obtenus avec ceux qui ont été observés ci-dessus. — A part les aciers de masse ou martelés, on n'obtient ainsi que des aciers communs. — Exemple du travail en trousses simplement laminées.

2° Application spéciale du procédé de corroyage en trousses, au marteau, aux aciers naturels (puddlé ou de forge) et aux aciers de cémentation. — Aciers à deux ou plusieurs corroyages ou aciers raffinés. — Matériel. — Chaufferies. — Marteaux, martinets.

Résultats. — Produits et consommations.

3° Travail des lingots d'acier fondu (aciers d'affinage à l'état liquide, aciers fondus au creuset ou au réverbère). — Convenance du martelage préalable des lingots, comme des trousses de corroyage dans les cas précédents. — Application comparée du procédé n° 2 des fers et du procédé mixte n° 3. — Différences dans le matériel, dans le travail des fours et des laminoirs. — Résultats comme qualités. — Déchets. — Produits et consommations.

C. *Fabrication des fers et aciers en feuilles* (tôles).

Mêmes formules générales de travail que pour les barres. — Différences de matériel. — Fours à réverbère (fours Siemens). — Trains de laminoirs pour tôles grosses, moyennes et fines. — Laminoirs ébaucheurs, finisseurs. — Blooming à releveur. — Blooming réversibles. — Laminoirs réversibles. — Laminoir universel. — Cisailles. — Matériel accessoire; trempe et recuit. — Travail et ses résultats comme qualité. — Diverses classifications des tôles sous ce rapport. — Rang des tôles en acier dans cette classification. — Leur comparaison avec les tôles forgées (en fer de masse) sous le rapport des résistances et allongements en long et en travers.

D. *Fabrication des rails en fer et en acier, des bandages et essieux de chemin de fer.*

Formules générales de travail. — Importance de la division du travail de soudage et du travail de profilage, quand il s'agit surtout de fer ou d'acier, puddlé ou naturel. — Convenance de cette division, même dans le cas d'acier fondu. — Tracés des cylindres pour profilage des rails, bandages, etc., en fer et en acier. — Dispositifs du matériel (fours et trains) et du matériel accessoire (scies et autres outils de finissage).

E. *Fabrication des fers profilés de construction* (cornières T I).

Questions analogues à celles qui ont été examinées pour les rails. — Substitution progressive de l'acier au fer dans ces fabrications.

F. *Indications générales sur la forgerie proprement dite*, en fer ou en acier; — sur la tréfilerie de fer et d'acier; — sur la fabrication des fers-blancs, des tôles zinguées et plombées, etc.

43ᵉ Leçon.

2ᵉ Section (section économique).

Statistique de la production des fers et aciers en Europe et en Amérique. — Position des usines. — Divers exemples de consistance d'usines : forges proprement dites (à l'allemande, à l'anglaise, mixtes). — Forges et aciéries. — Aciéries proprement dites (cémentation et fusion). — Aciérie Bessemer. — Disposition générale d'une forge aciérie Bessemer; d'une forge à fer proprement dite. — Capitaux de premier établissement, de roulement. — Division du travail entre les divers ateliers composant ces établissements; composition du personnel ouvrier. — Contre-maîtres. — Chefs de fabrication. — Ingénieurs. — Directeurs. — Composition élémentaire des frais de façon, spéciaux et généraux. — Dépenses en matières. — Déchets. — Tableau du prix de revient de quelques produits types. — Fers en barres assorties du commerce. — Aciers en barres de diverses natures. — Rails en fer et en acier Bessemer. — Tôles de construction. — Discussion de la part des divers éléments dans la valeur créée. — Prix de vente; variations et cours.

CINQUIÈME PARTIE. — MOULAGE DES FONTES ET DES ACIERS.

44ᵉ Leçon.

Différences essentielles entre les fontes et les aciers quant à la fusibilité et aux autres propriétés mises en jeu dans les opérations de moulage. — Quels sont les fontes et aciers convenables pour ce mode de façonnage? — Emploi de la fonte en première et deuxième fusion. — Généralement une seule fusion pour l'acier, c'est-à-dire qu'il se moule à la sortie des appareils où on le fabrique.

Dispositifs pour prendre la fonte de moulage en première fusion. — Moyens de refonte des fontes en deuxième fusion (au creuset, au cubilot, au réverbère ordinaire, au réverbère Siemens). — Matériel accessoire de l'atelier de fonderie : grues, chariots, chenaux de coulée, poches, etc.

45e Leçon.

Moulage proprement dit. — Divers modes de confection des moules. — Sable vert, séché, recuit ou étuvé. — Terre pure et mélangée de matières charbonneuses, simplement séchées ou étuvées ou cuites. — Moules métalliques ou coquilles. — Modèles en bois. — Modèles métalliques. — Matériel de moulage (châssis et autres détails).

Description générale du travail. — Produits et consommations. — Importance des déchets et rebuts.

46e Leçon.

Divers exemples de moulages en fonte et en acier :

Pièces mécaniques. — Cylindres laminoirs. — Matériel de guerre (canons et projectiles). — Moulages communs et usuels. — Finissage des pièces moulées. — Ébarbage. — Adoucissage pour la fonte (fonte malléable). — Trempe et recuit pour l'acier (à l'huile et autres liquides). — Préparations diverses des moulages (étamage, émaillage), etc.

2e SECTION (section économique).

Statistique de la production des fontes moulées. — Principaux districts producteurs de fontes de moulage. — Importance réduite jusqu'ici de la production des aciers moulés. — Consistance et dispositions générales des fonderies deuxième fusion de la fonte. — Exemple particulier d'une usine à fabriquer les coussinets de chemin de fer. — Frais de façon. — Tarification variable et compliquée. — Établissement de ces frais de façon et des prix de revient d'une tonne de moulage dans un ou deux cas déterminés (moulage en fer et moulage en acier).

COURS DE MÉTALLURGIE.

SECONDE ANNÉE.

1re Leçon.

Généralités. — Définitions. — Opérations élémentaires dont se composent les formules de traitement (particulièrement des métaux autres que le fer). — Traitements par voie sèche. — Traitements par voie humide.

2e Leçon.

Résumé rapide de la section de métallurgie générale concernant les combustibles et les fourneaux.

I. MÉTALLURGIE DU CUIVRE. (17 leçons.)

3e Leçon.

Généralités. — Cuivres du commerce comparés au cuivre pur des laboratoires. — Composition et classification des diverses marques de cuivres du commerce. — Propriétés physiques du cuivre et influence des corps étrangers sur ses propriétés. — Propriétés chimiques du cuivre et de ses principaux composés. — Diverses applications ou emplois du cuivre; classement des cuivres du commerce sous ce rapport.

FABRICATION DU CUIVRE EN LINGOTS.

4e Leçon.

1re SECTION (SECTION TECHNIQUE).

Chapitre Ier. — Minerais de cuivre; espèces minérales qui s'y rencontrent.

Ils peuvent se diviser en trois classes principales :

1° Minerais de cuivre natif, de cuivres oxydés, carbonatés, silicatés, etc.;

2° Minerais sulfurés peu ou point chargés de métaux étrangers, surtout d'arsenic et d'antimoine;

3° Minerais sulfurés complexes, tenant souvent, en même temps que le cuivre, d'autres métaux utiles (plomb, argent, or, etc.) et des éléments nuisibles, comme l'arsenic et l'antimoine, en doses plus ou moins élevées.

États auxquels les minerais de cuivre sont livrés aux usines.

Réactifs divers appliqués dans la métallurgie du cuivre.

5ᵉ Leçon.

Chapitre II. — Principes généraux du traitement des minerais sulfurés (deuxième classe) :

1° Par voie sèche;

2° Par voie humide.

Comment des formules de traitement de ces minerais sulfurés se déduisent les formules plus simples applicables aux minerais de la première classe ou les formules plus compliquées applicables aux minerais de la troisième classe. — Différences entre la formule et la méthode ou le procédé métallurgique. — Procédés par voie sèche et procédés par voie humide.

Les premiers, beaucoup plus importants que les seconds, se divisent en procédés au réverbère (méthode galloise ou anglaise), procédés au four à cuve (méthode continentale) et procédés mixtes (tenant à la fois de l'une et de l'autre des deux méthodes précédentes). — Division qui rappelle celle des procédés sidérurgiques. — Avenir comparé des deux méthodes types : aperçu historique.

6ᵉ Leçon.

Chapitre III. — Méthode galloise type :

Nature des matières premières des usines galloises. — Formule de traitement en six opérations de la méthode galloise type; répartition des minerais aux diverses opérations.

1re *opération.* — Grillage des minerais. — Matériel. — Personnel. — Travail. — Réactions. — Produits et consommations.

7ᵉ Leçon.

2e *opération.* — Fusion pour matte brute (*coarse metal*). — Matériel. — Personnel, etc.

3e *opération.* — Grillage de la matte brute. Matériel, etc.

4e *opération.* — Fusion pour matte blanche (*white metal*). — Matériel, etc.

8ᵉ Leçon.

5e *opération.* — Fusion oxydante ou rôtissage de la matte blanche pour cuivre brut (*blistered copper*).

6e *opération.* — Affinage du cuivre brut pour cuivre rosette et raffinage du cuivre rosette pour cuivre marchand (*tough copper*).

9ᵉ Leçon.

Résumé général de la méthode galloise type. — Produits et consommations par tonne de minerais soumis au traitement. — Pertes en cuivre du traitement.

Chapitre IV. — Variantes de la méthode type :

A. *Par les formules de travail* (formules à huit et dix opérations).

Traitement des minerais purs et impurs; des minerais oxydés et de cuivre natif. — Traitement spécial des scories riches.

B. *Par les dispositions du matériel* (modifications des chauffes, dans le cas de combustibles différents de ceux du pays de Galles. — Réverbères à gazogènes (Siemens et autres). — Réverbères à plusieurs soles successives ou superposées).

C. *Par modifications simultanées de la formule de travail et du matériel.*

Utilisation du soufre des minerais. — Condensation des vapeurs nuisibles. — Extraction des métaux, autres que le cuivre, contenus dans les minerais (or, argent, nickel, cobalt, étain, etc.).

10e Leçon.

Chapitre V. — Méthode continentale type (usines de Suède et de Norwége) :

Nature des matières premières des usines suédoises. — Formules de traitement en cinq ou six opérations de la méthode continentale type : minerais à gangues pierreuses ou à gangues métalliques sulfurées.

1re opération. — Grillage en tas. — Description du travail. — Réactions. — Produits et consommations. — Comparaison du grillage en tas avec le grillage au réverbère. — Grillage en tas à plusieurs feux.

11e Leçon.

2e opération. — Fusion au four à cuve pour matte brute ou première.

Comparaison des réactions de cette opération au réverbère et au four à cuve. — Matériel. — Personnel. — Travail. — Produits et consommations (exemples divers). — Influence sur les résultats des dimensions des fourneaux. — Aperçu historique sur les variations de formes et de dimensions des fourneaux.

12e Leçon.

3e opération. — Grillage en stalles de la matte première. — Division du grillage en plusieurs feux. — Matériel. — Personnel. — Travail. — Réactions. — Produits et consommations. — Comparaison du grillage en stalles et au réverbère.

4e opération. — Fusion au four à cuve pour cuivre brut ou noir, avec ou sans matte deuxième ou matte mince. — Différences entre les fourneaux propres à la deuxième et à la quatrième opération. — Travail. — Réactions. — Produits, etc. — Comparaison de la fusion pour cuivre brut au four à cuve avec le rôtissage gallois des mattes pour cuivre brut.

13e Leçon.

5e opération. — Affinage du cuivre brut pour cuivre rosette (*gaar Kupfer*) au bas foyer.

6e opération. — Raffinage au bas foyer du cuivre rosette pour cuivre marchand (*hammer gaar Kupfer*). — Motifs de la séparation de ces deux opérations, qui étaient réunies dans la méthode galloise. — Infériorité du bas foyer par rapport au réverbère pour l'affinage et le raffinage du cuivre brut. — Description rapide de ces deux opérations au bas foyer. — Leurs résultats comme nature des produits et consommations.

14e Leçon.

Résumé général de la méthode continentale type. — Produits et consommations, par tonne de minerais soumis au traitement. — Pertes en cuivre.

Chapitre VI. — Variantes de la méthode continentale :

A. *Par les formules de travail.* — Variations du nombre d'opérations avec la nature des minerais (plus ou moins purs). — Traitement des minerais oxydés, riches ou pauvres, purs ou impurs. — Traitement des mélanges de minerais oxydés et sulfurés, etc.

B. *Par les dispositifs d'appareils ou de matériel.* — Emploi du coke et de l'anthracite au lieu du charbon de bois dans les fours à cuve. — Emploi de la houille au lieu du bois dans les grillages en stalles. — Emploi de l'air chaud, des fourneaux à tuyères multiples. — Fours Raschette. — Four d'affinage et rôtissage hongrois, etc.

C. *Par modifications simultanées de la formule de travail et du matériel.* — Utilisation du soufre des minerais. — Grillage en fours à cuve des minerais et des mattes. — Fours de grillage des gros; fours de grillage des menus.

Exemples divers propres à bien faire comprendre ces variantes :

I. Traitement des minerais sulfurés riches, mais impurs (Hartz supérieur, Hartz inférieur).

II. Traitement des minerais sulfurés pauvres et impurs (Mansfeld).

15ᵉ Leçon.

III. Traitement des minerais oxydés riches et purs (Chessy, France).

IV. Traitement des minerais oxydés pauvres et impurs (comté de Perm, Russie).

V. Traitement des mélanges de minerais pyriteux, riches et purs, avec minerais oxydés riches et purs (usine de Boston, États-Unis d'Amérique).

VI. Traitement des minerais oxydés pauvres avec pyrites de fer légèrement cuivreuses (Oural, usines de Nichné-Taguilsk; Banat de Hongrie, usine de Szaska).

16ᵉ Leçon.

CHAPITRE VII. — Méthodes mixtes, c'est-à-dire participant à la fois de la méthode galloise et de la méthode continentale :

Exemples de Kaafjord (Alten-Norwége), de Bogolowsk (Russie). — Procédé modifié du Mansfeld (Prusse). — Traitement des minerais de cuivre natif en France.

CHAPITRE VIII. — Méthodes de traitement par voie humide :

Généralités. — Minerais sulfurés. — Minerais oxydés.

A. *Traitement type des minerais sulfurés par voie humide.* — Procédé d'Agordo (Vénétie). — Opérations du grillage, du lessivage, de la précipitation. — Opérations complémentaires par voie sèche.

B. *Variantes du procédé type :*

1° Dans le moyen d'obtenir les dissolutions cuivreuses (chloruration substituée à la sulfatisation);

2° Dans la nature des matières traitées (mattes au lieu de minerai);

3° Dans la nature des réactifs de la précipitation.

C. *Traitement des minerais carbonatés et oxydés pauvres par voie humide.*

17e Leçon.

2ᵉ SECTION (SECTION ÉCONOMIQUE).

I. Statistique de la production du cuivre.

II. Position des usines à cuivre.

III. Consistance des usines (usines anglaises, usines du continent). — Terrains nécessaires à l'établissement de divers types d'usines. — Dispositions générales des appareils et leur construction.

IV. Capitaux de premier établissement.

V. Capitaux de roulement (variations des cours du cuivre marchand).

VI. Prix des matières premières.

VII. Prix de la main-d'œuvre.

VIII. Calcul des frais spéciaux et des frais généraux du traitement par les deux méthodes types. — Part des frais de traitement dans la valeur du cuivre produit. — Valeur des minerais. — Mode d'achat de ceux-ci.

II. MÉTALLURGIE DU PLOMB. (10 leçons.)

18e Leçon.

Généralités. — Plomb du commerce. — Diverses marques connues sur les marchés. — Composition chimique de ces diverses marques. — Propriétés physiques des plombs du commerce. — Influence des divers métaux ou métalloïdes qu'ils renferment. —

Propriétés chimiques du plomb. — Propriétés de ses principaux composés, utiles à connaître au point de vue métallurgique. — Emplois divers du plomb; classement des plombs du commerce à cet égard.

FABRICATION DU PLOMB EN SAUMONS OU EN LINGOTS.

19ᵉ Leçon.

1ʳᵉ SECTION (SECTION TECHNIQUE).

Chapitre Iᵉʳ. — Minerais de plomb :

Espèces oxydées (carbonate, sulfate, phosphate, arséniate, etc.). — Espèce sulfurée simple (presque toujours plus ou moins argentifère). — Espèces sulfurées multiples (sulfures doubles de plomb et antimoine, sulfures de plomb, de cuivre, de zinc, etc.). — Préparations que subissent les minerais de plomb avant d'arriver aux usines. — Classification des minerais préparés en trois sortes :

1° Minerais riches et purs (soit exclusivement sulfurés, soit en mélange d'oxydes et de sulfures à gangues terreuses douces (basiques) et peu ou point de matières siliceuses;

2° Minerais riches encore, mais tenant déjà, avec un peu de matières siliceuses (4 à 5 p. o/o de silice), des gangues métalliques (sulfures divers) en proportion plus ou moins élevée;

3° Minerais de teneur inférieure à 60 p. o/o de plomb (40 à 60) à gangues pierreuses, tenant plus de 5 p. o/o de silice et en même temps des proportions importantes de sulfures étrangers (pyrites de fer, blende, etc.). — Rapports de cette classification avec celle des gisements mêmes des minerais de plomb.

Teneur des divers minerais de plomb, en argent et parfois en or.

Principes généraux du traitement métallurgique de chaque classe de minerais de plomb. — Classification des procédés de traitement.

20ᵉ Leçon.

Chapitre II. — Première formule de traitement, dite méthode par rôtissage (applicable aux minerais de la première classe).

Description du procédé de Bleiberg (Carinthie), pris comme type de la méthode de rôtissage en une seule opération au réverbère.

21ᵉ Leçon.

Chapitre III. — Variantes de la méthode de rôtissage au réverbère :

S'appliquant aux diverses sortes de minerais comprises dans la deuxième classe. — Comprenant toutes deux opérations :

1° Rôtissage au réverbère (pour plomb première fusion et crasses).

2° Fonte réductive de crasses au four à cuve pour plomb seconde fusion et scories à rejeter :

A. 1re variante. — Procédé espagnol.

B. 2e variante. — Procédés anglais.

C. 3° Divers procédés appliqués en Silésie (Tarnowitz), en France (Poullaoüen, Pesey), en Belgique et sur les bords du Rhin.

Résumé général sur les procédés par rôtissage. — Consommations. — Pertes en plomb. — Qualité des plombs produits.

22ᵉ Leçon.

Chapitre IV. — Méthode par rôtissage au four à cuve (bas foyer) en deux opérations, un rôtissage pour plomb et crasses au bas foyer et une fonte réductive pour plomb seconde fusion et scories dans un four à cuve spécial :

1° Procédé type connu sous le nom de procédé écossais. — Nature des matières premières, matériel, travail, etc.

2° Variantes de ce procédé, pratiqué en Amérique et en Allemagne. — Résultats généraux. — Comparaison avec les procédés au réverbère.

23ᵉ Leçon.

Chapitre V. — Deuxième formule de traitement, dite méthode par grillage et fonte réductive séparés (le grillage se faisant assez rarement en tas ou en stalles, plus souvent au réverbère, et la fonte réductive exclusivement au four à cuve). — Cette méthode convient surtout aux minerais de la troisième classe. — Comment cette méthode se rattache aux méthodes de rôtissage. — Traitement des crasses des procédés de rôtissage, seules ou en mélange avec des minerais oxydés ou grillés (exemples pris en Angleterre et en Belgique).

Traitement des scories riches avec des minerais oxysulfurés ou avec des minerais sulfurés grillés (exemple des usines de la côte orientale d'Espagne). — Essais infructueux de la méthode par grillage et réduction séparés avec minerais sulfurés riches et purs; exemple des usines de Pesey (Savoie).

24ᵉ Leçon.

Méthode type française de traitement par grillage complet et fusion réductive. — Ancien procédé de Vialas (Lozère). — Nature des matières premières.

1ʳᵉ opération. — Matériel. — Personnel et travail. — Résultats. — Nature des produits; leur analyse comparée avec celle des crasses des procédés de rôtissage.

2ᵉ opération. — Matériel. — Personnel, etc. — Résultats généraux. — Pertes en plomb et en argent. — Défauts du procédé sous le rapport des pertes et surtout sous celui des consommations. — Modifications qu'il a subies dans ces dernières années, comme matériel et comme réactifs de la fusion. — Emploi de la fonte et du fer ou des minerais de fer comme agents de réduction du plomb dans la fusion des minerais grillés.

Variantes de la méthode. — Procédés de Pontgibaud et la Pise

(France), de Przibram (Bohême), Stolberg, etc. (Belgique et Allemagne).

Application de la méthode aux minerais de plomb argentifères très-chargés de blende.

25ᵉ Leçon.

Chapitre VI. — Troisième formule de traitement, dite méthode par précipitation :

Apparente simplicité de cette méthode. — Ses complications pratiques même pour des minerais purs et riches, mais surtout pour des minerais à gangues métalliques sulfurées. — Répétition des opérations qu'alors elle comporte :

1° Application au réverbère (procédés de Vienne et de Carnoulès, France).

2° Application au four à cuve (procédé ancien de Tarnowitz, Silésie; procédés du Hartz supérieur, Hanovre). — Minerais de plomb et cuivre.

3° Modifications apportées aux anciens procédés du Hartz. — Substitution des additions ferrugineuses et plombeuses oxydées à la fonte ou au fer comme agents de réduction ou de précipitation du plomb. — Adoption des fours Raschette. — Similitude de ce traitement modifié avec les traitements de la deuxième classe. — Convenance de cette formule modifiée ou mixte pour le traitement des minerais plombo-cuivreux argentifères.

4° Essais analogues tentés sur la côte orientale d'Espagne pour le traitement des minerais de plomb sulfuré pauvres par fusion avec des minerais de fer oxydés.

26ᵉ Leçon.

Chapitre VII. — Méthodes mixtes. — Formule comprenant : 1° un grillage, 2° une précipitation du plomb par la fonte ou le fer, le tout au four à réverbère. — Procédé de Cornouailles (Angleterre). — Usines de Par et de Point. — Analogies et différences avec les procédés de la première classe et avec les procédés de la deuxième et de la troisième classe. — Traitement, par un procédé analogue de fusion, des crasses de la méthode par rôtissage.

Résumé général sur les méthodes de traitement des minerais de plomb. — Qualité du plomb obtenu dans les divers traitements. — Pertes en métaux (plomb et argent). — Consommations.

Chapitre VIII. — Procédés de raffinage des plombs bruts :

1° Adoucissement du plomb par oxydation partielle au réverbère ;

2° Adoucissement par action de divers réactifs chimiques ;

3° Adoucissement par liquation suivie d'oxydation partielle.

27ᵉ Leçon.

2ᵉ SECTION (SECTION ÉCONOMIQUE).

Statistique de la production du plomb. — Position des usines. — Consistance des usines. — Leurs dispositions générales et leur construction.

1ᵉʳ exemple. — Usines anglaises (méthode par rôtissage). — Capital de premier établissement. — Capital de roulement. — Prix des matières premières. — Frais spéciaux de traitement. — Frais généraux. — Intérêt de l'argent. — Calcul du prix des minerais. — Modes d'achat.

2ᵉ exemple. — Usines françaises (Vialas, Pontgibaud, la Pise). — Modes d'achat des minerais dans les usines du Nord et du Midi de la France.

3ᵉ exemple. — Divers exemples des frais spéciaux de traitement :

1° Par la méthode écossaise ;

2° Par la méthode carinthienne ;

3° Par les procédés complexes du Hartz supérieur.

Variations des cours du plomb marchand.

III. MÉTALLURGIE DE L'ARGENT. (10 leçons.)

28ᵉ Leçon.

Généralités. — Propriétés essentielles à étudier dans ce métal précieux et qui en font un produit si différent des métaux usuels, quant à l'emploi et à la valeur. — Argent chimiquement pur. — Argent raffiné du commerce; composition; degré de fin. — Principales propriétés physiques. — Propriétés chimiques; ses affinités et ses principaux composés examinés au point de vue métallurgique. — Emplois divers de l'argent.

1ʳᵉ SECTION (SECTION TECHNIQUE).

CHAPITRE Iᵉʳ. — Minerais d'argent :

Espèces minérales argentifères. — Minerais d'argent proprement dits; minerais divers renfermant de l'argent en même temps que d'autres métaux.

Classification des minerais d'argent :
1° Minerais plombo-argentifères;
2° Minerais cuivro-argentifères;
3° Minerais plombo-cuivro-argentifères;
4° Minerais d'argent proprement dits :
    a. A gangues pierreuses ou terreuses;
    b. A gangues métalliques sulfurées.

Préparation des minerais d'argent. — Classification selon leur richesse au moment de leur livraison aux usines.

Principes généraux de traitement métallurgique des diverses classes de minerais d'argent. — Division de l'étude de ces divers traitements.

29ᵉ Leçon.

CHAPITRE II. — Procédés de désargentation des plombs argentifères (plombs d'œuvre).

Généralités : aperçu historique sur ces divers procédés. — Coupellation. — Patinsonnage. — Désargentation par le zinc.

1° Description du procédé ordinaire de patinsonnage. — Résultats. — Consommations. — Pertes en métaux. — Variantes du travail : — en batteries, en chaudières conjuguées. — Patinsonnage mécanique. — Patinsonnage à la vapeur.

30ᵉ et 31ᵉ Leçons.

2° Description du procédé de désargentation par le zinc.

Procédé Parkes ou procédé primitif. — Diverses opérations dont il se compose. — Résultats généraux de ce procédé. — Variantes de ce procédé. — Traitement Cordurié.

3° Description des procédés de coupellation des plombs d'œuvre bruts ou enrichis en argent par l'un des procédés précédents :

  a. Coupellation allemande ;
  b. Coupellation anglaise.

Résumé comparatif sur les résultats des deux méthodes. — Produits et consommations. — Pertes en métaux. — Considérations économiques sur les divers procédés d'extraction de l'argent des plombs d'œuvre.

32ᵉ et 33ᵉ Leçons.

Chapitre III. — Procédés de désargentation des cuivres bruts et mattes cuivreuses argentifères :

1° Traitements des cuivres et mattes argentifères par fonte plombeuse :

Procédé ancien de liquation, aujourd'hui abandonné (exemple du Hartz supérieur). — Pertes en métaux.

2° Traitements par amalgamation des cuivres et mattes cuivreuses :

Amalgamation du cuivre noir (Hongrie). — Amalgamation des mattes (Mansfeld).

3° Désargentation des cuivres et mattes cuivreuses par voie humide :

a. Procédés Augustin et Ziervogel. — Mattes cuivreuses. — Usines du Mansfeld (Prusse). — Grillage. — Dissolution. — Précipitation. — Opérations complémentaires par voie sèche. — Résultats. — Pertes en métaux.

b. Variantes du procédé Augustin, appliqué au cuivre noir : usines Freiberg (Saxe) et Tajova (Hongrie). — Application aux speiss.

c. Procédés de dissolution directe du cuivre brut ou des mattes cuivreuses grillées à mort, par l'acide sulfurique pour résidu d'argent brut ou argentifère et pour sulfate de cuivre du commerce — Exemples du Hartz (cuivre noir argentifère) et de Freiberg (Saxe). — Mattes cuivreuses épurées préalablement par voie sèche. — Exemple de l'Amérique du Nord.

Résumé général sur les procédés de désargentation des matières cuivreuses. — Consommations. — Pertes en métaux.

Considérations économiques sur ces divers procédés d'extraction de l'argent.

34ᵉ et 35ᵉ Leçons.

Chapitre IV. — Traitement des minerais d'argent proprement dits :

Trois formules principales, comme pour les matières cupro-argentifères : Fonte plombeuse. — Amalgamation. — Voie humide.

A. *Fonte plombeuse.* — 1° Procédé type de Freiberg (Saxe). Classification des minerais composant l'assortiment de ces usines. — Neuf opérations; description de ces diverses opérations. — Résultats généraux. — Pertes en métaux.

2° Variante du procédé type, nécessitée par les changements dans l'assortiment des minerais. — Modifications simultanées dans les appareils. — Résumé sur le procédé actuel de Freiberg.

3° Variantes du procédé dans d'autres contrées (Hongrie,

Transylvanie, Sibérie et Norwége). — Procédés d'imbibition ; coupellation directe des minerais d'argent très-riches.

36ᵉ et 37ᵉ Leçons.

B. *Amalgamation.* — 1° Procédé d'amalgamation par voie sèche (ancien procédé de Freiberg, Saxe); minerais propres à cette méthode; description des cinq opérations. — Consommations et pertes en métaux.

2° Procédé d'amalgamation par voie humide (procédé mexicain du Patio); ses imperfections; ses résultats. — Divers essais pour l'amélioration de cet ancien procédé.

Variantes : procédé du Caso (Chili et Pérou); procédé des Pans (Sierra Nevada et Californie).—Divers autres procédés (Cumenge, Rivot, etc.).

C. *Traitements par voie humide.* — Procédé de Joachimsthal (Bohême), dérivé des procédés Augustin et Ziervogel. — Difficultés spéciales de tous ces traitements par voie humide.

Divers essais de procédés semblables (Allemagne, États-Unis). — Résumé général sur les procédés de traitement des minerais d'argent. — Raffinage de l'argent.

2ᵉ SECTION (SECTION ÉCONOMIQUE).
(A renvoyer après la métallurgie de l'or.)

IV. MÉTALLURGIE DE L'OR. (1 leçon.)

38ᵉ Leçon.

Généralités. — Rapide examen des propriétés physiques et chimiques de l'or. — Ses affinités, spécialement sous le rapport métallurgique. — Pureté de l'or préparé en grand. — Degrés de fin. — Emplois de l'or.

1ʳᵉ SECTION (SECTION TECHNIQUE).

CHAPITRE Iᵉʳ. — Minerais d'or.

Beaucoup de minerais de plomb et de cuivre argentifères sont également aurifères et sont déjà connus par ce qui précède. — Espèces minérales proprement dites de l'or : Or natif. — Tellurures et séléniures d'or. — Pyrites aurifères (sulfures plus ou moins complexes). — Classification des minerais d'or par rapport à la nature des gangues (pierreuses [siliceuses] ou métalliques sulfurées).

Principes des diverses formules de traitement pour chaque classe de minerais :

I. Lavage des sables aurifères pour minerai enrichi à fondre simplement.

II. Bocardage et lavage suivis d'amalgamation, distillation et fusion.

III. Bocardage et fusion comme pour les minerais d'argent.

IV. Préparation mécanique et voie humide.

Traitement final de l'or brut ou alliage d'or et autres métaux rares, obtenu par les formules précédentes. — Départ par voie humide (procédés d'inquartation et autres).

39e Leçon.

SECTION ÉCONOMIQUE DE LA MÉTALLURGIE DE L'OR ET DE L'ARGENT.

Généralités. — Statistique. — Distribution et position des usines produisant l'or et l'argent. — Pas de modifications importantes dans la consistance et la construction des usines traitant les minerais de plomb et de cuivre, qu'ils soient argentifères et aurifères ou non. — Ce que sont les usines traitant spécialement les minerais d'argent et d'or proprement dits. — Frais de traitement :

1° Par fusion plombeuse (exemple de Freiberg);

2° Par amalgamation (exemple du Mexique);

3° Par amalgamation, aux Pans (Californie).

Part des frais de traitement dans la valeur créée. — Prix des minerais. — Mode d'achat. — Cours de l'or et de l'argent.

V. MÉTALLURGIE DU PLATINE.

Propriétés générales. — Divers autres métaux de la série du platine. — Principaux minerais et gisements du platine. — Ancienne formule de traitement par voie humide. — Nouveaux procédés par voie sèche, c'est-à-dire par fusion plombeuse. — Procédés H. Sainte-Claire-Deville. — Production et cours du platine.

VI. MÉTALLURGIE DU MERCURE.

40ᵉ Leçon.

Propriétés générales du mercure. — Propriétés physiques et chimiques sur lesquelles sont fondés les procédés métallurgiques. — Emplois du mercure.

A. *Description technique des procédés de traitement.*

Minerais de mercure; leurs divers degrés de richesse.

Minerais de mercure natif : 1° Traitement par simple lavage après broyage fin (rare). — Minerais sulfurés : 2° Traitement par calcination avec la chaux ou le fer (procédés par précipitation : usines du Palatinat; usines de Toscane); 3° Traitement par grillage et distillation : ancien procédé d'Almaden (Espagne). — Procédé d'Ydria. — Comparaison des résultats. — Variante d'Ydria avec emploi du four à cuve continu. — Variante en Italie par les moyens de condensation. — Modification pour le traitement des minerais menus (four Alberti). — Minerais divers, cuivre gris, etc.; 4° Grillage en stalles. — Double distillation.

Résumé sur les procédés de traitement des minerais de mercure. — Pertes en métal. — Consommations.

B. *Considérations économiques.*

Statistique. — Position et consistance des usines. — Frais de traitement par les diverses formules. — Part de ces frais dans la valeur créée. — Cours du mercure et ses variations.

VII. MÉTALLURGIE DE L'ÉTAIN, DE L'ANTIMOINE, DU BISMUTH, DU COBALT, DU NICKEL, ETC.

41ᵉ à 45ᵉ Leçons.

Généralités sur les métallurgies de l'étain, de l'antimoine, du bismuth, du cobalt, du nickel, du zinc, du cadmium, dernière série de métaux, dont les termes rappellent à beaucoup d'égards, sous le rapport métallurgique, ceux de la première série. — Fer, plomb, cuivre, argent, or, platine et mercure. — Assimilations diverses entre ces deux séries. — Moyens généraux de traitements semblables.

I. ÉTAIN.

Métal pur. — Compositions de diverses marques du commerce. — Propriétés physiques et chimiques. — Emploi de l'étain ou des différentes marques d'étain. — Minerais d'étain. — Degré d'enrichissement. — Préparation. — Grillage des minerais impurs.

Fonte réductive pour étain brut : 1° au four à cuve ; 2° au réverbère.

Raffinage de l'étain brut pour étain marchand.

Résumé sur les divers procédés de traitement. — Produits et consommations. — Considérations économiques. — Statistique. — Frais de traitement ; leur part dans la valeur créée. — Cours de l'étain.

II. NICKEL ET COBALT.

Principales propriétés du nickel et du cobalt. — Affinités de ces métaux pour le soufre, pour l'arsenic, l'oxygène, etc. — Leurs alliages. — Leurs emplois.

Minerais de nickel et cobalt. — Produits d'art renfermant du nickel et du cobalt (cuivres noirs, mattes, speiss).

Formule générale de traitement métallurgique. — Similitude

des premières opérations avec celles de la métallurgie du cuivre. — Les dernières opérations sont, au contraire, des opérations de laboratoire par voie sèche ou par voie humide.

Diverses modifications de la formule générale. — Divers exemples de traitements. — Quelques renseignements économiques. — Production et cours du nickel et du cobalt.

III. ANTIMOINE.

Minerais d'antimoine. — Leur préparation. — Fonte pour régule brut d'antimoine (sulfure fondu).

Formules de traitement du régule : 1° par grillage et réduction; 2° par précipitation à l'aide de la fonte ou du fer.

Analogies de ces formules avec certaines méthodes de la métallurgie du plomb. — Procédés de traitement au creuset, au réverbère, au four à cuve.

Raffinage de l'antimoine.

Résumé. — Produits et consommations. — Déchets ou pertes de métal. — Renseignements économiques. — Statistique. — Frais de traitement. — Leur rapport au prix des minerais. — Cours de l'antimoine.

IV. BISMUTH.

Propriétés principales du métal. — Divers minerais. — Traitement des minerais de bismuth natif et des minerais oxydés.

V. ZINC ET CADMIUM.

I. *Partie technique de la métallurgie du zinc.*

Diverses marques de zincs du commerce. — Leur composition. — Propriétés physiques et chimiques. — Alliages usuels. — Divers emplois du zinc. — Classification des zincs du commerce sous le rapport de leur application.

Minerais de zinc. — Oxydes. — Carbonates. — Silicates. — Sulfure. — Produits d'art (cadmies). — Leur préparation mécanique. — Degré d'enrichissement.

Formule générale de traitement :
1° Calcination ou grillage pour oxydes ;
2° Réduction et distillation pour zinc brut ;
3° Raffinage du zinc brut pour zinc marchand en lingots.

Description des opérations. — Matériel. — Travail de calcination des calamines et de grillage des blendes.

Divers procédés de réduction des produits calcinés ou grillés :
1° Procédé silésien ;
2° Procédé liégeois ou belge ;
3° Procédé anglais.

Affinage du zinc brut. — Résultats comparés de ces divers procédés. — Produits et consommations. — Pertes en métal. — Diverses tentatives d'amélioration des procédés de réduction et de distillation (emplois du four à cuve ; emplois du four Siemens).

Extraction du cadmium des zincs cadmifères.

II. *Partie économique de la métallurgie du zinc.*

Statistique de la production du zinc. — Organisation de l'industrie du zinc. — Position, consistance et construction des usines. — Frais de premier établissement. — Fonds de roulement. — Frais spéciaux et généraux du traitement par tonne de minerai (procédé silésien et procédé belge). — Leur part dans la valeur créée. — Cours du zinc.

COURS DE DOCIMASIE[1].

M. Ad. Carnot, ingénieur des mines, directeur des laboratoires, professeur.

PREMIÈRE ANNÉE.

1re Leçon.

Préliminaires.

Objet du cours de docimasie. — Analyses et essais.

Recherches qualitatives : voie humide, voie sèche, chalumeau, spectroscope.

Analyses quantitatives, méthodes diverses : pesées, mesure des volumes, emploi des liqueurs titrées. — Essais par la voie sèche.

Prise d'essai pour les substances minérales, les produits d'usines, etc.

MÉTALLOÏDES.

Oxygène.

Préparation et emploi de l'oxygène pour les analyses.

Dosage de l'oxygène libre ou combiné.

Détermination de l'oxygène en dissolution dans l'eau par l'emploi de l'hydrosulfite de soude.

2e Leçon.

Hydrogène.

Préparation de l'hydrogène pur et sec; son emploi comme agent de réduction.

---

[1] L'enseignement est complété par des exercices pratiques d'analyse, auxquels prennent part tous les élèves titulaires de l'École des mines durant leurs trois années d'études. Ces exercices ont lieu chaque jour pendant la période des cours et en outre pendant un mois d'été, sous la direction du professeur de docimasie, du professeur de chimie générale et du préparateur de chimie.

Eau. — Moyen d'obtenir l'eau pure; son emploi au laboratoire. Emploi de la vapeur d'eau comme oxydant et désulfurant.

Dessiccation des gaz, des filtres, des précipités.

Dosage de l'eau : eau hygrométrique; eau combinée; eau de cristallisation. — Détermination de l'eau dans les acides, dans les bases, dans les sels.

3e Leçon.

CARBONE.

Acide oxalique. — Ses propriétés. — Caractères des oxalates. Divers procédés de dosage de l'acide oxalique.

Acide carbonique. — Caractères des carbonates. — Divers procédés de dosage de l'acide carbonique.

4e Leçon.

Combustibles végétaux et minéraux.

Examen des divers combustibles. — Détermination de l'eau hygrométrique, des matières volatiles, du carbone fixe, des cendres, du pouvoir calorifique.

Bois, charbon de bois, tourbe, charbon de tourbe. — Houilles, lignites, coke, anthracite, graphite, schistes bitumineux, pétrole.

5e Leçon.

Analyse immédiate des diverses variétés de carbone (diamant, graphites, carbones amorphes).

Dosage de l'hydrogène et du carbone dans les matières organiques et les combustibles. — Historique des méthodes et perfectionnements. — Description des appareils; opération.

AZOTE.

Acide azotique. — Son emploi, sa purification. — Azotates, leurs caractères; divers moyens d'en reconnaître la présence en quantités notables ou faibles.

6e Leçon.

Dosage de l'acide azotique :
1° Seul dans l'eau ;
2° Dans les sels neutres ;
3° Dans des dissolutions acides ;
4° En présence de matières organiques.

Acide azoteux. — Caractères des azotites. — Dosage de l'acide azoteux. — Azotites seuls ou avec des azotates.

7e Leçon.

Ammoniaque. — Son emploi comme réactif ; caractères. — Dosage par le chlorure de platine. — Détermination par liqueurs titrées. — Recherche et détermination de l'ammoniaque en quantité très-faible, seule ou en présence de matières azotées.

Cyanogène. — Caractères des cyanures simples. — Dosage du cyanogène.

Dosage de l'azote dans les matières organiques.

8e Leçon.

Soufre.

Examen du soufre en canons et de la fleur de soufre.

Minerais de soufre natif. — Essais par distillation et par l'emploi du sulfure de carbone. — Analyse complète. — Examen des pyrites de fer.

Dosage du soufre dans les sulfures métalliques. — Emploi de l'eau régale. — Cas des sulfures facilement attaqués par l'acide chlorhydrique. — Emploi de la potasse et du chlore, soit directement, soit après attaque par l'eau régale. — Même méthode avec l'aide du carbonate de soude. — Emploi du nitre et de la potasse par voie sèche.

Dosage du soufre dans les matières organiques.

9ᵉ Leçon.

Acide sulfurique. — Sa purification.

Sulfates; leurs caractères. — Dosage de l'acide sulfurique libre ou dans les sulfates solubles ou insolubles.

Acide hyposulfurique. — Caractères des sels et dosage.

Acide sulfureux. — Préparation et emploi au laboratoire.

Sulfites. — Caractères, dosage.

Hyposulfites. — Caractères, dosage.

Mélanges d'hyposulfites et de sulfures alcalins.

Hydrogène sulfuré. — Préparation, emploi. — Sulfhydrate d'ammoniaque; son emploi comme réactif. — Dosage de l'hydrogène sulfuré.

10ᵉ Leçon.

Emploi des liqueurs titrées pour la détermination des sulfites, des hyposulfites et des sulfures en dissolution. — Sulfhydrométrie. — Distinction de l'hydrogène sulfuré et des sulfures en dissolution.

Sélénium.

Acide sélénieux, acide sélénique. — Sélénites et séléniates. — Procédés de dosage.

Tellure.

Acide tellureux, acide tellurique. — Tellurates. — Procédés de dosage et de séparation.

11ᵉ Leçon.

Arsenic.

État naturel, caractères.

Acide arsénieux. — Arsénites; caractères.

Acide arsénique. — Arséniates; caractères.

Dosage de l'arsenic :

1er cas. — Arsenic en forte proportion : 1° en l'absence ou en présence de terres alcalines; 2° en présence d'alumine.

2° cas. — Arsenic en proportion assez faible.

3ᵉ cas. — Arsenic en proportion très-faible. — Appareil de Marsh.

12ᵉ Leçon.

Détermination des acides arsénieux et arsénique au moyen de liqueurs titrées.

Minéraux et produits d'art de l'arsenic.

PHOSPHORE.

Acide phosphorique. — Phosphates; caractères.

Divers réactifs employés pour reconnaître ou doser l'acide phosphorique dans les phosphates tribasiques.

13ᵉ Leçon.

Dosage de l'acide phosphorique et séparations :

1° Acide phosphorique et eau. — Emploi de la litharge.

2° Acide phosphorique et alcalis. — Emploi de l'azotate de bismuth, de l'azotate de plomb, du chlorure de calcium, du perchlorure de fer, des sels de magnésie et d'ammoniaque.

3° Acide phosphorique et terres alcalines. — Emploi du perchlorure de fer, de l'azotate de mercure, du molybdate d'ammoniaque.

4° Acide phosphorique, terres alcalines et alumine. — Procédé des sulfates, procédé du molybdate d'ammoniaque.

5° Acide phosphorique et oxydes métalliques.

6° Acide phosphorique et acide arsénique.

14ᵉ Leçon.

Dosage de l'acide phosphorique en présence de toutes les bases :

1° Emploi du molybdate d'ammoniaque; dosage à l'état de pyrophosphate de magnésie;

2° Transformation du phosphate en phosphure de fer et dosage à l'état de phosphate d'argent.

Acide phosphoreux. — Phosphites. — Dosage.
Acide hypophosphoreux. — Hypophosphites. — Dosage.
Hydrogène phosphoré. — Réactifs qui peuvent être employés pour l'absorber.
Dosage du phosphore dans les matières organiques.

15ᵉ Leçon.

Fluor.

Caractères des fluorures. — Réactions principales. — Recherche qualitative du fluor au chalumeau et par voie humide.
Dosage du fluor :
1° *Acide fluorhydrique* en dissolution. — Emploi de la litharge, d'une liqueur alcaline titrée, d'un sel de chaux.
2° Fluorures solubles.
3° Fluorures anhydres ou hydratés, décomposables par l'acide sulfurique.
4° Fluorures insolubles avec ou sans silicates.
Minéraux. — Spath-fluor avec quartz, barytine et gypse. — Fluorures avec phosphates. — Analyse.

16ᵉ Leçon.

Chlore.

Préparation du chlore. — Son emploi dans les analyses par voie sèche et par voie humide.
Acide chlorhydrique. — Sa purification. — Son emploi à l'état de dissolution et à l'état gazeux. — Chlorures métalliques; leurs caractères.
Dosage du chlore dans les chlorures solubles ou insolubles.
Chlorures et fluorures. — Chlorures et matières organiques.
Détermination du chlore au moyen de liqueurs titrées.

17ᵉ Leçon.

Acide chlorique. — Chlorates. — Dosage.

Acide perchlorique. — Perchlorates. — Dosage. — Mélanges de perchlorates, chlorates et chlorures.

Acide hypochloreux. — Chlorures décolorants. — Chlorométrie.

Brome.

Emploi du brome dans les analyses.

Bromures métalliques; leurs caractères. — Recherche qualitative et dosage du brome. — Bromures et chlorures.

Acide bromique. — Bromates; leurs caractères. — Dosage de l'acide bromique.

18e Leçon.

Iode.

Préparation de l'iode pur. — Son emploi dans les analyses.

Iodures métalliques; leurs caractères.

Recherche qualitative de l'iode dans les composés solubles ou insolubles.

Dosage de l'iode dans les iodures. — Iodures et chlorures. — Iodures et bromures. — Iodures, chlorures et bromures.

Acide iodique. — Iodates. — Dosage.

Acide hyperiodique. — Hyperiodates. — Dosage.

19e Leçon.

Bore.

Généralités. — Recherche du bore à l'aide du chalumeau.

Acide borique. — Borates; caractères. — Recherche de l'acide borique par la flamme de l'alcool.

Fluorure de bore. — Fluoborures métalliques.

Dosage de l'acide borique libre. — Borates anhydres et hydratés. — Borates avec chlorures, avec sulfates, avec phosphates, avec fluorures.

20e Leçon.

Silicium.

Acide silicique. — États divers : quartz, silice anhydre, silice hydratée. — Silicates. — Fusibilité des silicates simples et multiples. — Leur solubilité. — Action des principaux réactifs par voie humide et par voie sèche.

Fluorure de silicium. — Acide hydrofluosilicique. — Fluosiliciures métalliques.

21e Leçon.

Dosage de l'acide silicique.

Silicates facilement attaquables. — Emploi des acides azotique, chlorhydrique, sulfurique.

Silicates difficilement attaquables. — Emploi des carbonates alcalins, de la chaux et des carbonates de chaux et de baryte, des alcalis caustiques, de la litharge ou du carbonate de plomb, du bisulfate d'ammoniaque, du bisulfate de potasse, de l'acide fluorhydrique et du fluorure d'ammonium.

22e Leçon.

Analyse des silicates facilement ou difficilement attaquables par les acides. — Marche générale. — Détermination de l'eau, des alcalis et des autres éléments.

Cas particuliers : silicates avec sulfates, avec phosphates, avec fluorures et eau, avec phosphates, fluorures et eau, avec chlorures, avec borates.

Détermination spéciale des alcalis dans les silicates par calcination avec le carbonate de chaux et le sel ammoniac.

MÉTAUX.

23e Leçon.

POTASSIUM.

Potasse. — Sels de potasse; caractères.

Recherche qualitative de la potasse par voie humide, au chalumeau, au spectroscope.

Dosage de la potasse à l'état de sulfate neutre, de chlorure, de carbonate. — Séparation à l'état de chlorure double de potassium et de platine, à l'état de perchlorate de potasse, à l'état d'hyposulfite double de potasse et de bismuth. — Emploi de cette dernière méthode pour la détermination de la potasse par liqueurs titrées.

24e Leçon.

Minéraux et produits d'art de la potasse. — Sels de Stassfurt. — Carnallite, polyhalite, kaïnite. — Eaux mères des salines. — Feldspaths. — Méthode générale d'essai au point de vue de la potasse contenue. — Potasses du commerce. — Alcalimétrie. — Analyse.

Potasse caustique employée dans les laboratoires.

Carbonate de potasse, flux blanc, flux noir.

Nitre, poudre. — Sulfates et chlorate de potasse.

25e Leçon.

SODIUM.

Soude. — Sels de soude; caractères. — Recherche qualitative de la soude par voie humide, au chalumeau, par la flamme de l'alcool, au spectroscope.

Dosage de la soude. — Sa séparation de la potasse en présence des acides chlorhydrique, azotique, sulfurique.

Minéraux et produits d'art de la soude.

Chlorure de sodium. — Analyse du sel gemme. — Nitrate de soude; analyse. — Sulfate de soude et glaubérite; analyse.

Soude caustique. — Carbonate de soude. — Borates de soude. — Sulfures de sodium.

26e Leçon.

LITHIUM.

Lithine. — Caractères de ses sels. — Recherche qualitative de la lithine au chalumeau, à la flamme de l'alcool, au spectroscope.

Dosage de la lithine. — Sa séparation de la potasse et de la soude.

Minéraux contenant de la lithine. — Analyse du mica lépidolite.

Rubidium et Coesium.

Caractères de leurs sels utilisés pour la séparation et l'extraction des oxydes. — Substances minérales où ils ont été trouvés.

Sels ammoniacaux.

Azotate, carbonate, oxalate, sulfate, chlorhydrate, phosphate d'ammoniaque. — Leur emploi au laboratoire. — Analyse ou essai. — Examen des engrais ammoniacaux.

27e Leçon.

Baryum.

Baryte. — Sels de baryte; caractères.

Recherche qualitative de la baryte : voie humide, chalumeau, alcool, spectroscope.

Dosage de la baryte en présence d'acides seulement ou de divers oxydes.

Minéraux de la baryte.

Baryte sulfatée et baryte carbonatée. — Analyse.

Réactifs : sulfure, carbonate, chlorure, azotate, acétate, baryte caustique et eau de baryte.

Strontium.

Strontiane. — Sels de strontiane; caractères.

Recherche qualitative : voie humide, chalumeau, alcool, spectroscope.

Dosage de la strontiane.

Séparation de la strontiane et de la baryte. — Évaluation des deux bases par le calcul.

Minéraux de la strontiane. — Strontiane sulfatée. — Strontiane carbonatée. — Analyse.

28ᵉ Leçon.

Calcium.

Chaux. — Sels de chaux; caractères.

Recherche qualitative : voie humide, chalumeau, alcool, spectroscope.

Dosage de la chaux en présence des acides azotique, chlorhydrique, sulfurique, phosphorique, borique.

Sa séparation des alcalis, de la baryte, de la strontiane. — Mélanges contenant de l'acide phosphorique.

29ᵉ Leçon.

Minéraux et produits d'art de la chaux.

Chaux carbonatée. — Examen des calcaires suivant leur destination. — Essais pratiques; analyse rapide; analyse complète. — Chaux et mortiers, chaux grasses, chaux hydrauliques, ciments. — Marnes.

Chaux sulfatée. — Emploi du gypse. — Analyse.

Chaux phosphatée. — Phosphates d'origines diverses. — Essai des phosphates. — Analyse.

Chaux fluatée. — Analyse.

Emploi de la chaux et de ses composés au laboratoire.

30ᵉ Leçon.

Magnésium.

Magnésie. — Caractères des sels de magnésie. — Recherche qualitative : voie humide, chalumeau.

Dosage de la magnésie en dissolutions azotique, chlorhydrique, et en présence de l'ammoniaque.

Sa séparation des alcalis, des terres alcalines et des acides phosphorique, arsénique et borique.

Minéraux de la magnésie. — Magnésie anhydre, hydratée, chlorurée, sulfatée, carbonatée. — Dolomie. — Hydrosilicates et silicates multiples.

Analyse de la kiesérite, de la dolomie, de la magnésite.
Sulfate de magnésie employé comme réactif.

MÉTAUX TERREUX.

31ᵉ Leçon.

ALUMINIUM.

Alumine. — Sels d'alumine. — Caractères des sels simples et des sels doubles. — Aluminates. — Recherche qualitative de l'alumine par voie humide et au chalumeau.

Dosage de l'alumine en dissolution azotique ou chlorhydrique, ou en présence d'acide sulfurique. — Séparation de l'alumine et des alcalis ou des terres alcalines; exemples tirés de l'analyse des silicates. — Alumine et acide phosphorique ou arsénique.

32ᵉ Leçon.

Minéraux et produits d'art de l'aluminium.

Alumine anhydre : corindon, émeri.

Alumine hydratée : diaspore, bauxite, gibsite.

Alumine sulfatée : alunite, terres alunifères; schistes alumineux. — Essai au laboratoire.

Alumine phosphatée : wavellite, turquoise, amblygonite, cryolite, etc. — Analyse.

Silicates d'alumine : feldspaths, argiles, kaolins. — Essais pratiques et analyse.

Aluns d'ammoniaque et de potasse. — Analyse.

33ᵉ Leçon.

GLUCINIUM.

Glucine. — Caractères des sels de glucine. — Recherche qualitative.

Dosage de la glucine. — Séparation de la glucine et des alcalis, des terres alcalines et de l'alumine.

Minéraux de la glucine. — Phénacite, euclase, émeraude. — Analyse de l'émeraude.

Zirconium.

Zircone. — Caractères des sels de zircone. — Recherche qualitative. — Dosage et séparations de la zircone.

Minéraux de la zircone. — Analyse du zircon.

34ᵉ Leçon.

Thorium.

Thorine. — Caractères des sels de thorine. — Recherche qualitative. — Dosage et séparations de la thorine.

Minéraux de la thorine. — Analyse de la thorite.

Yttrium.

Yttria. — Caractères des sels d'yttria. — Recherche qualitative. — Dosage et séparations de l'yttria.

Minéraux de l'yttria. — Phosphate, fluorure, silicate, tantalate et titanate. — Analyse de la gadolinite.

Erbium.

Erbine. — Caractères de ses sels. — Sa séparation de l'yttria.

35ᵉ Leçon.

Cérium.

Combinaisons avec les métalloïdes. — Oxydes. — Caractères des sels de cérium.

Dosage du cérium. — Sa séparation des acides précédents.

Minéraux du cérium. — Fluorures, phosphates, silicates, carbonates.

Lanthane et Didyme.

Oxydes. — Caractères de leurs sels.

Séparation des oxydes de la cérite.

Tantale.

Combinaisons avec les métalloïdes. — Oxyde de tantale et acide tantalique. — Caractères des tantalates. — Dosage de l'acide tantalique.

Niobium.

Combinaisons avec les métalloïdes. — Oxydes du niobium et acide niobique. — Principales différences entre les composés du niobium et ceux du tantale.

Minéraux du tantale et du niobium. — Tantalites et columbites, yttro-tantalites et fergusonite.

37ᵉ Leçon.

Titane.

Combinaisons avec les métalloïdes. — Composés oxygénés : sesquioxyde de titane et acide titanique. — Caractères des dissolutions acides et des titanates. — Recherche qualitative. — Emploi du chalumeau.

Dosage de l'acide titanique. — Sa séparation des alcalis, des terres alcalines, de l'alumine, de l'yttria et de la silice.

Minéraux du titane. — Anatase, rutile, brookite, sphène, titanates complexes, ilménite et fers titanés. — Analyse.

38ᵉ Leçon.

Applications.

Examen des terres végétales.

Choix des échantillons. — Analyse mécanique. — Analyse chimique. — Dosage des différents éléments. — Représentation des résultats.

Analyse des cendres des végétaux. — Préparation des cendres. — Analyse qualitative et quantitative. — Représentation des résultats.

39ᵉ Leçon.

Analyse des gaz.

Généralités. — Mode d'examen.

Air atmosphérique. — Dosage de l'ammoniaque, de l'eau, de l'acide carbonique. — Détermination de l'azote et de l'oxygène. — Recherche de l'ozone.

Méthodes par pesées et volumétriques. — Eudiomètres.

40ᵉ Leçon.

Air des mines. — Recherche de l'acide carbonique, de l'hydrogène sulfuré, de l'azote, de l'oxygène, des hydrogènes carbonés. — Appareils spéciaux pour l'évaluation rapide du grisou.

Gaz des hauts fourneaux et des autres appareils métallurgiques. — Prise d'essai. — Analyse. — Appareils pour l'évaluation rapide des principaux gaz contenus.

41ᵉ Leçon.

ANALYSE DES EAUX NATURELLES.

Analyse des eaux douces.

Eaux servant aux usages domestiques. — Gaz dissous. Matières organiques. Matières en suspension. Sels dissous. — Analyse. — Essai sommaire. — Hydrotimètre.

Eaux employées dans les chaudières à vapeur. — Essai et analyse des eaux. — Analyse des dépôts formés dans les chaudières.

42ᵉ Leçon.

Analyse des eaux minérales.

Travaux à la source. — Observations préliminaires. — Gaz dégagés, gaz restant en dissolution. — Examen des eaux sulfureuses.

Travaux au laboratoire. — Recherche des gaz dans les eaux transportées. — Recherche qualitative et dosage des substances dissoutes. — Interprétation des résultats.

DEUXIÈME ANNÉE.

1ʳᵉ Leçon.

MANGANÈSE.

Combinaisons avec l'oxygène et les autres métalloïdes. — Alliages.

Sels de protoxyde de manganèse; caractères. — Sels de sesquioxyde. — Manganates et permanganates. — Recherche qualitative du manganèse : voie sèche, chalumeau.

Dosage du manganèse. — Séparation du manganèse et des acides sulfurique, phosphorique et arsénique, des alcalis, des terres alcalines, de l'alumine, de l'yttria et de l'oxyde de cérium.

2ᵉ Leçon.

Minerais et minéraux du manganèse.

Sulfure, arséniure, carbonate, silicates. — Oxydes : haussmanite, braunite, acerdèse, pyrolusite, bioxyde hydraté, psilomélane.

Examen des minerais de manganèse approprié à leurs principaux usages. — Essai commercial : état d'oxydation du manganèse. — Essai des minerais destinés à la préparation du chlore, à la préparation de l'oxygène. — Analyse pour l'emploi dans un haut fourneau. — Analyse complète d'un échantillon minéralogique.

3ᵉ Leçon.

FER.

Combinaisons du fer avec l'oxygène. — Sulfures, chlorures, bromures, phosphures, arséniures, carbures et siliciures. — Alliages.

Caractères des sels de protoxyde, caractères des sels de peroxyde de fer.

Caractères des composés du fer au chalumeau.

4ᵉ Leçon.

Dosage du fer : dissolution azotique ou chlorhydrique; cas où elle contient de l'acide sulfurique, des matières organiques.

Séparation du fer et des acides phosphorique, arsénique, silicique, des alcalis, des terres alcalines, de l'alumine, de la glucine, de la zircone, etc. — Oxyde de fer en présence de terres alcalines, d'alumine et d'acide phosphorique.

5ᵉ Leçon.

Séparation du fer et du manganèse; méthodes diverses pour le dosage ou l'évaluation de ces métaux.

État d'oxydation du fer dans un minéral, dans une dissolution.

Méthodes volumétriques pour déterminer le protoxyde ou le peroxyde de fer. — Dosage du fer par l'emploi de liqueurs titrées.

6ᵉ Leçon.

Minerais et minéraux du fer.

Fer météorique; analyse. — Fer oxydulé magnétique; analyse. — Peroxyde de fer anhydre : fer oligiste, fer micacé, minerais violets, hématite rouge, fer oxydé rouge; analyse de minerais anhydres. — Peroxyde de fer hydraté : hématite brune, minerais compactes ou en roche, minerais terreux ou cloisonnés, minerais en grains, minerais oolithiques, minerais limoneux, ocres; analyse de minerais hydratés.

7ᵉ Leçon.

Fer carbonaté spathique, fer carbonaté lithoïde ou des houillères, fer carbonaté de structure oolithique; analyse des fers carbonatés.

Silicates, phosphates, arséniates de fer.

Pyrites de fer : pyrite jaune, pyrite blanche, pyrites magnétiques. — Essai des pyrites.

Pyrite arsenicale ou mispickel. Fer arsenical.

Produits d'art du fer.

Fontes. — Généralités. — Fontes blanches lamelleuses, grenues et fibreuses; fontes grises et noires; fontes truitées. — Ferromanganèses.

8ᵉ Leçon.

Analyse des fontes : carbone libre, carbone combiné. — Méthodes de dosage : emploi de l'oxygène, emploi du brome, emploi du bichlorure de mercure.

Dosage du silicium; emploi de l'acide azotique, de l'eau régale, de l'acide chlorhydrique gazeux après grillage.

Recherche de l'aluminium, du titane, du chrome, du tungstène, du vanadium, du cuivre. — Dosage du manganèse, du soufre, de l'arsenic, du phosphore.

Aciers, fers. — Généralités. — Dosage du carbone, du soufre, du manganèse.

Recherche du silicium, du phosphore.

Essais colorimétriques rapides pour l'évaluation du carbone.

9e Leçon.

Laitiers; généralités; analyse.

Scories; analyse.

Cadmies; examen sommaire.

Essais de fer par la voie sèche. — Expériences préliminaires sur les minerais; calcul des fondants.

Essai pour fonte; creusets brasqués, fourneaux, opération.

Discussion des résultats de l'essai. — Examen de la qualité de la fonte.

10e Leçon.

Cobalt.

Combinaisons avec l'oxygène et les autres métalloïdes. — Caractères des sels de protoxyde de cobalt. — Sels doubles. — Dissolution ammoniacale.

Recherche qualitative. — Emploi du chalumeau.

Dosage du cobalt à l'état de sesquioxyde, d'oxyde intermédiaire, de métal ou de sulfure.

Séparation du cobalt des acides phosphorique et arsénique, des alcalis, des terres alcalines, de l'alumine, du manganèse, du fer.

11e Leçon.

Minéraux du cobalt.

Cobalt sulfuré, cobalt arsenical, cobalt gris, cobalt arséniaté, cobalt sulfaté, cobalt oxydé noir. — Analyse d'un minerai de cobalt gris ou arsenical et d'un minerai de cobalt oxydé noir avec fer et manganèse.

Produits d'art. — Oxyde de cobalt artificiel, scories et verres de cobalt, speiss, aluminate, bleu Thénard et outremer. — Analyse d'un aluminate.

12e Leçon.

NICKEL.

Combinaisons du nickel avec l'oxygène et les autres métalloïdes.

Caractères des sels de protoxyde de nickel. — Sels doubles. — Dissolution ammoniacale.

Recherche qualitative. — Emploi du chalumeau.

Dosage du nickel à l'état de sesquioxyde, de protoxyde, de métal ou de sulfure. — Séparation du nickel et des alcalis, des terres alcalines, de l'alumine, du manganèse, du fer et de l'acide phosphorique. — Séparation du nickel et de l'arsenic.

Nickel et cobalt. — Recherche qualitative, séparation et dosage des deux métaux.

13e Leçon.

Minéraux du nickel.

Nickel sulfuré, pyrites magnétiques nickélifères; nickel arsenical rouge et blanc, nickel antimonial, nickel gris; arséniate, hydrocarbonate, hydrosilicate.

Analyse des minéraux et minerais : pyrite nickélifère, nickel gris, hydrosilicate de nickel et de magnésie.

Produits d'art. — Speiss, mattes nickélifères, oxyde de nickel, nickel métallique. — Alliages.

Analyse du nickel métallique.
Essai par la voie sèche des minerais et des speiss de nickel.
Essai par le chalumeau des mattes nickélifères.

14ᵉ Leçon.

Zinc.

Combinaisons du zinc avec l'oxygène et les autres métalloïdes. — Alliages.

Caractères des sels de zinc; recherche par le chalumeau.

Dosage du zinc à l'état d'oxyde ou de sulfure. — Sa séparation des alcalis, des terres alcalines, de l'alumine, du manganèse, du fer, du nickel.

Évaluation du zinc par les liqueurs titrées.

Minéraux et minerais du zinc.

Oxyde rouge ou brucite, franklinite, carbonate, hydrocarbonate, silicate de zinc anhydre et hydraté, calamine, blende.

15ᵉ Leçon.

Analyse de la franklinite. — Analyse de la calamine. — Analyse d'un échantillon de blende pure. — Exemples d'analyses de minerais blendeux plus ou moins impurs. — Détermination rapide de la teneur d'un minerai de zinc.

Produits d'art. — Zinc du commerce; analyse. — Calamine calcinée, blende grillée; analyse. — Résidus du traitement des minerais de zinc, cadmies. — Oxydes blancs et gris, blanc de zinc.

16ᵉ Leçon.

Cadmium.

Combinaisons avec l'oxygène et les autres métalloïdes. — Caractères des sels; recherche au chalumeau. — Dosage du cadmium à l'état d'oxyde, de sulfure ou de sulfate. — Sa séparation du zinc.

Minéraux et produits d'art. — Sulfure ou greenockite, blende cadmifère; analyse. — Cadmium métallique. — Jaune de cadmium.

Indium.

Combinaisons avec les métalloïdes. — Caractères des sels d'indium. — Recherche par le spectroscope. — Extraction.

Gallium.

Combinaisons avec les métalloïdes. Recherche par le spectroscope. — Extraction.

Thallium.

Combinaisons avec les métalloïdes. — Caractères des sels de protoxyde et de peroxyde. — Recherche par le spectroscope. — Extraction.

17ᵉ Leçon.

Uranium.

Combinaisons avec l'oxygène et les autres métalloïdes. — Caractères des sels de protoxyde d'uranium, des sels de peroxyde et des uranates.

Dosage de l'uranium à l'état de protoxyde, d'oxyde salin ou de métal. — Sa séparation des alcalis, des terres alcalines, de l'alumine, de l'acide phosphorique et de l'acide arsénique.

Minéraux de l'urane. — Pechblende. Peroxyde hydraté. Phosphates : uranite et chalcolithe. — Analyse.

18ᵉ Leçon.

Chrome.

Combinaisons avec l'oxygène et les autres métalloïdes. — Caractères des sels d'oxyde de chrome et des chromates. — Recherche qualitative du chrome. — Emploi du chalumeau.

Dosage de l'oxyde de chrome et de l'acide chromique. — Séparation du chrome et des alcalis, des terres alcalines, de l'alumine et du fer.

Minéraux et produits d'art du chrome.

Oxyde de chrome anhydre et hydraté. Fer chromé. Chromate de plomb ou crocoïse. Vauquelinite. — Analyse.

Chromates de potasse. Chromate et sulfochromate de plomb. Aciers au chrome.

19e Leçon.

TUNGSTÈNE.

Combinaisons avec l'oxygène et les autres métalloïdes. — Caractères des tungstates. — Recherche qualitative. — Emploi du chalumeau.

Dosage de l'acide tungstique. — Sa séparation des alcalis, des terres alcalines, du fer et du manganèse, de l'acide silicique.

Minéraux et produits d'art du tungstène.

Acide tungstique anhydre et hydraté. — Tungstates de chaux, de fer et de manganèse, de plomb. — Analyse de la schéelite et du wolfram.

Tungstate de soude; acide tungstique artificiel; fontes et aciers au tungstène.

20e Leçon.

MOLYBDÈNE.

Combinaisons avec l'oxygène et les autres métalloïdes. — Caractères des sels de protoxyde et de bioxyde de molybdène et des molybdates. — Sulfomolybdates. — Recherche par le chalumeau.

Dosage du molybdène à l'état de sulfure ou d'oxyde. — Sa séparation des alcalis et des terres alcalines.

Minéraux du molybdène. — Sulfure de molybdène. Acide molybdique. Molybdate de plomb. — Analyse.

Molybdate d'ammoniaque employé comme réactif.

21e Leçon.

VANADIUM.

Combinaisons avec l'oxygène et les autres métalloïdes. — Sels de vanadium; vanadites et sulfovanadites; vanadates et sulfovanadates. — Recherche par le chalumeau.

Dosage du vanadium dans les vanadates alcalins et dans les sulfovanadates.

Minéraux du vanadium. — Vanadate de plomb. Minerais de fer, bauxite et calcaires renfermant du vanadium. — Extraction du vanadium.

22ᵉ Leçon.

ÉTAIN.

Combinaisons avec l'oxygène et les autres métalloïdes. — Alliages. — Caractères des sels de protoxyde et de bioxyde d'étain. Stannates et métastannates. — Recherche par le chalumeau.

Dosage de l'étain à l'état d'oxyde ou de sulfure. — Séparation de l'étain des premiers métaux jusqu'au fer. — Étain avec zinc; étain avec nickel et cobalt; étain et tungstène; étain et arsenic.

23ᵉ Leçon.

Minéraux et minerais d'étain.

Étain pyriteux. Étain oxydé ou cassitérite. — Analyse minéralogique. — Examen d'un minerai riche ou pauvre.

Dosage rapide de l'étain par l'emploi du charbon et du zinc.

Produits d'art. — Minerais préparés. Étain métallique. Scories. — Analyse.

Essais par la voie sèche à température modérée et à haute température.

24ᵉ Leçon.

ANTIMOINE.

Combinaisons avec l'oxygène et les autres métalloïdes. — Sels d'oxyde d'antimoine et antimonites. — Dissolutions contenant l'acide antimonique et antimoniates.

Recherche qualitative de l'antimoine. — Emploi du chalumeau.

Dosage de l'antimoine à l'état de sulfure, d'antimoniate d'oxyde ou de métal; dosage par différence. — Évaluation par liqueurs titrées de l'oxyde d'antimoine.

25ᵉ Leçon.

Séparation de l'antimoine : 1° des métaux qui ne sont pas précipités en dissolution chlorhydrique par l'hydrogène sulfuré; 2° des métaux dont les sulfures sont insolubles dans le sulfhydrate d'ammoniaque. — Séparation de l'antimoine et du nickel, de l'étain, de l'arsenic. — Antimoine, arsenic et étain.

Minéraux de l'antimoine. — Antimoine natif, oxyde d'antimoine, antimoniate d'oxyde d'antimoine; antimoine sulfuré, sulfures complexes. — Analyse.

Produits d'art. — Sulfure d'antimoine fondu, minerais grillés, régule, antimoine raffiné, fumées, scories; produits pharmaceutiques.

Essais par la voie sèche des minerais oxydés ou sulfurés.

26ᵉ Leçon.

PLOMB.

Combinaisons avec les métalloïdes. — Oxydes du plomb. — Caractères des sels de plomb. — Recherche qualitative. — Emploi du chalumeau.

Dosage du plomb à l'état de protoxyde, de bioxyde, de sulfure, de sulfate ou de chlorure. — Sa séparation des métalloïdes et des métaux formant des composés solubles dans le sulfhydrate d'ammoniaque. — Sa séparation des métaux qui ne sont pas précipités par l'hydrogène sulfuré. — Sa séparation du nickel, du zinc et du cadmium.

27ᵉ Leçon.

Minerais et minéraux du plomb.

Galène, plomb sélénié, telluré, arsénié, chloruré; oxydes jaune et rouge, carbonate, chlorophosphate, chloroarséniate, chromate, molybdate, tungstate, vanadate, aluminate de plomb.

Analyse d'un échantillon minéralogique de galène; analyse complète d'un minerai sulfuré complexe. — Examen rapide d'un minerai préparé. — Analyse d'un minerai carbonaté. — Analyse d'une pyromorphite.

28ᵉ Leçon.

Produits d'art du plomb.

Plomb marchand, plomb d'œuvre, plomb aigre. Mattes, minerais et mattes grillées, scories, fumées, fonds de coupelles; abzugs, abstrichs, litharges sales, litharges marchandes. Miniums; céruse; chromates et couleurs de plomb. — Alliages du plomb.

Mode d'examen de ces produits.

29ᵉ Leçon.

Essais de plomb par la voie sèche.

Minerais et produits oxydés. Creusets de terre, fondants, réducteurs. — Minerais riches et minerais pauvres, litharges, minerais avec calamine, scories de plomb.

Minerais sulfurés. Creusets de fer, creusets de terre avec lame de fer, fondants. — Galène riche, minerais pauvres, minerais blendeux, minerais pyriteux, galènes antimoniales.

Minerais et mattes grillées, sulfate de plomb, phosphates, arséniates et antimoniates.

30ᵉ Leçon.

BISMUTH.

Combinaisons avec les métalloïdes. Oxydes de bismuth. — Caractères des sels de bismuth. — Recherche qualitative. — Emploi du chalumeau.

Dosage du bismuth à l'état de métal, d'oxyde, de peroxyde ou de sulfure. — Séparation du bismuth et de l'arsenic, de l'antimoine, de l'étain, du fer, du nickel et du cobalt, du zinc, du cadmium, du plomb.

Minéraux du bismuth. — Bismuth natif; bismuth sulfuré et sulfures complexes, tellurure; bismuth oxydé, carbonaté, hydrocarbonaté, silicaté, vanadaté. — Analyse.

Produits d'art. — Bismuth du commerce; alliages fusibles de bismuth et de plomb, étain, cadmium; sous-nitrate de bismuth. — Analyse.

31e Leçon.

Cuivre.

Combinaisons avec l'oxygène, le soufre, le chlore et les autres métalloïdes. — Alliages.

Caractères des sels d'oxydule de cuivre. — Caractères des sels d'oxyde. Sels doubles. — Recherche qualitative du cuivre. — Emploi du chalumeau.

32e Leçon.

Dosage du cuivre à l'état de métal, d'oxyde ou de sulfure. — Précipitation par l'hydrogène sulfuré, l'hyposulfite de soude, le sulfocyanure d'ammonium ou de potassium, le sulfhydrate d'ammoniaque, par la potasse caustique, par le fer ou le zinc, par l'électricité.

Séparation du cuivre et des autres métaux.

Évaluation du cuivre par liqueurs titrées. — Procédés colorimétriques.

33e Leçon.

Minerais et minéraux du cuivre. — Cuivre natif, cuivre oxydulé, cuivre oxydé noir; examen de ces divers minerais. — Cuivre carbonaté bleu et vert; sulfates de cuivre; phosphates, arséniates; silicate et hydrosilicates; oxychlorure de cuivre ou atacamite.

Cuivre sulfuré et sulfures multiples. Cuivre panaché ou phillipsite. — Analyse.

34ᵉ Leçon.

Cuivre pyriteux; analyse d'un échantillon minéralogique. — Analyse de minerais de cuivre pyriteux plus ou moins purs ou complexes, avec pyrite de fer, mispickel, blende, étain oxydé et gangue de quartz, de calcaire ou de fer spathique.

Cuivres gris et bournonite; analyse.

35ᵉ Leçon.

Produits d'art du cuivre.

Minerais grillés, mattes, mattes grillées, scories; analyse. — Cuivre noir, crasses d'affinage, cuivre rouge; analyse.

Alliages de cuivre : bronze, laiton, maillechort; alliages complexes; bronze d'aluminium. — Analyse des principaux alliages.

36ᵉ Leçon.

Essais de cuivre par la voie sèche.

Minerais oxydés; minerais sulfurés et pyriteux; minerais très-pauvres; minerais complexes. — Procédés des laboratoires.

Procédés suivis dans les usines allemandes; procédés des usines anglaises.

37ᵉ Leçon.

MERCURE.

Combinaisons avec l'oxygène et les autres métalloïdes. Amalgames. — Caractères des sels d'oxydule de mercure; caractères des sels d'oxyde. — Recherche qualitative du mercure. Son état d'oxydation dans une dissolution.

Dosage du mercure à l'état de métal, de protochlorure ou de sulfure. Dissolution chlorhydrique, dissolution régale. — Séparation du mercure et des autres métaux.

Minéraux du mercure. — Mercure natif, chlorure, iodure, séléniure, sulfure de mercure ou cinabre; analyse du cinabre.

Produits d'art. — Mercure métallique, fumées, résidus fixes; cinabre et vermillon.

Essais par la voie sèche. — Minerais ou produits riches; minerais ou produits pauvres; minerais chlorurés.

38e Leçon.

ARGENT.

Combinaisons avec les métalloïdes. — Caractères des sels d'argent. — Emploi du chalumeau.

Dosage de l'argent à l'état de chlorure, de sulfure, de sulfate ou de métal. — Séparation de l'argent et des métaux précédemment étudiés.

Détermination de l'argent par les liqueurs titrées. — Emploi du chlorure de sodium. Application à l'argent brut ou raffiné et à l'alliage monétaire. — Emploi de l'iodure d'amidon.

Minéraux de l'argent. — Argent natif, amalgame d'argent; argent sulfuré, antimonial, arsenical; proustite, argent rouge, sulfures complexes, séléniures, tellurure; chlorure, bromure, iodure. — Analyse de l'argent gris ou de l'argent rouge.

Produits d'art. — Argent brut obtenu par coupellation, par amalgamation, par précipitation. — Argent raffiné.

39e Leçon.

Essais d'argent par la voie sèche.

1° Production du culot de plomb. — Minerais de plomb riches, minerais pauvres, litharges. — Minerais blendeux et pyriteux (voie sèche et voie mixte). — Minerais antimoniaux; minerais cuivreux; minerais de cobalt et de nickel; minerais d'argent proprement dits. — Scorification.

2° Coupellation du plomb. — Plombs purs, plombs impurs. — Coupellation directe de la galène, du sulfure d'argent, du cuivre sulfuré argentifère.

40ᵉ Leçon.

Or.

Combinaisons avec les métalloïdes. — Alliages.

Aurates et dissolutions acides de sesquioxyde d'or; caractères de ces sels.

Dosage de l'or par voie humide. — Séparation de l'or et de l'argent : alliages à moins de 20 p. o/o d'argent, alliages à plus de 80 p. o/o, alliages intermédiaires. — Emploi de l'acide nitrique ou de l'acide sulfurique; inquartation. — Or et cuivre; emploi de la pierre de touche; coupellation. — Or, argent et cuivre.

Minéraux et minerais d'or. — Or natif, tellurures d'or et d'argent; analyse par voie humide.

41ᵉ Leçon.

Essais par la voie sèche. — Essai des minerais d'or et des minerais métalliques aurifères : 1° production du culot de plomb aurifère; minerais sulfurés ordinaires et minerais très-riches; 2° coupellation du culot de plomb; 3° analyse du bouton obtenu; dosage de l'or et de l'argent.

Examen des minerais quartzeux et des alluvions aurifères.

Platine.

Combinaisons avec les métalloïdes. — Alliages. — Caractères des sels de protoxyde et des sels de bioxyde de platine.

Dosage du platine par réduction à l'état métallique ou par précipitation à l'état de chlorure double.

Alliages de platine et d'argent, de platine et d'or.

Recherche du platine dans les roches.

42ᵉ Leçon.

Palladium.

Combinaisons avec les métalloïdes. — Sels de protoxyde. —

Dosage du palladium. — Sa séparation du cuivre, de l'or et du platine. — Minéraux du palladium.

Rhodium.

Combinaisons avec les métalloïdes; sels de sesquioxyde de rhodium. — Séparation du rhodium, du fer, du zinc, de l'argent et de l'or.

Iridium.

Combinaisons avec les métalloïdes. — Alliages. — Sels d'iridium. — Dosage de l'iridium.

Ruthénium.

Combinaisons avec les métalloïdes. — Sels de ruthénium. — Extraction du métal.

Osmium.

Combinaisons avec les métalloïdes. — Alliages. — Sels d'osmium et osmiates. — Dosage de l'osmium.

Examen de la mine de platine. — Grains de platine, grains d'iridium et grains d'osmiure d'iridium avec rhodium, palladium, ruthénium; or, cuivre, fer chromé, fer titané, etc.

COURS DE MINÉRALOGIE[1].

M. Mallard, ingénieur en chef des mines, professeur.

PREMIÈRE PARTIE.

CRISTALLOGRAPHIE GÉOMÉTRIQUE ET PHYSIQUE.

I. CRISTALLOGRAPHIE GÉOMÉTRIQUE.

1re Leçon.

DE LA STRUCTURE INTÉRIEURE DES CORPS CRISTALLISÉS.

Exposé sommaire de la théorie d'Haüy. — Théorie de Bravais. — Systèmes réticulaires. — Polyèdre moléculaire. — Édifice moléculaire.

2e Leçon.

Propriétés géométriques des systèmes réticulaires. — Mailles parallélipipédiques. — Rangées. — Plans réticulaires. — Zones et axes de zone. — Changement d'axes coordonnés. — Angle de deux rangées. — Réseaux polaires. — Angle de deux plans réticulaires.

3e et 4e Leçons.

THÉORÈMES GÉNÉRAUX SUR LA SYMÉTRIE DES POLYÈDRES ET DES RÉSEAUX.

Définition des axes de symétrie et de leurs ordres. — Symétrie des polyèdres. — Symétrie propre aux réseaux.

---

[1] L'enseignement est complété par vingt-cinq conférences dans lesquelles les élèves sont formés à la reconnaissance des minéraux, à la pratique du chalumeau et au maniement des instruments, tels que goniomètre, microscopes polarisants, etc. Ces instruments restent d'une manière constante à leur disposition. Les élèves ont en outre entre leurs mains une collection complète de minéraux.

CLASSIFICATION DES ÉDIFICES MOLÉCULAIRES SUIVANT LE GENRE DE SYMÉTRIE QU'ILS POSSÈDENT.

Classification des réseaux. — Sept systèmes différents.

De l'holoédrie et de la mériédrie.

Classification des polyèdres cristallins.

Sept systèmes cristallins.

Notation symbolique.

SYSTÈMES DE REPRÉSENTATIONS GRAPHIQUES.

Perspective des cristaux.

Représentation des cristaux par les positions des pôles des faces sur une sphère de projection. — Projection stéréographique. — Projection gnomonique. — Interprétation de la projection gnomonique au moyen du réseau polaire.

5ᵉ Leçon.

SYSTÈME CUBIQUE OU TERQUATERNAIRE.

Divers modes possibles du réseau.

Système d'axes coordonnés usités.

Angles des arêtes et des faces.

Formes simples holoédriques. — Formes composées holoédriques.

Système de notation de Lévy.

Formes mériédriques :

1° Hémiédrie holoaxe.

2° Parahémiédrie. Exemple : pyrite.

3° Antihémiédrie. Exemple : boracite.

4° Tétartoédrie. Exemple : chlorate de soude.

6ᵉ et 7ᵉ Leçons.

SYSTÈME HEXAGONAL OU SÉNAIRE.

SYSTÈME RHOMBOÉDRIQUE OU TERNAIRE.

8ᵉ Leçon.

Système quadratique.
Système orthorhombique ou terbinaire.

9ᵉ Leçon.

Système clinorhombique ou binaire.
Système triclinique ou asymétrique.

Nota. Pour chacun des systèmes cristallins, on examine les diverses particularités qui lui sont propres, en suivant l'ordre indiqué pour le système cubique.

10ᵉ Leçon.

Notations symboliques de Weiss et de Naumann, et comparaison avec les notations de Miller et de Lévy.

Mesure des angles des cristaux.

Goniomètre d'application. — Goniomètre à réflexion. — Détails sur les diverses modifications et l'emploi de cet appareil. — Théorie des erreurs d'observation qu'il comporte.

11ᵉ Leçon.

Calculs cristallographiques.

Indication de la marche à suivre pour trouver, par le calcul, les notations des faces et la forme primitive d'un cristal dont la position relative des faces a été fixée par les observations goniométriques. — Construction graphique servant à guider la marche du calcul.

Considérations qui peuvent guider dans le choix arbitraire de la forme primitive.

II. CRISTALLOGRAPHIE PHYSIQUE.

12ᵉ Leçon.

Propriétés physiques dues aux actions intermoléculaires.
Élasticité.

Forces élastiques. — Ellipsoïde d'élasticité. — Expériences de

MM. Voigt et Groth sur l'élasticité du sel gemme. — Expériences de Savart.

Clivage.

Relations des clivages avec la structure intérieure du corps cristallisé et les directions de plus grande activité intermoléculaire. — Théorie de Bravais et réserves qu'elle comporte.

Plans de glissement.

Observations de M. Reusch sur les plans de glissement du sel gemme, de la calcite.

Dureté.

Échelle de dureté de Mohs.

Différences de dureté suivant les différents plans cristallins et les différentes directions d'un même plan cristallin. — Expériences sclérométriques de Seebeck, Franz, Grailich et Enner.

Relations entre la dureté et le coefficient de frottement.

13ᵉ Leçon.

Propriétés thermiques.

Propagation de la chaleur dans les cristaux.

Ellipsoïde de conductibilité. — Ellipses isothermes. — Expériences de Sénarmont et de M. Jannettaz. — Conséquences de ces observations au point de vue théorique.

Dilatation par la chaleur.

Ellipsoïde de dilatation. — Expériences de M. Fizeau.

Propriétés électriques et magnétiques.

Ellipsoïde de *conductibilité électrique.*

Expériences de Sénarmont.

Pyroélectricité. — Tourmaline, calamine, axinite.

Thermoélectricité. — Expériences de M. Friedel.

Induction magnétique. — Indication sommaire de la théorie et des expériences de Plücker.

14ᵉ, 15ᵉ et 16ᵉ Leçons.

Propriétés optiques.

Double réfraction.

Théorie de Fresnel. — Ellipsoïde d'élasticité optique. — Surface de l'onde.

Polarisation chromatique.

Lumière parallèle. — Cas d'une seule lame cristalline. — Lumière homogène. — Lumière blanche. — Cas de plusieurs lames superposées. — Cas de deux lames dont l'une est un mica quart d'onde.

Lumière oblique. — Lame quelconque.

1° Cristal à un axe.

2° Cristal à deux axes.

Lumière convergente. — Appareils d'observation. — Pince à tourmalines. — Appareil de Norremberg et de M. des Cloizeaux.

Lignes incolores.

Surfaces d'égal retard ou isochromatiques.

Polarisation rotatoire. — Phénomènes produits par le quartz dans la lumière parallèle et la lumière convergente. — Chlorate de soude. — Relation entre le pouvoir rotatoire et l'hémiédrie holoaxe ou non superposable.

Pouvoir rotatoire des dissolutions.

Combinaisons de mica de M. Reusch.

Essai d'explication de la polarisation rotatoire dans les cristaux.

17ᵉ Leçon.

Procédés d'observation des propriétés biréfringentes des cristaux. — Taille des lames cristallines. — Fixage des lames sur une plaque de verre.

Microscope polarisant disposé de manière à mesurer la direction des sections principales des lames cristallines. — Dispositions dues à M. Nachet et à M. Em. Bertrand.

Détermination du signe des cristaux uniaxes.

Mesure de l'angle des axes optiques d'un cristal à deux axes. — Détermination du signe des cristaux biaxes.

Observations faites dans la lumière homogène et dans la lumière blanche. — Observation de la dispersion des axes optiques.

Généralités sur les propriétés optiques des cristaux. — Anomalies optiques. — Modifications des propriétés optiques par la chaleur : orthose, gypse, etc.

Pléochroïsme. — *Astéries.*

18ᵉ Leçon.

Relations entre la forme cristalline et la composition chimique.
Isomorphisme.

Définition de l'isomorphisme. — Mélange de substances isomorphes dans un même cristal. — Volume moléculaire.

Forme des cristaux produits par des mélanges isomorphes. — Genre d'homogénéité de ces cristaux.

Polymorphisme.

Exemples de substances polymorphes. — Propriétés physiques différentes des cristaux polymorphes d'une même substance. — Relation entre les formes différentes d'une même substance polymorphe. — Formes limites.

Mode de production des cristaux.

Cristallisation par le passage à l'état solide : 1° de l'état gazeux ; 2° de l'état de fusion ignée ; 3° de l'état de dissolution.

Accroissement des cristaux isomorphes dans une dissolution saturée. — Expériences de M. Pasteur sur la cicatrisation des cristaux. — Relation entre la production des faces hémiédriques et l'accroissement inégal des cristaux suivant différentes directions.

Influence de la température sur la forme cristalline.

Cristaux contenant de *l'eau de cristallisation*. — Influence de la température sur la quantité de cette eau et sur la forme cristalline.

Dissolutions sursaturées. — Expériences de MM. Gernez et Lecocq de Boisbaudran. — Germes cristallins.

19ᵉ et 20ᵉ Leçons.

IMPERFECTIONS EXTÉRIEURES DES CRISTAUX. — Accroissement inégal des faces. — Stries. — Encapuchonnement. — Polyédrie (Scacchi).

Cristallisation en trémies. — Allongement suivant certaines directions cristallographiques. — Cristaux fibreux, bacillaires. — Masses cristallines fibreuses à fibres parallèles ou radiées. — Masses cristallines lamelleuses à lamelles parallèles ou divergentes.

Accidents régulièrement disposés sur la surface des cristaux. — Figures de décomposition ou de dissolution.

Polysymétrie (Scacchi).

GROUPEMENTS DES CRISTAUX D'UNE MÊME SUBSTANCE.

Hémitropie.

Loi de l'hémitropie. — Explication de la loi en partant de la structure réticulaire de l'édifice cristallin. — Procédés employés pour l'étude des cristaux hémitropes. — Exemples d'hémitropie dans les divers systèmes cristallins.

Hémitropie par inversion moléculaire. — Pyrite de fer. — Pyrite cuivreuse. — Quartz.

Hémitropie produite par des actions mécaniques. — Calcite (Reusch).

Groupements cristallins.

Groupements cristallins des diverses orientations d'un même réseau à forme limite. — Aragonite, boracite, harmotome, orthose, etc.

Explication des anomalies optiques.

Essai d'explication des phénomènes de polyédrie, de polysymétrie et de polymorphisme.

COURS DE MINÉRALOGIE.

DEUXIÈME PARTIE.

HISTOIRE DES ESPÈCES MINÉRALES.

21ᵉ Leçon.

Procédés rapides pour déterminer la composition chimique des minéraux. — Chalumeau.

Notions sur les gisements des minéraux.

Définition de l'espèce minérale.

Classifications minéralogiques. — Classification employée dans le cours.

Énumération des propriétés diverses qui composent l'histoire d'un minéral, et ordre dans lequel ces propriétés seront décrites pour chacun d'eux.

22ᵉ Leçon.

DESCRIPTION DES MINÉRAUX.

I. MÉTALLOÏDES.

HYDROGÈNE.

Hydrogène gazeux.

FAMILLE DU CHLORE.

Acide chlorhydrique.

FAMILLE DE L'OXYGÈNE.

Oxygène. — Eau.

Soufre. — Acides sulfureux et sulfurique. — Hydrogène sulfuré.

Sélénium.

Tellure.

FAMILLE DE L'AZOTE.

AZOTE. — ARSENIC. — ANTIMOINE. — BISMUTH.

Corps natifs. — Azote. — Arsenic. — Antimoine. — Bismuth.

Sulfures et tellurures. — Réalgar. — Orpiment. — Stibine. — Bismuthine. — Bismuth telluré ou tétradymite.

Oxydes. — Arsenic oxydé. — Ant. oxydés ou sénarmontite et valentinite. — Bismuth oxydé.

Oxysulfures. — Kermès.

BORE.

Acide borique.

FAMILLE DU MOLYBDÈNE.

MOLYBDÈNE. — TUNGSTÈNE.

Sulfure. — Molybdénite.
Oxydes. — Molybdenochre. — Acide tungstique.

23e Leçon.

FAMILLE DU CARBONE.

CARBONE. — TITANE. — ÉTAIN. — SILICIUM. — ZIRCONIUM.

Corps natifs. — Diamant. — Graphite.
Combustibles minéraux. — Anthracite. — Houille. — Lignite. — Tourbe. — Boghead.
Hydrocarbures. — Grisou. — Gaz oléfiant.
Huiles de pétrole et de naphte.
Bitumes et asphaltes.
Ozocérite.
Résines. — Dopplérite. — Rétinite. — Copalite. — Ambre jaune.

24e Leçon.

Sulfure. — Étain sulfuré ou stannite.
Oxydes. — Acide carbonique. — Titane oxydé ou rutile, anatase et brookite.
Étain oxydé ou cassitérite.
Quartz. — Calcédoine. — Opale. — Tridymite. — Asmanite. Zircon.

COURS DE MINÉRALOGIE.

II. MÉTAUX.

25ᵉ et 26ᵉ Leçons.

1° MÉTAUX ALCALINS.

POTASSIUM. — SODIUM. — AMMONIUM.

Chlorures. — Sel gemme. — Sylvite. — Salmiac. — Carnallite.

Sulfates. — Thénardite. — Glasérite. — Mirabilite. — Misénite.

Blœdite. — Lœwéite. — Glaubérite. — Kaluszite. — Polyhalite.

Carbonates. — Thermonatrite. — Natron. — Trona. — Gaylussite.

Azotates. — Natronitre. — Nitre.

Borates. — Borax.

2° FAMILLE DE L'ALUMINIUM.

ALUMINIUM. — FER (Fe^2).

Fluorures. — Cryolite. — Pachnolite.

Oxydes anhydres. — Corindon. — Oligiste. — Martite. — Ilménite ou crichtonite. — ($TiO^2FeO + nFe^2O^3$ ou $TiFeO^3 + nFe^2O^3$).

Oxydes hydratés. — R^2O^3, H^2O. — Diaspore. — Gœthite. — $2R^2O^3$, $3H^2O$. — Bauxite. — Limonite.

R^2O^3, $3H^2O$. — Hydrargillite.

Sulfates alumineux. — Alunogène. — Webstérite. — Alunite.

Sulfates ferriques. — Coquimbite. — Copiapite. — Fibroferrite. — Glockérite.

Phosphates alumineux. — Wawellite. — Turquoise. — Klaprothine. — Amblygonite et montebrasite.

Phosphates ferriques. — Dufrénite.

Arséniates ferriques. — Pharmacosidérite. — Scorodite.

Mellate. — Mellite.

27ᵉ et 28ᵉ Leçons.

3° FAMILLE DES MÉTAUX.

Série A. — Baryum. — Strontium. — Plomb.

Métal intermédiaire entre la série A et la série B : Calcium.

Série B. — Magnésium. — Fer (Fe). — Manganèse. — Zinc. — Cadmium.

Série C. — Nickel. — Cobalt.

Série D. — Glucinium. — Cérium. — Didyme. — Lanthane.

Métaux natifs. — Fer natif.

Sulfures, tellurures, séléniures, arséniures, antimoniures, sulfoarséniures et sulfoantimoniures. — Série A. — Galène. — Plomb sélénié ou clausthalite. — Plomb telluré ou altaïte. — $PbS + n(Sb^2, As^2) S^3$. — Plagionite. — Ziukénite et sartorite. — Jamesonite et dufrénoysite. — Boulangérite. — Kobellite. — Menighinite et jordanite. — Géocronite.

Série B. — Blende et wurzite. — Greenockite. — Alabandine. Hauérine. — Pyrrhotine. — Pyrite jaune. — Pyrite blanche ou marcasite. — Mispickel. — Fer arsenical. — Berthiérite.

Série C. — Cob. sulfuré ou syepoorite. — Cob. arsenical ou smaltine. — Cob. sulfoarsenical ou cobaltine. — Nick. sulfuré ou millérite. — Nick. arsenical ou nickéline. — Nick. sulfoarsen. ou gersdorfite. — Nick. antim. sulf. ou ullmannite.

29ᵉ Leçon.

Série A. — *Fluorures.* — Fluorine.

Série D. — Fluocérite. — Yttrocérite.

Chlorures. — Cotunnite.

Chloroxydes. — Matlockite. — Mendipite. — Schwartzenbergite.

Oxydes anhydres. — Série A. — Néant.

Séries B et C. — Périclase. — Zincite. — Bunsénite. — Pyrolusite. — Braunite. — Haussmannite.

Oxydes hydratés. — Brucite. — Acerdèse. — Wad.

30ᵉ et 31ᵉ Leçons.

Carbonates anhydres. — Série A. — Aragonite. — Baryte carb. ou withérite. — Str. carb. ou strontianite. — Pl. carb. ou cérusite.

Alstonite. — Barytocalcite.

Série B. — Chaux carb. ou calcite. — Magn. carb. ou giobertite. — Fer carb. ou sidérose. — Mang. carb. ou diallogite. — Zinc carb. ou smithsonite.

Dolomie. — Ankérite. — Breunnérite.

Série C. — Cobalt carbonaté.

Chloro ou fluocarbonates. — Série A. — Phosgénite.

Série D. — Parisite.

Carbonates hydratés. — Série A. — Néant.

Série B. — Hydromagnésite. — Hydrozincite ou zinconise.

Série C. — Texasite.

Série D. — Lanthanite.

Sulfates anhydres. — Série A. — Bar. sulf. ou barytine. — Str. sulf. ou célestine. — Pl. sulf. ou anglésite. — Anhydrite. — Barytocélestine. — Lanarkite.

Sulfocarbonates. — Leadhillite.

Sulfates hydratés. — Série A. — Néant.

Série B. — Gypse. — Kieserite. — Epsomite. — Mélantérite.

32ᵉ Leçon.

Tungstates et molybdates. — Série A. — Pl. tungstaté ou stolzite. — Ch. tungst. ou schéelite. — Pl. molybdaté ou wulfénite.

Série B. — Wolfram.

Chromates. — Pl. chromaté ou crocoïse. — Melanochroïte.

Borates. — Boracite. — Hydroboracite. — Hayésine.

Aluminates, ferrites, chromites. — Série A. — Néant.

Série B. — Spinelle. — Hercynite. — Gahnite. — Magnétite. — Magnésioferrite. — Franklinite. — Chromite.

Série D. — Cymophane.

Phosphates, arséniates, antimoniates et vanadiates anhydres. — Série A. — Ch. phosphatée ou apatite. — Pl. phosph. ou pyromorphite. — Pl. arséniaté ou mimétèse. — Roméine. — Nadorite — Vanadinite. — Dechenite. — Descloizite.

Série B. — Magn. phosph. ou wagnérite. — Triplite. — Triphyllite.

Série D. — Xénotime. — Cryptolite. — Monazite.

Phosphates et arséniates hydratés. — Série A. — Néant.

Série B. — Hydroapatite. — Brushite. — Pharmacolite. — Haidingérite. — Hœrnésite. — Vivianite. — Symplésite. — Hureaulite. — Childrenite. — Adamine.

Série C. — Annabergite. — Erythrine.

Niobates et tantalates anhydres. — Série B. — Pyrochlore. — Columbite. — Tantalite.

Niobates et tantalates hydratés. — Yttrotantale. — Fergusonite — Euxénite. — Æschynite.

Titanates. — Série A. — Néant.

Série B. — Perowskite. — Crichtonite.

33ᵉ Leçon.

URANIUM.

Pechurane. — Autunnite ou uranite. — Chalcolite.

MERCURE.

Mercure natif. — Cinabre. — Merc. sél. ou tiemannite. — Calomel.

CUIVRE.

Cuivre natif.

Sulfures, arséniures, antimoniures, tellurures, séléniures, etc.
Cu. sulfuré ou chalcosine. — Covelline. — Cu. sél. ou berzeline — Pyr. cuivreuse ou chalcopyrite. — Cu. panaché ou phillipsite — Cu. arsenical ou domeykite. — Cu. gris ou tétraédrite et ten

nantite. — Enargite. — Binnite. — Wolfsbergite. — Stylotype. — Emplectite. — Bournonite. — Patrinite. — Wittichenite.

Oxydes. — Cu. oxydulé ou cuprite. — Cu. oxydé noir.

Oxychlorure. — Atacamite.

Carbonates hydratés. — Cu. carbonaté bleu ou chessylite. — Cu. carbonaté vert ou malachite.

Sulfates. — Vitriol bleu. — Brochantite.

Ferrite. — Delafossite.

Phosphates et arséniates. — Liebéthénite. — Chalcophyllite. — Liroconite. — Euchroïte. — Olivénite.

34e Leçon.

ARGENT.

Argent natif.

Amalgames. — Amalgame ou mercure argental. — Arquérite.

Sulfures. — Argyrose. — Acanthite. — Stromeyérite. — Sternbergite.

Séléniures. — Naumannite. — Eukaïrite.

Tellurure. — Hessite.

Antimoniure. — Discrasite.

Sulfoantimoniures et sulfoarséniures. — Myargirite. — Polybasite. Psaturose ou stéphanite. — Argent rouge ou argyrythrose et proustite. — Xanthocone. — Freieslebenite.

Chlorures, bromures, iodures. — Argent chloruré ou kerargyrite. — A. chlorobromuré ou embolite. — A. bromuré ou bromyrite. — A. ioduré ou iodyrite.

OR.

Or natif.

Tellurure. — Sylvanite. — Calavérite.

PLATINE.

Platine natif et minéraux associés.

35ᵉ et 36ᵉ Leçons.
SILICATES.

I. SILICATES ANHYDRES OU DÉPOURVUS D'EAU DE CRISTALLISATION.

1° SILICATES À BASE DE PROTOXYDE.

Groupe péridotique.

$$SiO^2, 2RO = SiR^2O^4.$$

$\overset{R}{Mg, Fe, Mn}$ ...... Péridot	{	Mg, Fe	Olivine.
		Fe, Mn, Mg	Fayalite.
		Mn, Zn, Mg	Téphroïte.

Mg .... Humite (O remplacé partiellement par Fl^2).
Zn .... Willémite.
Gl .... Phénakite.
Y, Fe, Ce, Ca ...... Gadolinite.
Mg, H^2 ?... Talc?
Ca, H^2 ?.... Dioptase?
Ca, Gl, Na^2 ..... Leucophane (O remplacé partiellement par Fl^2).
Mn, Gl, Fe..... Helvine (3 at. sil. + MnS).
Bi. .... Eulytine ($3SiO^2, 2Bi^2O^3$).

Groupe pyroxénique.

$$SiO^2 RO = SiRO^3.$$

SOUS-GROUPE DU PYROXÈNE PROPREMENT DIT.

Orthorhombiques.

Mg, Fe..... Enstatite.
$\overset{}{Mg, Fe}$ ... { Bronzite.
Hypersthène.

Clinorhombiques.

Ca........ Wollastonite.
Ca, Na^2, H^2. Pectolite.

Ca, Mg, Fe. Pyroxène.... { Ca, Mg .... Diopside.
Ca, Mg, Fe .... Sahlite.
Ca, Fe .... Hedenbergite.
Ca, Mg, Fe + Al^2O^3. Augite.

COURS DE MINÉRALOGIE.

Anorthique.

Mn . . . . Rhodonite.

SOUS-GROUPE DE L'AMPHIBOLE.

Orthorhombiques.

Mg, Fe. . . . Anthophyllite.

Clinorhombiques.

Mg, Ca, Fe. Amphibole... $\begin{cases} \text{Mg, Ca} \ldots \ldots \ldots \text{Trémolite.} \\ \text{Mg, Ca, Fe} \ldots \ldots \text{Actinote.} \\ \text{Fe} \ldots \ldots \ldots \text{Grunerite.} \\ \text{Mg, Ca, Fe} + Al^2O^3. \text{ Hornblende.} \end{cases}$

37ᵉ et 38ᵉ Leçons.

SILICATES À BASE DE SESQUIOXYDE.

$$SiO^2, R^2O^3 = SiR^2O^5.$$

$R^2 = Al^2$ . . . . . . Andalousite. — Disthène. — Sillimanite. —
Topaze (O remplacé partiellement par Fl^2).
$R^2 = Ti\,Ca$ . . . . . Sphène.
$R^2 = Al^2 + FeO$ . . Staurotide.

SILICATES À BASE DE SESQUIOXYDE ET DE PROTOXYDE.

$$mSiO^2 + nR^2O^3 + pRO.$$

Groupe péridotique.

$$2m = 3n + p.$$

m	n	p	Rª	R		
3	1	3	Al^2, Fe^2, Cr^2,	Mg, Fe, Mn, Ca. Grenat.	$\begin{cases} Al^2, Fe^2, \quad Ca \ldots \ldots \text{Grossulaire.} \\ \quad Mg, Fe, Mn \ldots \text{Pyrope.} \\ \quad Fe, Mg, Mn \ldots \text{Almaudin.} \\ \quad Mn, Fe \ldots \ldots \text{Spessartine.} \\ Fe^2, Al^2, Ca, Fe, Mg, Mn. \text{ Mélanite.} \\ Cr^2, Al^2, Fe^2, Ca, Fe, Mg. \text{ Ouvarowite.} \end{cases}$	
5	2	3	$Al^2, Fe^2,$	Ca, Mg, H².	Idocrase ou Vésuvianite.	
9	4	6		Ca, Na².	Méionite.	
2	1	1?		Ca, Na², H².	Wernérite ou Paranthine.	
3	1	3		Ca, Na².	Sarcolite.	
9	2	12	$Al^2, Fe^2,$	Ca, Mg, Na².	Humboldtilite ou Mélilite.	
9	2	12		Ca, Mn, H².	Liévrite ou Ilvaïte.	

PROGRAMMES DES COURS.

9	4	6		Ca, H² ? Épidotes.	$\begin{cases} Al^2, Fe^2, Ca, H^2 \ldots \ldots \text{ Zoïsite et Épidote.} \\ Al^2, Mn^2, Fe^2, Ca, H^2 \ldots \text{ Épidote manganésifère.} \\ Al^2, Fe^2, Ce, Fe, Ca, La \ldots \text{ Orthite.} \end{cases}$
3	1	3	$Al^2, Fe^2,$	Ca, H²...........	Prehnite.
2	1	1	$Al^2,$	Ca.............	Anorthite (renvoi aux feldspaths).
2	1	1	$Al^2, Fe^2,$ K², Mg, Fe. Micas (O remplacé partiellement par Fl²).		$\begin{cases} Al^2, \quad K^2 \ldots \ldots \text{ Muscovite.} \\ K^2, H^2 \ldots \text{ Damourite.} \\ Al^2, Fe^2, Na^2, H^2 \ldots \text{ Paragonite.} \\ Al^2, K^2, Li^2 \ldots \text{ Lépidolite.} \\ Al^2, \quad Mg \ldots \text{ Phlogopite.} \\ Al^2, Fe^2, Mg, Fe \ldots \text{ Biotite.} \\ Al^2, Fe^2, Fe, Mg \ldots \text{ Lépidomélane.} \end{cases}$
9	2	12	$Fe^2, Ti^2,$	Fe, Mn, K², Na²...	Astrophyllite.
1	1	1	$Al^2, Ca + Al^2O^3, (Na^2, H^2) O.$		Margarite.
8	3	7	$Al^2, Bo^2,$	Ca, Fe, Mn......	Axinite.
2	1	1	$Bo^2,$	Ca.............	Danburite.

Groupe pyroxénique.

$$m = 3n + p.$$

19	4	7	$Fe^2,$	Na², Fe....	Achmite.	⎫ Isomorphes
6	1	3		Na², Fe, Ca.	OEgirine.	⎪ avec
15	4	3	$Al^2,$	Li², Na², Ca..	Triphane.	⎬ le groupe
12	1	9	$Fe^2,$	Mn, Fe, Mg.	Babingtonite.	⎪ du
7	2	1	Al^2	Li²......	Pétalite(1 at. silicate+7SiO²).	⎭ pyroxène.
4	1	1	$Fe^2,$	Na², Fe, Ca.	Arfvedsonite.	⎫ Isomorphes avec le groupe
21	4	9	$Al^2, Fe^2,$	Mg, Fe, Na².	Glaucophane.	⎬ de l'amphibole.
6	1	3	$Al^2,$	Gl........	Émeraude.	

39ᵉ et 40ᵉ Leçons.

Groupe andalousitique.

$$3m = 3n + p.$$

2	1	3	$Al^2, Fe^2,$	Ca..............	Gehlenite.
2	1	3	$Al^2,$	Gl, H²...........	Euclase.
4	3	3	$Al^2, Bo^2,$	Mg, Fe, Na², H²......	Tourmaline.
2	1	3	$Bo^2,$	Ca, Fe, Ce, H², Na²....	Homilite.
2	1	3	$Bo^2,$	Ca, H²..........	Datolite.

Groupe des feldspathides.
$$Al^2O^3, RO + mSiO^2.$$

m	R	Monocliniques.	Anorthiques.
6	K^2	Orthose	Microcline.
	Na^2		Albite.
5	Na^2, Ca		Oligoclase.
4	Ba, K^2	Hyalophane.	
3	Ca, Na^2		Labrador.
2	Ca		Anorthite.
4	K^2	Amphigène.	
2,3	Na^2, K^2	Néphéline.	
2	Na^2	Sodalite (3 at. sil. + 2NaCl).	
2	Na^3	Haüyne et Noséane [2 at. sil. + $So^3(Na^2, Ca)O$].	
2,5	Mg	Cordiérite ou Dichroïte.	

41ᵉ et 42ᵉ Leçons.

II. SILICATES HYDRATÉS, C'EST-A-DIRE CONTENANT DE L'EAU DE CRISTALLISATION.

SILICATES À BASE DE PROTOXYDE.
$$mSiO^2 + pRO + qH^2O.$$

m	p	q	R	
4	3	1	Mg, Fe	Talc (rappel).
1	2	$\frac{1}{2}$		Villarsite.
1	1	$\frac{1}{2}$ à $\frac{3}{4}$		Picrosmine, Monradite, Aphrodite.
3	2	4		Magnésite ou Écume de mer.
2	3	2		Serpentine, Chrysotile.
1	1	$\frac{5}{7}$	Fe, Mn	Pyrosmalite (1 at. sil. + $\frac{1}{7}FeCl^2$).
3	4	2	Mn	Friedelite.
4	3	1	Ca, Na^2	Pectolite (rappel).
8	4	5	Ca	Apophyllite (1 at. sil. + $\frac{1}{4}KFl$).
1	2	1	Zn	Calamine.
1	1	1	Ce, La, Di	Cérite.
1	1	$\frac{1}{5}$?	Ni, Mg	Pimélite, Garniérite.
			Cu	Dioptase (rappel).
1	1	2		Chrysocolle.

SILICATES À BASE DE SESQUIOXYDE ET DE PROTOXYDE.

$$mSiO^2 + nR^2O^3 + pRO + qH^2O.$$

Groupe des Zéolites ou Feldspathides hydratés.

$$(R^2O^3, RO + mSiO^2) + qH^2O.$$

m	q	R^2	R	
2	5	Al^2,	Ca, Na^2	Thomsonite.
3	2		Na^2	Mésotype.
	3		Ca	Scolésite.
	3		Ca, Na^2	Mésolite.
	4		Ca, K^2	Gismondine.
	5		Ca, Na^2, K^2	Lévyne.
	3		Ba	Édingtonite.
4	2		Na^2, K^2	Analcime.
	5		Na^2, K^2, Ca	Herschellite.
	4		Ca, K^2, Na^2	Christianite.
	4		Ca	Laumontite.
	6		Ca, Na^2, K^2	Gmélinite.
	0,5		Ca^2, Na^2	Pollux.
5	10		Ca, Na^2	Faujasite.
	3		Ca, K^2, Na^2	Chabasie.
	5		Ba, K^2	Harmotome.
6	6		Ca	Stilbite.
	5		Ca, Na^2	Épistilbite.
	5		Ca, Na^2, K^2	Heulandite.
	5		Sr, Ba, Ca	Brewstérite.
4	3	Al^2, Fe^2,	K^2, Mg, Ca	Bravaisite.
4,5	3	Fe^2, Al^2,	K^2, Fe	Glauconie.
2,5	1	Al^2,	K^2, H^2	Pinite, Giéseckite, etc.
1	1	Al^2, Fe^2,	Fe, Mg	Chloritoïde (renvoi aux Chlorites).
2	2	Al^2, Fe^2,	Mn	Carpholite.
3	4,5	Fe^2,	Fe	Hisingérite.

43ᵉ Leçon.

Groupe des Chlorites.

$R = Mg$ ou Fe.

m	n	p	q	R^2	R	
3	1	5	4	$Al^2, Cr^2,$	Mg, Fe.....	Chlorites (Pennine, Clinochlore, Ripidolite, etc.).
3	1	3	1	$Al^2, Fe^2,$	Mg, Fe....	Vermiculites.
2	1	3	3	$Al^2, Fe^2,$	Fe, Mg....	Thuringite.
3	2	4	4,5	$Fe^2,$	Fe, Mg, Mn..	Cronstedtite.
1	1	1	1	$Al^2, Fe^2,$	Fe, Mg......	Chloritoïde.
6	2	3	3	$Al^2,$	Fe, Mn......	Ottrélite.
6	5	3	18	$U^2,$	Ca........	Uranophane.

SILICATES À BASE DE SESQUIOXYDE.

$$mSiO^2 + nR^2O^3 + qH^2O.$$

m	n	q	R^2	
2	1	2	Al^2..........	Kaolin.
3	1	1	....	Pyrophyllite.
4	1	3	....	Anauxite.
2	1	4	....	Halloysite.
1	1	5	....	Allophane.
15	4	28 ?	....	Montmorillonite.
6	1	12	....	Smectite.
1	2	9	....	Collyrite.
	?		Al^2, Fe^2........	Bols et Argiles.
9	2	2	Fe^2...........	Anthosidérite.
3	1	5	....	Nontronite.

APPENDICE.

SILICATES AVEC ZIRCONE ET NIOBIUM.

Eudialyte. — Wöhlérite.

COURS DE PALÉONTOLOGIE.

M. Bayle, ingénieur en chef des mines, professeur.

1re Leçon.

Objet du cours. — La connaissance d'un certain nombre d'espèces fossiles est indispensable au géologue pour lui fournir un des moyens d'établir le synchronisme des formations géologiques.

La paléontologie n'est pas une science distincte. La détermination des espèces fossiles ne peut se faire que par la comparaison avec les espèces actuellement vivantes. Ce sont donc les lois de la zoologie et de la botanique qui s'appliquent à la connaissance des animaux et des plantes fossiles.

2e Leçon.

Principes généraux de la classification des animaux. — Établissement des embranchements du règne animal. — Leurs caractères distinctifs.

3e Leçon.

Caractères généraux de l'embranchement des articulés. — Sa division en classes. — Caractères de la classe des crustacés.

4e Leçon.

Des crustacés trilobites. — Étude détaillée de la tête, du thorax et de l'abdomen dans les principaux types de trilobites.

5e Leçon.

Classification des trilobites. — Caractères distinctifs des principales espèces des genres : *Paradoxides, Asaphus, Calymene* et *Trinucleus*.

6ᵉ Leçon.

Étude des principales espèces des genres : *Phacops, Dalmanites, Acidaspis, Chirurus* et *Homalonotus*.

Considérations générales sur la distribution des espèces de trilobites dans les divers étages des terrains paléozoïques.

7ᵉ Leçon.

Caractères généraux du groupe des Brachiopodes. — Ces animaux doivent être retirés de l'embranchement des mollusques, et placés dans celui des articulés, où ils constituent une classe distincte.

8ᵉ Leçon.

Caractères distinctifs des principales espèces des genres : *Terebratula, Terebratella, Anomia*.

9ᵉ Leçon.

Étude des principales espèces des genres : *Athyris, Atrypa, Retzia, Spirifer, Cyrtia, Pentamerus* et *Productus*.

10ᵉ Leçon.

De la répartition des brachiopodes dans la série sédimentaire.

11ᶜ Leçon.

Caractères généraux de l'embranchement des mollusques. — Sa division en plusieurs classes.

Caractères de la classe des Céphalopodes.

12ᵉ Leçon.

De la famille des *Bélemnitidées*. — Étude de la composition et du développement de l'osselet des bélemnites.

Principaux genres de la famille des *Bélemnitidées* : *Belemnites, Megateuthis, Dactyloteuthis, Microteuthis*.

Distribution des bélemnites dans les terrains secondaires.

13ᵉ Leçon.

Anatomie du nautile. — Examen des genres composant la famille des *Nautilides* : *Nautilus*, *Gyroceras*, *Cyrtoceras*, *Phragmoceras*, *Gomphoceras*, *Orthoceras*, *Lituus* et *Trochoceras*.

Distribution des Nautilides dans la série des terrains sédimentaires.

14ᵉ Leçon.

Étude de la famille des *Goniatides*. — Famille des *Ammonides*.

Le genre *Ammonites* des naturalistes constitue une famille, qui doit être subdivisée en un grand nombre de genres.

15ᵉ et 16ᵉ Leçons.

Examen des genres : *Haaniceras*, *Phylloceras*, *Lytoceras*, *Platipleura*, *Liparoceras*, *Perisphinctes*, *Haploceras*, *Ancyloceras*, *Hamites*, *Hamulina*, *Ptychoceras*, *Baculites*.

17ᵉ Leçon.

Parallèle entre les familles des Nautilides et des Ammonides. — Répartition des espèces principales d'Ammonides dans les terrains sédimentaires.

18ᵉ Leçon.

Étude sommaire de la classe des Gastropodes. — Examen de quelques types particuliers à diverses formations sédimentaires.

19ᵉ Leçon.

De la classe des acéphalés. — Étude spéciale de la famille des *Ostracés* et de celle des *Rudistes*. — Distribution des rudistes dans les terrains crétacés.

20ᵉ Leçon.

Caractères de la classe des Échinodermes. — Composition du test dans ce groupe d'animaux. — Examen de quelques genres fondamentaux de cette classe et de leur répartition dans les terrains.

Résumé général du cours.

COURS DE GÉOLOGIE.

M. Beguyer de Chancourtois, ingénieur en chef des mines, professeur.

PREMIÈRE ANNÉE.

1re Leçon.

INTRODUCTION [1].

Géologie théorique.

Définition de la Géologie. — Sa division en trois branches : Géographie, Géognosie, Géogénie. — Tableau montrant les rapports de ses diverses parties avec les autres sciences classées. — Rapports spéciaux avec la Minéralogie et la Paléontologie. — Lithologie. — Rapports spéciaux avec la Géodésie et la Topographie. — Stratigraphie, partie caractéristique conduisant à la Chronologie géognostique.

---

[1] La géologie, n'étant pas l'objet d'un enseignement général préalable, doit être traitée complétement à l'École des mines.

Le programme présente, dans les parties de généralités, les développements nécessaires pour faire ressortir la méthode qui a été adoptée en vue de rendre l'enseignement aussi synthétique que le comporte l'état actuel de la science et pour indiquer comment on tient compte des faits acquis et des explications proposées, en conservant la direction théorique déterminée par les traditions de l'École. On y a marqué la place de sujets qui ne peuvent être touchés que très-sommairement ou simplement pour mémoire, mais dont les mentions, distinguées d'ailleurs par des astérisques, complètent l'enchaînement des idées.

La partie du programme relative aux descriptions des formations a été, au contraire, laissée très-succincte, parce que dans ces descriptions on fait autant que possible prédominer le point de vue géographique, afin d'y conserver les rapports naturels, et parce que le renouvellement et la multiplication des études locales peuvent faire varier d'une année à l'autre le choix des sujets à prendre comme exemples. Mais, par compensation, cette partie du cours est méthodiquement résumée dans des tableaux autographiés dont le système est indiqué dans le programme de la 25e leçon.

Notions historiques. — Doctrines anciennes. — École neptunienne ou saxonne (Werner). — École plutonienne ou écossaise (Hutton). — École française (Descartes, Buffon, Guettard, Duhamel, Jars, Monnet, Saussure, Desmarets, Faujas, Palassou, Haüy, Lamarck, Dolomieu, Cuvier, d'Aubuisson, Brongniart, Brochant de Villiers, Cordier, de Bonnard, d'Omalius d'Halloy, Constant Prévost, Beudant, Dufrénoy, Élie de Beaumont.

Géologie pratique.

Méthodes d'observation et de travail. — Simplicité des instruments du géologue. — Cartes et plans géologiques, coupes et documents accessoires qui résument les connaissances acquises sur les conditions de gisement des matières minérales et qui offrent les données d'applications nécessaire, soit pour projeter les appropriations du sol, soit pour découvrir les gîtes de matières d'une utilité spéciale et en aménager l'exploitation.

Conférences de lithologie. — Courses géologiques [1].

2ᵉ Leçon.

Aperçu de géogénie.

Notions générales, présentées sous toute réserve, à titre de cadre synthétique des faits à exposer. — Conception de Laplace, prise comme point de départ. — Masse cosmique lenticulaire, douée de mouvements de rotation et de contraction. — Séparations successives des anneaux. — Pelotonnement de chaque anneau et rotation propre qui en résulte. — Sphéroïde aplati. — Passage de la matière du globe par un état analogue à celui que présente actuellement le soleil. — Comparaison avec un bouton de coupelle. — Formation d'une écorce solide. — Con-

---

[1] Les élèves sont exercés, dans les conférences, à déterminer des échantillons de roches et de dépôts. Ils font, sous la direction du professeur, deux ou trois courses d'un jour aux environs de Paris et un voyage d'une semaine. Les courses et les voyages sont variés de manière à faire voir, dans les trois années d'études, les gisements des principaux termes de la double série des formations éruptives et sédimentaires.

traction du noyau fluide par le refroidissement, principe de la production du relief ou des soulèvements. — Bossellements lents, résolus brusquement par des ridements ou des remplis. — Saillies d'autant plus importantes que l'écorce est devenue plus épaisse et que, par suite, les périodes de calme relatif ont été plus longues. — Cortéges de fractures et de fissures. — Phénomènes éruptifs. — Éruptions rocheuses. — Émanations. — Diamorphisme. — Condensation successive des vapeurs de l'atmosphère. — Phénomènes sédimentaires. — Dépôts détritiques. — Dépôts de précipitation. — Métamorphisme. — Phénomènes volcaniques. — Phénomènes glaciaires et diluviens. — Développement graduel de la vie végétale et animale. — Division de l'histoire du globe en cinq grandes périodes : préliminaire, primaire, secondaire, tertiaire et récente ou finale, caractérisées chacune par les types de roches communes ou par les genres dominants des êtres organisés dont les restes se retrouvent dans les dépôts successifs. — Subdivision de la période moyenne tendant à une division binaire de l'ensemble. — Indications sur l'avenir du globe données par l'état actuel de la lune.

Plan du cours.

Notions astronomiques et physiques. — Géographie. — Étude des actions et réactions géogéniques actuelles. — Lithologie. — Stratigraphie générale. — Description géognostique et géogénique des formations éruptives et des formations sédimentaires dans l'ordre chronologique. — Résumé de l'histoire de la terre.

3ᵉ Leçon.

NOTIONS ASTRONOMIQUES ET PHYSIQUES.

Conditions cosmiques de la terre.

Vitesses de translation et de rotation. — * Comparaison de la masse et des dimensions de la terre avec celles du soleil, des planètes et de la lune. — *Question des bolides et des poussières cosmiques.

Forme générale du globe.

Sphéroïde moyen des eaux océaniques. — Principes et résultats des mesures géodésiques relatives à la forme et à la dimension des méridiens et des parallèles. — Valeur de l'aplatissement. — Étendues des zones. — Proportions et distribution générale des terres émergées. — Maximum des inégalités du relief. — Limite de l'atmosphère.

Conditions physiques générales.

Densité de la terre. — Poids relatifs de la terre, des eaux et de l'atmosphère. — Variations de la pesanteur.

*État thermométrique. — *Régime des saisons. — *Question de l'influence de la précession des équinoxes. — Résultats de la théorie mathématique du refroidissement appliquée à l'hypothèse de l'incandescence initiale du globe. — Flux actuel de la chaleur centrale. — Épaisseur attribuée à l'écorce terrestre.

*Principaux éléments des milieux solides, liquides et gazeux. Conditions physico-chimiques de leur association.

*Distribution du magnétisme, déplacement des lignes isogones.

*Conditions limites du développement de la vie végétale et animale.

*Comparaison des conditions physiques de la terre avec ce que l'on connaît des conditions des autres planètes.

4ᵉ Leçon.

GÉOGRAPHIE.

Généralités (avec renvois au cours de topographie).

*Rappel des méthodes, des tables et des instruments qui ont pour objet la détermination géodésique et topographique des longitudes, des latitudes, des altitudes positives et des altitudes négatives (profondeurs de la mer). — Instruments nécessaires aux géologues pour la mesure des orientations, des inclinaisons et des distances. Boussoles à éclimètres. Baromètres. — Principales mesures itinéraires et superficielles usitées dans les divers pays. Mesures de l'antiquité.

* Globes, instruments sphérodésiques et appareils armillaires.

* Cartes géographiques et topographiques. — Canevas divers. Système de Mercator (cartes marines). Projections stéréographiques. Développement conique. Système de Flamsteed. Système de Cassini. Système de Flamsteed modifié (carte de l'État-Major). Système polyédrique. Projections gnomoniques. — Avantages et inconvénients des divers canevas. — Plans techniques. — Conditions d'application des diverses échelles. — Figuré du relief. Méthode des courbes de niveau. Gradation de leurs espacements.

* Question de l'unification des travaux géographiques. — Division décimale du cercle. — Choix du méridien o international et de la surface o des altitudes.

Méthode à suivre pour la description orographique et hydrographique d'une région. — Profils principaux. — Distinction générale des plaines, des plateaux, des massifs montagneux, des chaînes de montagnes, des sillons, des vallées. — Circonscriptions naturelles auxquelles s'appliquent des noms de pays. — Dépendance et indépendance relatives de ces circonscriptions et des bassins fluviaux. — Répertoire des situations géographiques, coordonnées groupées par pays et divisées par catégories d'altitudes.

5e et 6e Leçons.

Orographie et hydrographie des différentes parties du globe.

Étude circonstanciée de la France et des régions limitrophes.

Étude abrégée du reste de l'Europe. — Caractères généraux et particularités remarquables des régions et des pays.

Étude sommaire de l'Asie, de l'Afrique, de l'Amérique, de

l'Océanie et des fonds des océans. — Rapprochements avec les régions dont l'étude a été plus détaillée.

7ᵉ Leçon.

Résultats généraux de l'étude orographique et hydrographique.

Dimensions et étendues relatives des diverses sortes de compartiments de l'écorce terrestre. — Classification des altitudes. — Hauteurs et profondeurs relatives. — Disparité des versants d'une chaîne. — Cubage et hauteur moyenne des continents. — Profondeur moyenne des mers. — Diagramme résumant systématiquement les faits orographiques et hydrographiques.

Sphéricité de l'écorce terrestre. — Rayons de courbure. — Étude de la convexité par la flèche de l'arc de profil. — Angles des bords des continents. — Pentes du sol, des cours d'eau et des glaciers; pentes sous-marines. — Conditions de visibilité des saillies. — Illusions dans l'estimation des hauteurs relatives et des pentes. — Graves inconvénients des figurés à hauteurs exagérées. — Erreurs des cartes.

8ᵉ Leçon.

ACTIONS ET RÉACTIONS GÉOGÉNIQUES DE L'ÉPOQUE ACTUELLE.

Généralités.

Principes des modifications mécaniques de l'écorce terrestre, et des mouvements des eaux et de l'atmosphère. — Influence des attractions solaire et lunaire. — Marées. — * Questions de la variation de la verticale et du déplacement de l'axe de rotation. — Effets de l'échauffement et du refroidissement. — Circulus océanique et atmosphérique. — Déplacement en longitude résultant d'un déplacement en latitude ou en altitude.

Notions météorologiques et hydrologiques.

Décroissement de la température dans les hauteurs de l'atmosphère et dans les profondeurs de la mer.

*Régime des vents. Vents alizés, moussons, cyclones. — *Régime des pluies. — Limite des neiges perpétuelles. — *Régimes des sources et des puits artésiens. — *Régime des cours d'eau. Crues périodiques et accidentelles. Conditions des cascades et des lacs. — *Conditions des mers intérieures. — *Régimes des ondes de marée et des courants océaniques. — Inégalités de la surface du sphéroïde des eaux.

Régime des glaciers. — Causes de la transformation de la neige en névé et en glace. — Progression différentielle des glaciers. — Structure feuilletée. — Crevasses. — Ablation. — Rétrogradations apparentes. — Oscillations séculaires. — Régime des glaces flottantes. — Banquises. — Eisbergs.

9ᵉ et 10ᵉ Leçons.

Mouvement du sol et phénomènes éruptifs actuels ou volcaniques.

Oscillations du sol. — Faits d'exhaussement et d'abaissement. — Tremblements de terre : leurs effets, leur étendue. — Sismographes.

Définition et forme caractéristique des volcans. — Cheminée avec cône d'ajutage et cratère. — Diverses conditions d'activité : volcans préparés, pics caverneux; volcans intermittents; périodicité tendant à la continuité; volcans permanents; volcans éteints. — Cratères dépassant les limites des neiges, ouverts dans les glaciers, immergés.

Tableau d'une éruption volcanique de condition moyenne. — Phénomènes précurseurs. — Bruits souterrains. — Tuméfaction au cratère. — Explosion. — Oscillation et bouillonnement de la lave dans la cheminée. — Lave plus ou moins visqueuse dans le refroidissement. — Formation des scories, des lapilli, des cendres. — Projections successives. — Bombes volcaniques. — Colonne de fumée illuminée à chaque projection qui dégage le bain. Apparences de jets de flamme. — Chutes de cendres. — Édification d'un cône adventif dans le cratère. — Débordement de la lave ou fracture du cône ajutage et même de la montagne qui le supporte, et émission de la lave par la fente. Cônes parasites, formés aux points d'émission et uniquement composés de scories. — Manière de couler de la lave, sur les pentes et en plaine. — Formation et extension d'un sac visqueux recouvert de fragments scoriacés. — Allure générale d'une coulée. — Sillons et traînées de scories. — Cheires. — Nappes. — Variations suivant que la lave se rapproche plus des laitiers ou des scories de forge. — Laves dites trachytiques et ponces. — Laves dites basaltiques et scories. — Division prismatique des nappes de lave basaltique. — Indication sommaire de la nature des émanations qui se dégagent de la lave et du rôle prédominant de la vapeur d'eau. — Pluies. — Actions chimiques, calorifiques et mécaniques des laves variant avec les circonstances du parcours. — Altération rapide de certaines scories. — Modifications du cratère après les éruptions. — Effondrements. — Encombrements. — Fumerolles. — Solfatares.

Éruptions boueuses des volcans à solfatares et des volcans neigeux ou caverneux. — Éruptions sous-marines. — Ponces flottantes.

Manifestations accessoires de l'activité volcanique. — Salses et sources bitumineuses, thermales et minérales. — Dégagements de vapeurs et de gaz.

Revue des divers appareils volcaniques du bassin méditerranéen, de l'Atlantique, de la chaîne des Andes, du Kamtchatka, du Japon, des îles de la Sonde, de la Nouvelle-Zélande, de l'Océanie. — Faits les plus importants observés dans chacun. — Différences générales dans les conditions et les phénomènes, suivant que la lave est trachytique ou basaltique. — Voisinage fréquent des volcans de nature opposée, mais persistance de la même nature dans une même cheminée. — Rareté relative des épanchements de lave. Prédominance des matières scoriacées, cendreuses, boueuses,

— Diamorphisme produit originairement par les émanations et immédiatement ou ultérieurement par l'action des eaux et de l'atmosphère.

Résumé de la structure des terrains volcaniques. — Distinction essentielle des cônes parasites, adventifs et d'ajutage. Distinction de ceux-ci et des cirques dits cratères de soulèvement qui les entourent fréquemment.

Faits d'émanation qui ne se rattachent pas directement aux appareils volcaniques. — Érosions et incrustations des sources minérales. — Principes de la formation des gîtes métallifères.

Distribution géographique des volcans et des points d'émanation. — Faits d'alignement.

* Questions de l'intervention des eaux intérieures dans la production des phénomènes volcaniques et de l'indépendance relative des foyers.

11e et 12e Leçons.

Phénomènes actuels d'érosion et de sédimentation.

Érosions atmosphériques. — Dunes. — Éboulements. — Lapiaz.

Pénétration des eaux superficielles. — Stalactites et stalagmites.

Érosions des cours d'eau. — Bassins de réception, goulets, cônes de déjection. — Alluvions : cailloux roulés, graviers, limons. — Deltas. — Dépôts lacustres.

Érosions marines. — Falaises, grèves, cordons littoraux, lagunes. — Sédiments détritiques : galets, sables, vases. — Sédiments de précipitation chimique. — Stratification.

Érosions glaciaires. — Roches moutonnées et striées. — Moraines, galets striés. — Blocs erratiques. — Boues et limons glaciaires.

Destruction des pierres et sédimentations minérales opérées par les végétaux et les animaux. — Action des lichens, des racines. — Perforations des pholades. — Sécrétions des diatomacées, des algues, des foraminifères. — Bancs coquilliers.

Édification des récifs coralliens. — Atolls. — Récifs barrières.

Tourbières des cols, des vallées, des sillons. — Forêts immergées. — Accumulations de végétaux flottés dans les lacs, dans les estuaires, sur les côtes. — Principes de la formation des gîtes de combustibles fossiles.

Dépôts de guano, sur les côtes, dans les cavernes.

Métamorphismes lents et brusques des dépôts sédimentaires opérés par les actions mécaniques, calorifiques et chimiques postérieures, résultant des phénomènes éruptifs, de l'enfouissement et de la pénétration des eaux superficielles.

Appendice.

*Faits industriels ou d'expérimentation pouvant servir à expliquer les effets des actions et réactions géogéniques.

13e et 14e Leçons.

LITHOLOGIE.

Structures dominantes des pierres et division du sujet.

Structures : massive ou polyédrique, caverneuse ou agglomérée, stratifiée, tabulaire, dominant respectivement dans les roches nettes et dans les roches diamorphiques, dans les dépôts nets et dans les dépôts métamorphiques.

Roches éruptives (analithes) nettes ou diamorphiques, divisées en roches communes (endolithes) et roches exceptionnelles (exolithes), qui comprennent les produits d'émanation.

Dépôts sédimentaires (catalithes) nets ou métamorphiques, divisés en dépôts détritiques ou dépendants (périlithes) et dépôts de précipitation chimique et de sécrétion organique ou indépendants (apolithes).

Notions synthétiques sur la nature des roches (avec renvois à la minéralogie).

Conditions fondamentales distinguées dans la texture des roches communes : cristalline ou phanérogène, compacte ou adélogène, subvitreuse et vitreuse ou cryptogène. — Textures uniformes. — Textures accidentées : marquetée, globuleuse, zonée, vacuolaire, confuse, fragmentaire. Dénominations spéciales dans les trois conditions fondamentales. — Rapports particuliers des textures : porphyroïde et amygdaloïde, jaspoïde et varioloïde, argiloïde et conglomérée.

Compositions minéralogiques des roches phanérogènes. — Minéraux intégrants. — Dualisme ordinaire. — Série des feldspaths et des feldspathides. — Série des micas, des grenats, des pyroxènes et des péridots. — Séries accessoires des minéraux hydratés : zéolithes, chlorites, serpentines. — Minéraux disséminés caractéristiques. — Rôles contrastants des silicates et des carbonates, du quartz et du fer oxydulé.

Principe du départ. — Départ rudimentaire indiqué par la texture des roches granito-porphyroïdes ou syénitoïdes. — Émanation rudimentaire constatée dans les roches amygdaloïdes. — Résultat extrême de la bifurcation marqué dans les phénomènes actuels par les laves et les eaux minérales.

Roches communes dites feldspathiques, légères, de couleurs claires (jaune, orangé, rouge). — Roches dites pyroxéniques, lourdes, de couleurs sombres (violet, bleu, vert).

Roches exceptionnelles, résultant de départs plus ou moins avancés. — Texture largement cristalline de ces roches. — Leurs rapports, d'un côté, avec les roches cristallines schisteuses et, d'un autre côté, avec les roches communes compactes. — Rapports de celles-ci avec les roches communes vitreuses ou ultra-compactes. — Exclusion progressive des matières d'émanation. — Condensation de ces matières dans les remplissages de filons. — Minéraux d'abord concrétionnés, ensuite cristallisés en géodes.

Caractères lithologiques des minéraux intégrants et disséminés dans les diverses catégories de roches. — Hémitropies rachetant les dyssymétries des formes primitives. — Types lamelleux, types vitreux. — Vitrosité plus accentuée dans les minéraux à la fois très-siliceux et alcalins, et par suite dans les roches où dominent ces minéraux. — Rapports des conditions lamelleuse et vitreuse et des conditions cristalline et colloïde distinguées en chimie.

Facies résumant les conditions de texture et de composition.

Étude microscopique des roches adélogènes et cryptogènes. — Méthodes diverses. — Analyse mécanique. — Observation des plaques minces avec les secours de la lumière polarisée à rayons parallèles. — Caractères et termes micrographiques. Texture fluidale. Globules à croix. Microlithes. Inclusions gazeuses et liquides; inclusions vitreuses. — Résultats de cette étude confirmant, généralisant et développant ceux de l'étude des roches phanérogènes, principalement en ce qui touche l'ordre et le mode de formation des minéraux.

Étude physico-chimique des mêmes roches. — Détermination de la densité et de la composition en bloc. — Roches dites acides et roches dites basiques. — Proportions des éléments caractérisées par les rapports des quantités d'oxygène combiné. — Importance de la recherche des éléments rares ou nouvellement découverts et des éléments inconnus.

Notions lithologiques résultant de l'observation des minéralisations naturelles contemporaines et de la production artificielle des minéraux.

Principes de la nomenclature des roches. — Dénominations principalement tirées des textures et des propriétés physiques.

15e Leçon.

Description des roches.

Roches cristallines communes et exceptionnelles. — Première série, procédant des granites communs et comprenant, d'une part, les pegmato-granites ou granulites, les pegmatites et les hyalomictes, d'autre part, les granites oligoclasiques, les kersantons et les minettes. — Protogines. — Deuxième série, procédant des syénites et comprenant, d'une part, les miascites; d'autre part, les diorites, les euphotides et les diabases, les amphibolites et les éclogites. — Séries parallèles des roches schisteuses. — Arènes.

16ᵉ Leçon.

Porphyres granitoïdes formant le passage des roches cristallines aux roches compactes. — Séries des porphyres et des mélaphyres, des eurites et des trapps, des pyromérides, des variolites et des amygdaloïdes. — Distinction des roches porphyroïdes à pâte microcristalline ou microglobuleuse. — Porphyres trachytoïdes à pâte subvitreuse. — Série accessoire des argilophyres.

17ᵉ Leçon.

Roches communes vitreuses ou ultra-compactes. — Séries comprenant des trachytes aux dolérites; des pechsteins et des obsidiennes aux basaltes. — Série accessoire hydratée : phonolithes, vackes, serpentines. — Série accessoire des tufs trachytiques, basaltiques, palagonitiques. — Série des laves.

18ᵉ Leçon.

Roches exceptionnelles formées de produits d'émanation concrétionnés ou cristallisés dans les gîtes spéciaux. — Minerais. — Gangues. — Associations typiques des minéraux dans les remplissages des filons.

Séries des eaux minérales et des produits de fumerolles, comprenant depuis les eaux siliceuses et boraciques jusqu'aux eaux calcaires, ferrugineuses et acidules, et depuis les chlorures alcalins jusqu'aux carbures d'hydrogène.

19ᵉ, 20ᵉ et 21ᵉ Leçons.

Notions synthétiques sur la nature des dépôts (avec renvois à la minéralogie et à la paléontologie).

Textures fondamentales des dépôts : granulo-spongieuse, compacte, granulo-lamellaire.

Textures arénacées des dépôts dépendants : caillouteuse, graveleuse, sableuse, plus ou moins cimentées par les actions métamorphiques. — Fausse stratification.

Textures plastiques et fissiles des dépôts mixtes de nature argileuse. — Feuilletage. — Schistosité.

Textures des dépôts indépendants : caverneuse, poreuse; oolithique, zonée; compacte; esquilleuse; saccharoïde.

Textures accidentées par les vestiges d'êtres organisés.

Rapports des composition des dépôts et des roches. — Simplicité relative des premiers. — Principaux éléments minéralogiques des dépôts : silice à différents états, argiles, glauconies, calcaires, dolomies, fer peroxydé, hydraté ou anhydre.

Matières adventives d'origine végétale ou animale.

Description des dépôts.

Série des dépôts dépendants procédant, pour chaque composition, des matières les plus meubles aux matières les plus consolidées par le métamorphisme : conglomérats, graviers, poudingues; sables, grès, quartzites, grauvackes; groises.

Série des dépôts indépendants, comprenant les matières siliceuses, argileuses, calcaires, ferreuses, salines. — Combustibles fossiles.

Notions complémentaires et résumé de lithologie.

Texture et composition des météorites et des poussières cosmiques.

Composition des eaux marines, fluviales et lacustres.

Composition de l'atmosphère.

* Composition élémentaire des végétaux et des animaux.

Rapports des éléments matériels résumés par la *Vis tellurique.*

Rapports des caractères numériques des minéraux associés dans les roches et dans les remplissages des filons.

COURS DE GÉOLOGIE. 129

22ᵉ Leçon.

STRATIGRAPHIE GÉNÉRALE ET CHRONOLOGIE GÉOGNOSTIQUE.

Généralités stratigraphiques.

Rapports des structures dominantes et des caractères du relief.

Notions synthétiques concernant les accidents orographiques, hydrographiques et stratigraphiques des plaines et des régions montagneuses. — Diagrammes théoriques du cratère de soulèvement et du chaînon de montagne. — Chaînes complexes.

Plissements, rebroussements, renversements, chevauchements, — fentes, failles, dykes, filons, — observés à la surface du sol et dans les coupures naturelles ou relevés dans les exploitations.

Surfaces stratigraphiques voisines de la verticalité. — Surfaces voisines de l'horizontalité. — Lignes de direction. — Orientement. — Pendage.

Épures de stratigraphie. — Détermination de l'orientation antérieure d'une direction dérangée par un mouvement de charnière. — Rapports des coupes verticales et horizontales des couches plissées. — Effets de glissement simple et double aux croisements des fentes. — Rejets. — Écrasement ou disjonction suivant la ligne d'intersection.

23ᵉ Leçon.

Étude des faits de direction et d'alignement.

Rose des directions, résumant les diverses séries de faits observés dans une même région. — Calculs nécessaires pour grouper les faits d'une région étendue.

Grand cercle de comparaison reliant en prolongement des séries de faits de régions différentes.

Grand cercle normal reliant transversalement des faisceaux et des séries de faisceaux de cercles de comparaison. — Systèmes trirectangulaires de cercles normaux.

Données fondamentales d'un grand cercle. Longitude du méridien qu'il coupe perpendiculairement et latitude de l'intersection. — Calcul trigonométrique de ces éléments pour un cercle : passant par un point et y coupant le méridien sous un angle donné; passant par un point et perpendiculaire à un cercle donné; passant par deux points. — Calcul des coordonnées de l'intersection de deux cercles.

Moyens d'étudier le parcours d'un grand cercle. — Détermination par le calcul des points où il coupe des méridiens ou des parallèles donnés. — Usage des globes munis d'instruments sphérodésiques. — Usage des projections gnomoniques où les grands cercles sont représentés par des lignes droites. — Pentagone européen. — Octoplanisphère.

Recherche des cercles normaux sur un globe à l'aide d'un appareil armillaire.

24e Leçon.

Systématisation des cercles par le Réseau pentagonal.

Principe et propriétés géométriques du Réseau pentagonal formé par quinze grands cercles qui correspondent aux arêtes de l'icosaèdre, du dodécaèdre, de cinq octaèdres et de cinq cubes, et résument ainsi sur la sphère les rapports des solides réguliers. — Six axes de symétrie correspondant aux centres des pentagones du dodécaèdre. — Cercles principaux : primitifs ou hexaédriques (15), octaédriques ou icosaédriques (10), dodécaédriques réguliers (6), dodécaédriques rhomboïdaux (30), hémi-hexatétraédriques bissecteurs diagonaux (30) et diamétraux (30). — Points principaux qui sont les pôles de ces cercles. — Points obtenus par les intersections successives des mêmes cercles et cercles décrits de ces points comme pôles; série infinie de cercles dérivés.

Valeurs des côtés du triangle élémentaire, 120° de la sphère. — Construction des épures sphériques et planes du réseau. —

Projection gnomonique d'un pentagone sur l'horizon de son centre. — Itinéraire d'un cercle tracé par réflexions dans ce pentagone.

Installation du réseau par l'application du trait carré d'un primitif et d'un dodécaédrique rhomboïdal sur le trait carré naturel de deux axes volcaniques. — Coordonnées du centre du pentagone européen et orientation de l'un des cinq cercles qui s'y croisent.

Utilité du réseau au simple titre de canevas sphérodésique.

Concordance des cercles du réseau orienté avec les alignements géographiques et géologiques. — Faits d'ensemble embrassant la surface du globe. — Faits d'ensemble et de détail propres à la région européenne.

*Ouvertures relatives à la systématisation des configurations géographiques se rapportant à des petits cercles, et à la systématisation des formes du relief.

25ᵉ Leçon.

Classement des formations.

Principes de la distinction des formations et de leur classification par ordre chronologique. — Élasticité du terme *formation*. — Division de la double série par périodes. — Division d'une période par terrains et d'un terrain par groupes éruptifs ou par étages sédimentaires. — Subdivisions. — Ensembles dans lesquels la continuité se manifeste par une homogénéité relative ou une hétérogénéité graduelle. — Constitution minérale. — Flore. — Faune.

Discontinuité principalement marquée par les discordances de stratification. — Stratifications transgressives. — Condition locale des discordances ; la concordance est le fait dominant.

Limites d'âge des accidents stratigraphiques et des formations déduites des faits de superposition, de dérangement, de pénétration, de remaniement, d'incorporation.

9.

Équivalence ou contemporanéité des groupes éruptifs déduite de l'identité des caractères de texture des roches et de la coïncidence en direction ou du parallélisme des fentes d'émission. — Cercles de comparaison d'âges déterminés.

Équivalence ou contemporanéité des étages sédimentaires déduite de l'identité des caractères paléontologiques et des conditions de gisement. — Horizons géologiques.

Nomenclature. — Dénominations géographiques régionales et locales. — Dénominations lithologiques et paléontologiques.

Échelles chronologiques faisant connaître la succession et les puissances relatives des terrains et des étages de la série sédimentaire avec l'indication des niveaux de dépôts d'une utilité spéciale et, pour chaque étage, l'énumération par classes des fossiles caractéristiques.

Rapporteurs chronologiques à zones concentriques correspondant aux périodes, aux terrains ou aux étages sédimentaires, sur lesquels les groupes éruptifs de roches ou de produits d'émanation sont figurés par des rayons marquant à la fois, par leur direction et leur point d'arrêt, l'orientation des fentes d'émission et les limites d'âge qui peuvent leur être assignées.

26ᵉ et 27ᵉ Leçons.

Sommaire de la description géognostique et géogénique des formations sédimentaires donnant les bases de la Chronologie géognostique détaillée[1].

Série de la période préliminaire : terrains laurentien et huronien.

Série de la période primaire et de la période secondaire ancienne : terrains cambrien, silurien, dévonien, anthraxifère, houiller, permien et triasique.

---

[1] Cette partie du cours de première année donne en même temps, aux élèves qui sont à leur première année d'étude, des notions provisoires sur les formations qu'ils verront dans leurs premières excursions, mais qui ne seront décrites avec détail que dans le cours de seconde année.

Série de la période secondaire nouvelle et de la période tertiaire : terrains jurassique (liasique et oolithique), néocomien, crétacé, éocène, miocène et pliocène.

Série de la période récente ou finale : terrains glaciaires, diluviens, alluviens.

28e Leçon.

DESCRIPTION GÉOGNOSTIQUE ET GÉOGÉNIQUE DES FORMATIONS ÉRUPTIVES ROCHEUSES.

Méthode suivie dans la description.

Étude de la série coupée par périodes. — Étude des termes successifs de chaque période dans différentes régions. — Nature générale des roches. — Caractères du relief. — Allures du terrain. — Directions des fentes d'épanchement. — Variations de texture et de composition. — Rapports des conditions de nature avec les conditions de gisement, c'est-à-dire avec les modes d'éruption. — Caractères des produits accessoires diamorphiques. — Actions métamorphiques. — Mention des matières d'une utilité spéciale.

Période préliminaire.

Terrains de gneiss et de schistes cristallins. — Analogie de structure entre ces formations et les formations sédimentaires. — Séries du massif central de la France, de la Scandinavie, de l'Écosse et de l'Amérique septentrionale.

29e, 30e et 31e Leçons.

Période primaire et période secondaire ancienne.

Formations granitiques et diabasiques, porphyriques et mélaphyriques ou trappéennes du massif central de la France, de la Bretagne, de l'Angleterre, de l'Écosse, de la Scandinavie, des Vosges et des Ardennes, de la Germanie, des Alpes tyroliennes.

Granites ; granites porphyroïdes, kersantons ; syénites, diorites ; pegmato-granites ou granulites, pegmatites.

Condition de fluidité sirupeuse des roches granitoïdes jusqu'à l'époque dévonienne. — Effets mécaniques des éruptions, brèches de schistes, mais absence de conglomérats. — Intensité des phénomènes chimiques accusée par la multiplicité des minéraux disséminés dans les roches mêmes, par la cristallinité, par les actions métamorphiques. — Séparation des produits d'émanation commençant avec les pegmatites et les diorites. — Passage des pegmatites aux elvans.

Diminution de la cristallinité ; appauvrissement minéralogique et développement du diamorphisme, d'abord dans les porphyres granitoïdes, les porphyres syénitoïdes ou porphyres bruns et les mélaphyres diabasoïdes, ensuite dans les porphyres proprement dits quartzifères, feldspathiques ou micacés et dans les roches basiques correspondantes, mélaphyres proprement dits feldspathiques ou pyroxéniques. — Conglomérats et grès qui dérivent de ces roches.

Effacement de la cristallinité dans les roches compactes globuleuses ou zonées, eurites et trapps.

Apparition ultérieure de la condition visqueuse marquée par l'état vitreux et la cellulosité. — Porphyres trachytoïdes et pechteins. — Trapps basaltoïdes. — Développement correspondant des produits diamorphiques boueux. — Argilolithes permiennes et triasiques.

Période secondaire nouvelle et période tertiaire.

Apaisement des éruptions rocheuses dans l'Europe occidentale aux époques jurassiques et crétacées. — Rapports des arkoses et des dépôts sédimentaires argileux et glauconieux de ces époques avec les matières rocheuses diamorphiques. — Correspondance possible avec des termes des séries euritiques et trappéennes prolongées. — Série trappéenne de l'Islande et des Ferö.

Formations trachytiques et basaltiques des Carpathes, des Alpes, des Apennins, des Pyrénées, de l'Auvergne, du Siebengebirge, de la Hesse, de la Bohême, de l'Irlande et de l'Écosse, des Champs phlégréens, de l'Archipel, des Andes.

Arènes kaolineuses et argiles éruptives de la période tertiaire.

Serpentines anciennes des Alpes. — Ophites des Pyrénées. — Trachy-granites et trachy-syénites ou dacites de Hongrie. — Recrudescence de la condition cristalline accusée à l'époque tertiaire dans les pegmatites de l'île d'Elbe et les euphotides de la Toscane.

Trachytes communs, trachytes amphiboliques, trachy-diorites ou andésites. — Perlites. — Porphyres molaires et rhyolithes. — Phonolithes. — Tufs trachytiques et molasses tertiaires correspondantes.

Basaltes, trachydolérites, leucitophyres, néphélinites, haüynophyres. — Serpentines nouvelles. — Vackes et tufs basaltiques.

Passage des phénomènes éruptifs à la condition volcanique.

Période récente ou finale.

Formations volcaniques anciennes de l'Eiffel, de l'Auvergne, de la Catalogne, des Champs phlégréens, des Canaries, de l'Islande, des Andes.

Cônes domitiques et obsidienniques, volcans préparés, avec ou sans cratères de soulèvement. — Volcans éphémères à coulée unique avec cône de scories. — Laves trachytiques, phonolithiques, trachy-doléritiques et basaltiques. — Tufs ponceux. — Pouzzolanes et trass. — Tufs palogonitiques.

Rappel des formations volcaniques actuelles (étudiées aux leçons 9 et 10) résultant des volcans à cheminées permanentes.

32ᵉ Leçon.

DESCRIPTION GÉOGNOSTIQUE ET GÉOGÉNIQUE DES FORMATIONS ÉRUPTIVES DE DÉPART ET D'ÉMANATION.

Généralités.

Classification des gîtes minéraux : — Gîtes subordonnés aux schistes cristallins. — Gîtes éruptifs. — Filons réguliers ou fentes remplies, d'injection, d'incrustration. — Gîtes d'imprégnation. — Gîtes calaminaires. — Solfatares. — Acceptions diverses des termes : gîtes de contact, filons-couches, amas. — Gîtes sédimentaires. — Gîtes d'alluvion. — Ensembles qualifiés appareils métallifères.

Notions relatives aux filons réguliers.

Rappel des principes de la formation des fentes. — Systèmes de faisceaux parallèles aux rides de l'écorce terrestre et de faisceaux plus ou moins rapprochés de la direction perpendiculaire. — Champs de fractures offrant plusieurs systèmes. — Croisements. Allures des fentes qui en résultent. Effets de glissement (rappel de la 22ᵉ leçon). — Principes de la disposition des remplissages en colonnes et en chapelets. — Formation des filons brèches. — Réouvertures des fentes. — Filons complexes.

Dimensions des filons simples et complexes. — Termes techniques : épontes, toit, mur, salbandes.

Structure zonée des remplissages. — Alternances symétriques des incrustations de gangues et de minerais. — Axe géodique. — Disposition chevronnée des zones successives considérées dans l'ensemble d'un filon. Variations de composition qui en résultent aux différents niveaux. — Influence des roches encaissantes.

Notions générales sur les conditions d'association des minerais et des gangues, et sur l'ordre de succession des métaux et des minéralisateurs dans les remplissages. — Série ancienne. Série nouvelle. Aperçu de leurs rapports et de leurs différences. — Condition ordinairement oxydée près des affleurements. — Chapeaux de filons. — Prédominance habituelle des mêmes remplissages dans les filons de même direction. — Principes de la détermination des âges relatifs des fentes et des remplissages.

Notions complémentaires.

Extension aux différentes sortes de gîtes des notions précisées à l'égard des filons réguliers. — Modifications nécessaires.

Aperçu des rapports observés entre les produits d'émanation (exolithes) et les roches (endolithes).

Méthode suivie dans la description.

Étude des appareils métallifères à la fois les plus complets et les mieux connus. — Consistance du terrain. — Roches pénétrantes. — Détails présentés dans l'ordre marqué par les généralités précédentes. — Détails complémentaires fournis par une revue des principaux gîtes des différentes régions du globe.

33ᵉ Leçon.

Description par région ou par localité.

Appareils métallifères de l'Erzgebirge et du Harz. — Gîtes de la Bohême, de la Silésie, de la Thuringe et du Nassau.

34ᵉ Leçon.

Appareils métallifères de la Scandinavie. — Gîtes du Cornwal du Derbyshire et du Cumberland.

35ᵉ Leçon.

Appareils métallifères des Carpathes. — Gîtes du Banat. — Gîtes des Alpes. — Appareil métallifère de la Toscane.

36ᵉ Leçon.

Gîtes remarquables : de l'Italie, — de l'Espagne, — de l'Oural, — de l'Asie, — de l'Afrique, — de l'Amérique, — de l'Océanie.

37ᵉ Leçon.

Appareils métallifères de la France et de la Belgique : — Bretagne, — Ardennes, — Vosges, — massif des montagnes centrales, — Pyrénées, — Alpes.

Aperçu des gîtes métallifères et des gîtes minéraux divers des régions non montagneuses de la France (avec renvoi à la deuxième année du cours pour la description des gîtes sédimentaires).

38e, 39e, 40e et 41e Leçons.

Détails techniques sur les gîtes éruptifs de matières d'une utilité spéciale et de minerais métalliques.

Granites. — Porphyres décoratifs. — Porphyres molaires. — Ponces; trass. — Serpentines. — Agates; quartz. — Gemmes. Kaolins. — Fluorines. — Alunites. — Barytes; gypses. — Apatites, phosphorites. — Graphites, bitumes. — Soufres.

Sources minérales : siliceuses, boraciques, chlorurées, azotées, sulfurées, sulfatées, carburées, carbonatées, acidules.

Mines : d'étain, de manganèse, de fer oxydé, de fer chromé.

Mines : de fer, de cobalt, de nickel, de cuivre, de zinc, de plomb, — d'arsenic, d'antimoine, de bismuth, — sulfurés, chlorurés, phosphatés, silicatés, carbonatés, oxydés, natifs.

Mines : de mercure, d'argent, d'or, — sulfurés, tellurés, natifs.

42e Leçon.

Résumé des phénomènes éruptifs.

Alignements généraux des points d'éruption où d'émanation.

Rapports d'âge et de nature entre les gîtes minéraux et les roches communes. — Diagrammes résumant les rapports des formations éruptives.

Discussion des théories géogéniques diverses concernant les phénomènes éruptifs.

DEUXIÈME ANNÉE.

1re Leçon.
ABRÉGÉ OU RÉSUMÉ DU COURS DE PREMIÈRE ANNÉE.

Introduction.

Abrégé des leçons 1 et 2 de première année.

2ᵉ Leçon.

Notions astronomiques et physiques, Géographie, actions et réactions géogéniques.

Abrégé des leçons de première année : 3 à 12.

3ᵉ à 10ᵉ Leçons.

Lithologie.

Traitée complétement comme en première année (voir le programme des leçons 13 à 20).

11ᵉ Leçon.

Stratigraphie générale et Chronologie géognostique.

Abrégé des leçons de première année : 22 à 25.

12ᵉ Leçon.

Description sommaire des formations éruptives rocheuses.

Abrégé des leçons de première année : 28 à 31.

13ᵉ et 14ᵉ Leçons.

Description sommaire des formations éruptives de départ et d'émanation.

Abrégé des leçons de première année : 32 à 38.

15ᵉ Leçon.

DESCRIPTION GÉOGNOSTIQUE ET GÉOGÉNIQUE DES FORMATIONS SÉDIMENTAIRES.

Méthode suivie dans la description.

Étude de la série coupée par périodes, comprenant plusieurs terrains, ou par terrains.

Description des termes successifs de chaque division dans diverses régions. — Nature générale des dépôts et caractères du relief. — Allure des couches. — Plis, fentes. — Direction et inclinaison des surfaces stratigraphiques. — Détail des couches. Caractères lithologiques et paléontologiques. — Matières d'une utilité spéciale. — Rapports des conditions de nature avec les conditions de gisement, c'est-à-dire avec le mode de dépôt. — Résultats du métamorphisme normal ou accidentel.

Correspondance des formations des diverses régions. — Synonymies.

Description détaillée par région.

Terrains laurentien, huronien (rappel de la leçon 28° de première année) et cambrien : — du Canada, — de la Grande-Bretagne, — de la Scandinavie, — de la Belgique, — de la France

16e Leçon.

Terrains siluriens : — de la Grande-Bretagne, — de l'Amérique septentrionale.

17e Leçon.

Terrains siluriens : — de la Bohême, — de la Scandinavie, — de la Germanie, — de la Belgique, — de la France.

18e et 19e Leçons.

Terrains dévoniens, anthraxifères et houillers anciens ou littoraux : — du nord de la France, — de la Belgique, — de provinces rhénanes.

20e et 21e Leçons.

Terrains dévoniens, anthraxifères et houillers anciens ou littoraux : — de la Grande-Bretagne, — de la Russie, — de l'Amérique septentrionale, etc.

22e, 23e et 24e Leçons.

Terrains houillers nouveaux ou lacustres et terrains permien et triasiques du centre de la France.

25e et 26e Leçons.

Terrains houillers nouveaux ou lacustres et terrains permien et triasiques : — de la Grande-Bretagne, — de la Germanie, — de la Russie, — de l'Amérique, etc.

27e Leçon.

Terrains jurassiques du nord de la France.

28ᵉ Leçon.

Terrains jurassiques : — de la Grande-Bretagne, — de la Germanie.

29ᵉ Leçon.

Terrains jurassiques : — du sud de la France, — de la région méditerranéenne, — de la Russie, etc.

30ᵉ Leçon.

Terrains néocomiens et crétacés : — du nord de la France, — de la Belgique.

31ᵉ Leçon.

Terrains néocomiens et crétacés : — de la Grande-Bretagne, — de la Scandinavie, — de la Germanie.

32ᵉ Leçon.

Terrains néocomiens et crétacés : — du sud de la France, — de la région méditerranéenne, etc.

33ᵉ Leçon.

Terrains tertiaires : — du nord de la France, — de la Belgique.

34ᵉ Leçon.

Terrains tertiaires : — de la Grande-Bretagne, — de la Germanie, — de la Suisse.

35ᵉ Leçon.

Terrains tertiaires : — du sud de la France, — de la région méditerranéenne, — de l'Amérique septentrionale, etc.

36ᵉ et 37ᵉ Leçons.

Terrains diluviens, cavernes, alluvions et dunes : — du nord de l'Europe, — de la région méditerranéenne, — de l'Amérique septentrionale et méridionale, etc.

38ᵉ, 39ᵉ, 40ᵉ et 41ᵉ Leçons.

Détails techniques sur les gîtes sédimentaires de matières d'une utilité spéciale.

Ardoises. — Schistes novaculaires. — Argiles réfractaires. — Argiles plastiques. — Grès à pavés, à meules, etc.

Marbres. — Dolomies. — Calcaires à chaux hydraulique et à ciment. — Craies. — Coraux.

Gypses. — Phosphates. — Sels. — Nitratines. — Natrons. — Dépôts pyritifères et sulfurifères.

Anthracites. — Houilles. — Lignites. — Tourbes. — Schistes oléifères. — Dépôts graphiteux et bitumineux. — Ambre.

Minerais de fer : carbonaté, silicaté, oxydé (concrétionné et oolithique), limoneux. — Ocres. — Schistes et grès cuprifères et plombifères.

Alluvions : stannifères, ferrifères, platinifères, aurifères, gemmifères, adamantifères.

42ᵉ Leçon.

Résumé général.

Revue des caractères lithologiques, paléontologiques et stratigraphiques des formations de la série sédimentaire. — Rapports généraux de ces formations et des formations éruptives. — Alternances et récurrences lithologiques. — Modifications successives, lentes et brusques, du relief des terres, de la distribution des eaux, des conditions atmosphériques et des climats. — Évolutions corrélatives des phénomènes inorganiques et organiques qui ont préparé le domaine de l'homme.

Critique justificative de l'aperçu de géogénie présenté comme cadre provisoire au début du cours. — Antagonisme inévitable du principe de la continuité et du principe contrastant de la dualité ou de la discontinuité, qui, présidant nécessairement à la production même de tout phénomène, se retrouvent par suite en lutte et prédominent alternativement dans la manière d'envisager et d'expliquer les faits naturels dont l'exposé constitue l'histoire de la terre.

COURS DE CONSTRUCTION.

M. Couche, inspecteur général des mines, professeur.

M. Resal, ingénieur en chef des mines, chargé de suppléer provisoirement M. Couche pour le cours de construction.

PREMIÈRE PARTIE.

RÉSISTANCE DES MATÉRIAUX.

1re Leçon.

Objet du cours. — Élasticité, sa limite. — Traction et compression en général.

Formule relative à la traction d'un prisme. — Condition d'équarrissage. — Mise en charge. — Compression. — Rupture par écrasement et glissement. — Répartition des pressions sur un plan qui supporte un prisme. — Solides d'égale résistance à l'écrasement, mur, tour.

2e Leçon.

De la flexion en général. — Fibre moyenne. — Axe de courbure. — Encastrement. — Hypothèses fondamentales sur lesquelles repose la théorie de la flexion des pièces. — Résultante des forces élastiques normales à une section. — Flexion composée. — Cas d'un prisme, théorème de Percy. — Flexion simple. — Moment fléchissant. — Conditions d'équarrissage et solides d'égale résistance en général. — Résultante des forces élastiques de glissement, effort tranchant. — Rapports entre le coefficient de glissement et le coefficient d'élasticité dans les corps homogènes.

3e Leçon.

Formule générale relative à la torsion, moment de torsion, conditions d'équarrissage. — Formules de M. de Saint-Venant relatives à la déformation des pièces à double courbure.

Travail moléculaire développé dans la flexion simple d'une pièce.

Simplification du problème de la flexion lorsque les déformations sont faibles.

Étude spéciale de la flexion simple et faible des prismes. — Prisme encastré horizontalement par une extrémité et fléchi par un poids agissant à son autre extrémité. — Conditions de résistance, effet de la mise en charge. — Même problème en supposant de plus une charge uniformément répartie.

En général, dans un prisme, l'effort tranchant est la dérivée du moment fléchissant. — Du travail moléculaire développé dans un prisme fléchi par des forces perpendiculaires à son axe. — Axe neutre.

4e Leçon.

Glissement longitudinal des fibres. — Répartition des forces élastiques de glissement transversal dans une section.

Prisme posé sur deux appuis de niveau soumis à l'action d'une charge uniformément répartie et d'une force verticale. — Équarrissage.

Prisme encastré sous un faible angle avec l'horizon, reposant par son extrémité libre sur un appui horizontal, sollicité par une force verticale et par une charge uniformément répartie.

Prisme reposant sur trois appuis de niveau soumis à l'action d'une charge uniformément répartie et à l'action de deux forces verticales appliquées respectivement entre l'appui intermédiaire et chacun des deux autres appuis. — Cas particulier où les deux forces n'existent pas. — Théorème de Clapeyron et Bersot dit des trois moments. — Aiguilles verticales.

COURS DE CONSTRUCTION.

5ᵉ Leçon.

Prisme s'appuyant sur un nombre quelconque d'appuis de niveau, soumis uniquement à l'action d'une charge uniformément répartie mais qui peut varier d'intensité d'une travée à l'autre. — Complication des calculs auxquels conduit la méthode de Navier, basée sur la détermination préalable des réactions des appuis. — Méthode de Clapeyron, moments fléchissants. — Parabole de ces moments. — Efforts tranchants. — Répartition du métal dans une poutre au point de vue économique.

6ᵉ Leçon.

Prismes chargés debout. — Poutres superposées et étagées. Flexion des pièces courbes. — Formules générales de Navier. Équation polaire applicable aux arcs circulaires. — Cas d'un arc dont les extrémités reposent librement sur deux appuis de niveau ou sont maintenues latéralement, en supposant une charge uniformément répartie sur l'arc ou sur la corde, ou une pression normale constante. — Solides d'équilibre.

Rivets. — Bouterolle, mattage. — Perçage des trous. — Expériences sur les rivets relatives au cisaillement et à l'adhérence. — Tension d'un rivet due au refroidissement. — Nombre de rivets nécessaires pour assembler deux tôles. — Dispositions relatives aux tôles assemblées bout à bout avec couvre-joints, à l'assemblage de plusieurs tôles, etc.

OUVRAGE EN MAÇONNERIE.

7ᵉ Leçon.

Choix des pierres à employer dans les constructions. — Pierres de taille, libages, parpaings, boutisses, carreaux, pierres de sujétion. — Moellons ordinaires, piqués, smillés, parementés, tétués. — Taille des pierres, appareilleur, outils du tailleur de pierres. — Épure. — Briques, réception. — Briques creuses. — Des diffé-

rentes qualités de chaux et de ciments. — Renseignements divers
— Extinction de la chaux. — Préparation du mortier et du béton à bras et à la machine.

Exécution des maçonneries. — Maître poseur, poseurs servants. — Épaisseur des joints selon la nature de la maçonnerie. — Proportion d'enduit employé.

Murs et massifs en moellons, meulières. — Chaînes en pierre de taille. — Maçonnerie en moellons et plâtre, en pierres de taille, en briques.

Bardage.

8ᵉ Leçon.

Formules empiriques de Rondelet pour déterminer l'épaisseur à donner aux murs des édifices.

Poussée des terres. — Frottement des terres contre elles-mêmes et contre les maçonneries. — Résultats de l'expérience. — Hypothèses fondamentales. — Détermination de la poussée et du centre de poussée en général. — Cas particulier où la partie supérieure du profil du massif est rectiligne. — Modifications à apporter aux formules lorsque ce massif est surchargé. — De la butée des terres. — Pente naturelle des terres.

9ᵉ Leçon.

Constitution hypothétique d'un mur. — Tendances à la rupture par glissement et rotation. — Coefficients de stabilité. — Mur dont le sommet est recouvert totalement ou partiellement par le massif. — Contre-forts. — Stabilité des fondations. — Éperons buttants.

Emploi des courbes des pressions pour vérifier les conditions de stabilité d'un mur de soutenement.

Terres qui tiennent en vertu de leur cohésion. — Talus maximum. — Forme que doit avoir la base du talus pour qu'il y ait strictement équilibre.

Digues. — Murs de réservoirs. — Exemples.

COURS DE CONSTRUCTION.

10ᵉ Leçon.

Voûtes. — Voûtes en berceau, en plein cintre, en arc de cercle, en ogive, en anse de panier. — Tracés des voûtes en anse de panier dus à Huyhens, Michal, Perronet. — Cintres et décintrement — Pression sur le cintre. — Formules empiriques donnant un premier aperçu sur l'épaisseur qu'il convient de donner à la clef d'une voûte circulaire. — Courbes des pressions. — Faire passer géométriquement une courbe des pressions par deux points. — Équation différentielle des courbes des pressions. — Application aux voûtes circulaires.

11ᵉ Leçon.

Des différents modes de rupture d'une voûte en berceau. — Voûte à l'état d'équilibre strict par rotation dans l'hypothèse de matériaux incompressibles.

Usage de la courbe des pressions pour vérifier la stabilité d'une voûte. — Polygones des pressions. — Procédé pratique ordinaire. — Extension au cas d'une surcharge.

Conditions de stabilité établies d'après les principes de Coulomb. — Inégalités relatives au glissement et à la rotation. — Rapprochement entre cette méthode et celle des courbes des pressions. — Voûte extradossée parallèlement (méthode du colonel Petit), en chape horizontale ou inclinée. — Coefficients de stabilité.

Voûtes surbaissées. — Plates-bandes.

12ᵉ Leçon.

De la stabilité des piédroits d'une voûte par la méthode des courbes des pressions et d'après les principes de Coulomb. — Épaisseur d'un piédroit d'une hauteur infinie.

Tirants en fer pour consolider les voûtes en berceau.

Stabilité des voûtes adossées et reposant sur une même pile.

Voûte par arceaux en retraites successives pour recouvrir un biais. — Voûtes biaises. — Poussée au vide ; expérience de M. de la Gournerie. — Appareil orthogonal droit et convergent, hélicoïda.

Voûtes en dôme, en arc de cloître, d'arête, annulaires, en niche. — Escalier dit vis à jour. — Contre-forts.

13ᵉ Leçon.

Exécution des voûtes. — Voûtes en moellons avec ou sans tête en pierres de taille, entièrement en pierres de taille. — Énorme économie obtenue dans la construction des ponts par l'emploi du moellon brut combiné avec le ciment romain. — Avantages au point de vue du décintrement et de la stabilité. — Voûtes en ciment avec briques à plat. — Résistance des maçonneries.

Perrés.

FONDATIONS.

Fondations ordinaires. — Trois classes de terrains : solides, graveleux et sablonneux, meubles se refoulant latéralement. — Empatement. — Fondations en libages, en meulières, en moellons hourdés de ciment, en béton, par piliers, par puits remplis de béton, sur sable rapporté.

Fondations hydrauliques sur terrains incompressibles et inaffouillables, incompressibles et affouillables, compressibles et affouillables. — Généralités. — Déblais sous l'eau, gaffes, dragues à main, hardi, louchet, chevalet, griffe, grande tenaille, râble, grande drague, machines à draguer, seaux, écopes à main et hollandaises, machines élévatoires diverses. — Résultats de l'expérience. — Fondations établies au moyen de batardeaux en terre avec ou sans revêtement en pierres, avec talus vertical en charpente, en argile avec une enceinte de pieux et palplanches, en argile avec béton. — Précautions à prendre dans l'établissement des fondations sous l'eau.

14e Leçon.

Pieux. — Grillage. — Plate-forme. — Sabots en fer à quatre branches, en fonte avec tige en fer, en tôle. — Palplanches, lardoires. — Sonnette à tiraudes. — Différents systèmes de sonnettes à déclic, sonnettes à cheval et à vapeur. — Mise en fiche des pieux et palplanches. — Précautions à prendre pour le battage. — Arrachage des pieux au moyen d'une vis simple ou double, d'un levier, d'un collier. — Recepage des pieux au moyen de scies de différents systèmes. — Pieux et palplanches en fonte. — Pieux d'angle en fonte. — Pieux à vis de M. Mitchell. — Pieux à patin.

Travaux à exécuter sous l'eau. — Lunettes, lampes sous-marines, cloches à plongeur, scaphandres. — Bateau sous-marin de M. de la Gournerie.

15e Leçon.

Fondations au moyen de l'air comprimé. — Pont de Kelh. — Pont de Saltash.

Fondation tubulaire proprement dite. — *Fondation à l'aide du vide.* Des radiers.

DES CHARPENTES EN BOIS.

Constitution des bois. — Moelle. — Corps ligneux. — Aubier. — Matière incrustante. — Défauts des bois, nœuds vicieux, rebours, roulures, gerçures, échauffement, vermoulure.

Précautions à prendre avant d'employer les bois.

Conservation des bois. — Peinture, goudronnage, carbonisation superficielle, dessiccation. — Injection des bois, procédés Boucherie, Burt, Legé. — Immersion dans un bain. — Propriétés des bois les plus employés dans la construction.

16e Leçon.

Charpentiers et maîtres charpentiers, outils des charpentiers.

— Nomenclature des machines employées dans les constructions en charpente.

De l'élasticité et de la résistance des bois.

Courbure des bois. — Emploi de la vapeur.

Équarrissage.

Différents modes d'assemblage. — Chevilles. — Poutres armées.

Etélon. — Piqué des bois.

17ᵉ Leçon.

Planchers simples. — Solives. — Poutres intermédiaires, solives d'enchevêtrure, chevêtres, lambourdes, linçoirs, liernes.

Pans de bois. — Sablières. — Poteaux. — Poteaux corniers. — Poteaux d'huisserie. — Décharges. — Tourlisses, linteaux. — Remplissage de la construction.

Combles à surfaces planes. — Appentis. — Combles à deux rampants et à pignon, en pavillon carré, à croupe. — Divers tracés des combles à la Mansard. — Fermes de faible et de moyenne portée. — Composition d'une ferme complète. — Croupe biaise. — Détails de construction. — Charpentes à longue portée. — Charpentes en voûte de Philibert Delorme, du colonel Emry. — Comble conique. — Charpentes sur polygones.

Levage d'une charpente par parties, en masse.

18ᵉ Leçon.

Répartition des efforts dans les différentes pièces d'une charpente. — Fermes formées par deux arbalétriers et un tirant avec ou sans entrait. — Ferme avec tirants, entrait, poinçon et contre-fiches. — Condition d'équarrissage. — Ponts en charpente. — Passerelles. — Ponceaux. — Ponts sur longerons simples, sur longerons avec corbeaux et contre-fiches, sur longerons avec sous-poutres et contre-fiches. — Ponts sur arcs.

Emploi du fer et de la fonte dans les ouvrages en charpente. — Armatures des poutres. — Tirants et poinçons pour les fermes.

OUVRAGES ENTIÈREMENT MÉTALLIQUES.

Planchers. — Solives. — Différentes formes de poutres. — Détails de construction.

19e Leçon.

Combles. — Fermes simple et composée du système Polonceau. — Répartition des tensions dans les différentes parties. — Fermes des gares de la compagnie des chemins de fer d'Orléans.

Ponts en fonte. — Exemples : pont des Saints-Pères, pont de Solférino, pont de Beaucaire (chemin de fer).

Construction de poutres métalliques. — Poutres en double T. — Poutres tubulaires; pont *Britannia*. — Poutre Brunel. — Détails sur la construction des ponts dont les poutres n'ont qu'une lame verticale. — Poutres en treillis et demi-treillis; leurs avantages et leurs inconvénients. — Efforts développés dans les différentes parties de la poutre.

20e Leçon.

Pont de Saltash. Bow-strings.

Pont du système Pauli. — Pont d'Arcole.

Mise en place des ponts. — Trois méthodes : 1° pont de service ; 2° levage ; 3° lançage (exemples : ponts de Fribourg, de Kehl). — Différences entre les ponts en fonte et les ponts en tôle en raison des efforts notables d'extension qui peuvent se développer dans ces derniers. — Applications de la courbe des pressions. — Influence des variations de température. — Ponts tournants, exemples : pont de Brest, etc.

21e Leçon.

Ponts suspendus. — Tension des câbles, les deux piliers étant supposés inégaux. — Variation de la flèche et de la longueur du câble due à son élasticité et à l'influence de la température. — Câbles, chaînes; longueur des maillons. — Longueur des tiges de suspension. — Amarrage des câbles. — Ponts n'occupant qu'une travée partielle; motifs. — Ponts de plusieurs travées; indépendance des travées.

Application, aux États-Unis, des ponts suspendus aux chemins de fer. — Les inconvénients inhérents à la flexibilité des supports disparaissent pour les très-grandes ouvertures.

COUVERTURES.

22e Leçon.

Couvertures. — Deux catégories: 1° sans couvre-joints spéciaux; 2° avec couvre-joints. — Inclinaison des combles. — Tuiles plates dites de Bourgogne, de grand et de petit module; tuiles creuses tuiles flamandes; tuiles dites d'Altkirch. — Lattes.

Détails de pose.

Ardoises. — Outils employés. — Dimensions des ardoises. — Voliges.

Bardeaux.

Feuilles de zinc. — Différents modes d'accrochage des feuilles — Liberté des mouvements dus à l'influence de la température — Tuiles en zinc. — Couvertures en feuilles de plomb, de cuivre et de fer.

APPLICATIONS DIVERSES.

23e Leçon.

Cheminées d'appartements et d'usines. — Détermination de la section et de la hauteur. — Mode de construction.

Fondation de machines diverses. — Machines à comprimer:

1° Sans choc: laminoir, presses à cingler;

2° A travail emmagasiné: martinets, marteaux frontaux. — Marteaux-pilons (exemple: marteau du Creusot).

Machines à vapeur.

Grues à pied inférieur.

Travaux d'aménagement des eaux motrices. — Digues d'étangs. Prise d'eau. — Tête d'eau. — Canal de dérivation. — Barrages, déversoirs. — Vannes motrices, de décharge, de compensation.

24ᵉ Leçon.

Navigation intérieure. — Étiage conventionnel des eaux. — Influence du vent sur les plus hautes crues des eaux de navigation. — Hauteur journalière de l'eau.

Rapport moyen entre le volume de pluie tombée et le débit des rivières. — Rapport des débits extrêmes. — Évaporation annuelle. — Influence de la structure des forêts sur le niveau des crues. — Influence de la température. — Vitesse de l'eau.

Puissance d'entraînement et de suspension de l'eau en mouvement. — Tournants, contre-courants, tourbillons. — Nivellements; projets.

Fleuves tributaires de l'Océan. — Région fluviale, région maritime (exemple : Seine).

Travaux sur un cours d'eau où le chenal navigable existe déjà. — Enrochements, plantations, perrés en pierres sèches, corrois en craie, perrés en maçonnerie. — Revêtements en béton, en briques, en clayonnage et galets. — Chemin de halage; banquette de halage. — Pieux d'amarre. — Passage sur un affluent. — Balises et bouées. — Ports fluviaux submersibles ou insubmersibles. — Lisse de port; organeau. — Ports avec perrés, en charpente ou en métal. — Murs de quai. — Ports de tirage. — Gares. — Docks et entrepôts.

Navigation aux embouchures des fleuves. — Flottage à bûches perdues. — Étangs de flottage, trains.

Canaux à point de partage. — Alimentation.

Navigation par écluses. — Réservoirs, digues, murs. — Touage.

Travaux d'amélioration des rivières. — Deux grandes divisions :

1° *Barrages transversaux*, fixes, mobiles et mixtes.

2° *Digues longitudinales submersibles.* Exemple : basse Seine.

Canalisation en lit de rivière, latérale, mixte. — Écluses à sas, sur dérivations. — Bajoyers. — Chardonnet. — Busc.

Manœuvre des portes.

Mesures contre les inondations :

1° *Barrages transversaux.* Exemple : digue de Pinay (Loire). — Barrage de Rochetaillée.

2° *Digues longitudinales insubmersibles* (Rhin, Loire). — Inconvénient. — Solution actuelle (exemple : Loire).

25ᵉ Leçon.

Des ports de mer. — Généralités sur les marées. — Heure de la pleine mer. — Ports avec ou sans marées.

Étale. — Durée considérable de l'étale au Havre. — Son importance.

Ports d'échouage. — Rade ; choix de son emplacement. — Rade foraine. — Môles ou brise-lames.

Jetées. — Leurs fonctions. — Différents modes de construction.

Avant-port. — Dans l'Océan, il se divise en port d'échouage et en un ou deux bassins à flot. — Bassins de retenue ou de chasse. — Guideau. — Écluses de chasse, isolées ou couplées.

Impuissance des chasses dans les ports recevant des navires d'un très-fort tonnage.

Dragages. — Pourquoi les grands bassins du Havre ne communiquent pas avec l'avant-port par des sas éclusés (on ne peut entrer ni sortir que pendant l'étale).

Cales de construction. — Réparations des navires. — Carénage. — Grils de carénage. — Formes de radoub. — Bateaux-portes. — Docks flottants. — Docks élévatoires de Clarke.

COURS DE CONSTRUCTION. 155

DEUXIÈME PARTIE.

CHEMINS DE FER.

26ᵉ Leçon.

Résistance au mouvement d'un corps glissant sur un plan. — Direction de l'effort minimum. — Substitution de la rotation au glissement, pour les corps de forme cylindrique ou autres.

Rouleaux.

Roues. — 1° Évaluation de l'effort de traction, en supposant le sol incompressible et parfaitement uni.

2° Résistance due à la compressibilité du sol, même en le supposant parfaitement élastique.

3° Résistance due aux inégalités de la voie.

4° Influence de la vitesse et des ressorts de suspension sur les pertes de force vive dues aux inégalités. — Valeur du *tirage* sur les routes pavées et empierrées. — Terme prédominant. — But multiple des chemins de fer.

Tracé. — Éléments auxquels il faut avoir égard pour la détermination du tracé entre deux points fixés d'avance.

Choix entre les remblais et les viaducs, entre les tranchées et les souterrains. — Limite à partir de laquelle il n'y a point à hésiter dans le second cas.

Influence de la nature du terrain. Exemples. Série d'opérations à exécuter soit graphiquement, soit sur le terrain, pour dresser un projet de chemin de fer.

27ᵉ Leçon.

Usage des cartes du Dépôt de la guerre, des plans d'ensemble et de détail du cadastre. — Levé par courbes horizontales.

Tracé, sur le terrain, de l'axe provisoire représenté seulement par ses alignements droits. — Plan, profils en long et en travers. — Rectification de l'axe provisoire. — Piquetage, sur le terrain, du tracé définitif suivant ses alignements droits et suivant les courbes de raccordement.

Emprise du chemin. — A niveau, en déblai, en remblai. — Surfaces de déblai et de remblai. — Plan parcellaire.

Calcul et distribution des terrasses. — Emprunts et dépôts.

Emprise moyenne par kilomètre courant des principaux chemins à deux voies et à une voie.

Indications succinctes sur le mode d'exécution des travaux de terrassement.

Transport : 1° à la brouette; 2° au tombereau; 3° au wagon sur voie provisoire.

Exécution des tranchées par *entonnoirs*. — Remblais. — Passages voûtés sous les remblais. — Leurs conditions de stabilité pendant la période de tassement du remblai.

Souterrains, méthodes diverses. — Puits. — Durée de l'exécution.

Traversée de grandes chaînes. — Mesures prises pour assurer le raccordement des deux chantiers. — Exemples : mont Cenis, Saint-Gothard. — Opérations géodésiques nécessaires pour le second surtout. — Compression de l'air. — Perforateurs. — Vitesse de l'avancement. — Ventilation.

VOIE DE FER.

28e Leçon.

Règlement du profil en travers. — Piquetage d'axe de la voie. — Pose de la voie. — Pose provisoire. — Vérification de la pose. — Jeu à ménager entre les bouts des rails.

Examen et discussion des éléments de la voie.

Rails sur traverses avec coussinets : leur section dérive du double T.

Surface de roulement. — Bombement. — Ses motifs.

Base. — Champignons symétriques. — Retournement sens dessus dessous. — Motifs qui limitent ce retournement.

Causes du martelage du rail à coussinets.

Rails à champignons inégaux. — Vices de cette forme.

Coussinets, intermédiaires, de joint. — Le coussinet donne l'inclinaison au rail. — L'inclinaison résulte de la conicité des bandages. — Utilité d'une faible conicité au point de vue du parcours en alignement droit.

Coins. — Sens de la position des coins relativement au sens de la marche des trains sur les chemins à deux voies.

Entraînement des rails. — Ses causes. — Influence des joints non éclissés, des pentes et des rampes, des courbes, des freins, de la vitesse.

Chevilles.

Traverses intermédiaires, de joint; section; longueur; traverses équarries, demi-rondes, triangulaires.

Sabotage. — Il fixe la largeur de la voie. — Discussion à ce sujet. — Enquête anglaise sur les largeurs de voie. — Exemples : voie Brunel; chemins russes, espagnols; ancienne voie badoise. — Emploi d'un troisième rail.

Gabarit de sabotage.

Intervalles des traverses. — Inégale répartition des appuis.

Ballast. — Conditions qu'il doit remplir. — Leur importance. — Cube par mètre courant de chemins à une et à deux voies.

Rail Vignole ou américain. — Avantages de cette forme comparativement au rail à coussinets.

Inutilité des plaques métalliques entre le rail et la traverse (ailleurs qu'au joint non éclissé). — Rapport de la hauteur à la largeur de la base. — Stabilité. — Attaches du rail. — Crampons. — Tire-fonds. — Préférence donnée à ceux-ci.

Rail en ∩ ou Brunel. — Inconvénient capital de cette forme.

Discussion de la pose sur longrines. — Exemples : Great-Western, anciennes voies de Bayonne, d'Auteuil, du Dauphiné, etc.

29ᵉ Leçon.

Consolidation des joints. — Insuffisance du coin de joint dans la voie à coussinets. — Éclisses. — Leur mode d'action. — Les boulons ne doivent travailler que par traction. — Éclisses à quatre et à trois boulons. — Rail entaillé du réseau central d'Orléans. — Joint en porte-à-faux ou *suspendu*. — Comparaison.

Calcul de l'effort moléculaire maximum développé dans le rail, dans l'éclisse, et de la tension du boulon. — Quadrature des profils de rails. — Éclissage sur un appui, ou en porte-à-faux, dans la voie à coussinets.

Inutilité de la plaque de joint dans la voie Vignole éclissée, si ce n'est dans les courbes.

Consolidation des joints dans les voies à rail à champignon trop aigu pour admettre l'éclisse proprement dite. — *Coussinets-éclisses.* — Exemples : chemins de Lyon, de Paris à Mulhouse.

30ᵉ Leçon.

Points singuliers de la voie.

1° *Passages à niveau.* — Contre-rails. — Barrières. — Dispositions diverses. Barrières : 1° tenues constamment fermées, et ouvertes à la demande de la circulation transversale; 2° tenues constamment ouvertes, et fermées avant le passage des trains. — Comparaison.

Barrières manœuvrées à distance.

2° *Traversée des voies navigables* à une très-petite hauteur au-dessus du plan d'eau. — Ponts tournants. — Exemples.

3° *Traversées de voies.* — Disposition d'une traversée complète. — Pointes. — Pattes de lièvre. — Lacunes. — Minimum de la largeur des jantes.

4° *Changement de voie.* — Tracé. — Longueur du changement. — Angle du croisement.

Pointes en fer, en fonte, en acier.

Systèmes divers : à rails mobiles, à contre-rails mobiles, à aiguilles. — Longueur théorique. — Longueur réelle des aiguilles. — Sens des raccordements relativement au sens de la marche des trains sur les chemins à deux voies. — Voies de garage. — Danger des aiguilles en pointe. — Aiguilles faites à l'anglaise. — Changement à aiguilles inégales. — Inconvénients.

Moyens de protéger la pointe de l'aiguille de déviation.

Changement à trois voies.

Changement de Wharton.

Manœuvre des aiguilles. — Levier à contre-poids. — Contre-poids calé sur l'arbre. — Contre-poids mobile. — Le type mixte rendu, à volonté, fixe ou mobile, doit être préféré.

31ᵉ Leçon.

Plaques tournantes. — Chariots pour passer d'une voie sur une voie parallèle.

Plaques pour machines. — Plaques pour machine et tender. — Plaques suspendues sur le pivot. — Excès de longueur qu'elles exigent.

Dimensions réglementaires de la plate-forme.

Voie. — Nécessité d'une uniformité absolue.

Entre-voie. — Accotement.

Exemples de profils en travers : en tranchée, en remblai, en souterrain.

Asséchement de la voie.

Fossés. — Leurs dimensions. — Murettes. — Rigole dans les souterrains. — *Talus.* — Drainage. — Procédé de M. de Sazilly pour les affleurements argileux.

Asséchement des masses argileuses. — Exemples.
Assainissement des remblais. — Exemples.

MATÉRIEL DE TRANSPORT.

32ᵉ Leçon.

Caractères généraux. — Leur discussion.
Nombre des essieux.
Parallélisme des essieux.
Solidarité des roues et des essieux.
Mentonnets des roues. — Pourquoi ils sont placés à l'intérieur.
Conicité des bandages.
Application de la charge en dehors des roues.
Position des roues sous la plate-forme des véhicules.

Matériel à voyageurs. — *Voitures considérées isolément.*

Châssis. — Importance de ses fonctions. — Emploi partiel ou total du fer. — Ressorts de suspension. — Menottes.

Essieux. — Forme. — Travail du fer dans les essieux. — Ruptures cachées dans le moyeu. — Un profil rationnel les évite presque à coup sûr. — Dangers que peuvent entraîner les wagons de petite vitesse compris dans les trains de voyageurs.

Roues. — Moyeux en fonte avec rais en fer mandriné. — Faux-cercles. — Moyeux et rais en fer forgé.

Bandages. — Profil.

Boîtes à graisse. — Coussinets. — Graissage à la graisse.

Boîtes à huile. — Systèmes divers.

Boîtes à galets.

Plaques de garde. — Intervalle des essieux. — Influence de cet élément sur la stabilité des voitures à grande vitesse.

Voitures à six roues. — Exemples. — Inconvénients.

Caisses. — Remarques sur les distributions intérieures. — Système à couloir longitudinal, usité aux États-Unis. — Motifs tout spéciaux de l'adoption de cette disposition au delà de l'Océan. —

Distribution considérée au point de vue : 1° des attentats contre les personnes; 2° des conséquences des accidents de matériel (feu dans un compartiment; rupture d'essieu, de roue, de ressort).

Voitures à deux étages pour les petits parcours.

33e Leçon.

Appareils de choc et de traction. — Réaction des véhicules entre eux : 1° au démarrage; 2° à l'arrêt.

Nécessité d'intermédiaires élastiques, surtout pour la traction. — Systèmes divers.

Matériel à voyageurs. — Mode ordinaire, à deux grands ressorts de choc et de traction, à deux tampons et à tendeurs à vis.

Système à ressorts distincts pour la traction et pour le choc, du matériel d'Orléans.

Attelage avec pression des tampons. — Son utilité.

Chaînes de sûreté. — Dangers que présentent les chaînes latérales. — Chaîne unique, suivant l'axe, recommandée pour les chemins de fer d'Allemagne.

Poids des voitures. — Garanties de sécurité que les grands véhicules présentent, à grande vitesse, par suite de leur masse considérable. — Voitures mixtes avec compartiments de première classe occupant la région centrale; exemple : nouvelles voitures du *Midland*.

Matériel à marchandises. — Remarques sur la nécessité de ne pas trop multiplier les types spéciaux.

Trois grandes classes : 1° wagons plats; 2° wagons à hausses de 1 mètre environ; 3° wagons fermés.

Wagons spéciaux : wagons à bestiaux, à lait. — Wagons accouplés pour les bois. — Wagons de service (coke, ballast).

Châssis.

Ressorts à menottes ou à patins. — Boîtes à graisse.

Roues montées, ordinairement les mêmes que celles du matériel à voyageurs.

Appareils de choc et de traction.

Systèmes divers. — Ressorts à feuilles d'acier. — Rondelles en caoutchouc. — Ressorts en spirale conique. — Liége.

RÉSISTANCE AU MOUVEMENT DES TRAINS REMORQUÉS EN ALIGNEMENT DROIT.

Deux méthodes générales : 1° *évaluation individuelle de chacune des résistances;* 2° *mesure en bloc de la résistance totale.*

1re méthode.

Trois résistances : 1° frottement de la fusée; 2° résistance à la jante; 3° résistance de l'air.

1° *Frottement de la fusée.* — Grande exagération de la valeur : $f = 0,05$, généralement admise.

34e Leçon.

2° *Résistance à la jante.* — Mode de détermination de M. Wood.

3° *Résistance de l'air.*— Ses lois; influence des surfaces masquées.

Formule donnant le coefficient de la résistance totale.

2e méthode.

On peut procéder :

1° Par l'observation du mouvement uniforme sur une pente.

2° Par l'observation du mouvement varié, d'abord accéléré, puis retardé;

3° Par le dynamomètre totaliseur, placé entre le moteur et le train.

Pourquoi l'application du premier mode est très-restreinte.

Application du deuxième mode par M. de Pambour.

Troisième mode, le plus usité :

Expériences faites sur les chemins de fer de Lyon et de l'Est; valeur trouvée sur ces lignes pour la résistance des diverses classes de trains.

Formules empiriques. — Formule de M. Hardinge, usitée en Angleterre. — Formules partielles de l'Est français.

DES COURBES.

35ᵉ Leçon.

Surcroît de résistance à la traction en courbe, du matériel rigide.

1° Conditions, pour une paire de roues, du mouvement *libre*.

Rayon de la courbe que peut parcourir *librement* une paire de roues ayant la conicité et le jeu de la voie donnés en vue du parcours en alignement droit. — Vitesse à laquelle ce parcours libre peut s'effectuer, par suite de la force centripète due à cette conicité.

Insuffisance de cette courbure et de cette vitesse.

Accroissement de la conicité et du jeu de la voie, autant que le permet la largeur des jantes.

Destruction de la force centrifuge due à une vitesse beaucoup plus grande, par la surélévation du rail extérieur; répartition de cette surélévation. — Courbe rationnelle, substituée à l'arc de cercle aux deux extrémités de la courbe de raccordement des alignements.

2° *Système de deux essieux.* — Convergence. — Jeu des boîtes à graisse dans les plaques de garde.

3° *Véhicules à trois essieux ou plus.* — Jeu de l'essieu intermédiaire dans le sens de sa longueur, pour racheter la flèche.

Rayon de la courbe qu'un wagon ordinaire peut parcourir, avec ces dispositions appliquées dans des limites qui ne nuisent pas à l'allure en alignement droit.

Solutions applicables aux courbes plus roides :

1° *Matériel américain.* — Son principe.

2° *Matériel articulé de M. Arnoux.* — Principe. — Description.

3° *Procédé de M. Laignel*, incomplet et d'une application très-restreinte.

4° *Boîtes à graisse à faces latérales obliques de M. Riener.*

TRACTION PAR LOCOMOTIVE.

36ᵉ Leçon.

Locomotive considérée comme véhicule. — Comment le mouvement de translation du train résulte du mouvement de rotation des roues motrices. — Adhérence. — Relations qui existent, toutes choses égales d'ailleurs, entre la vitesse à laquelle une machine doit fonctionner et son poids adhérent, d'une part, le diamètre de ses roues motrices, de l'autre.

1° *Machines à grande vitesse.*
2° *Machines à petite vitesse.*
3° *Machines mixtes.*

Valeur numérique de l'adhérence. — Limites entre lesquelles elle varie. — Influence des conditions atmosphériques. — Influence de la vitesse.

Moyen d'utiliser l'adhérence de plusieurs paires de roues. — Accouplement. — Utilité de charger à peu près également les roues accouplées.

Moyen d'augmenter le coefficient de l'adhérence. — Boîtes à sable.

Répartition du poids de la machine entre ses essieux.

Machines à quatre roues.

Machines à six roues. — Comment on a été conduit à ajouter un troisième essieu.

Limites entre lesquelles peut varier la charge sur rails pour chacune des trois paires de roues, la vapeur n'agissant pas sur les pistons.

Moyen de faire varier à volonté cette charge entre les limites dont il s'agit. — Ressorts. — Position du centre de gravité du poids suspendu. — Équation de condition pour l'égalité possible des charges sur les trois essieux.

Machines à huit roues.

Machines à douze roues, aujourd'hui abandonnées, du chemin

de fer du Nord français. — Inconvénients de l'accouplement solidaire d'un grand nombre de roues. — Division de l'appareil moteur en deux groupes indépendants. — Machine à dix roues solidaires, du chemin d'Orléans.

Machines de M. Engerth. — Transformation de ces machines sur le chemin de l'Est français, et ensuite au Semering.

Système de la machine Steïerdorf du chemin de fer autrichien.

Nécessité de limiter la charge par essieu, au double point de vue de la durée des rails et de celle des bandages.

Influence de la pression de la vapeur sur les pistons, sur la répartition du poids de la machine entre ses essieux.

Expression des limites entre lesquelles peut alors varier le contingent de chaque paire de roues.

Loi des vitesses des pistons, le mouvement de rotation de l'essieu moteur étant uniforme.

DESCRIPTION DE LA MACHINE PROPREMENT DITE.

1° PRODUCTION DE LA VAPEUR.

Chaudière. — *Enveloppe extérieure.* — Boîte à feu. — Corps cylindrique. — Boîte à fumée. — Cheminée.

Système intérieur. — Foyer. — Tubes. — Mode d'assemblage. — Foyer à bouilleur longitudinal ou transversal. — Grille. — Surface de chauffe directe, indirecte. — Proportions. — La surface de la grille donne, mieux que tout autre élément, la mesure de la puissance d'une locomotive.

Chaudières pour l'emploi des combustibles crus. — Chaudières Mac Connel. — Foyers fumivores. — Disposition de MM. Tembrinck et Bonnet. — Appareils de M. Clarke, de M. Thierry.

Armatures des faces planes. — Entretoises de foyer perforées.

Appareils de sûreté. — Desserrage des soupapes en stationnement. — Bouchon de plomb.

Tirage. — Échappement fixe, variable. — Loi de Zeuner.

Entraînement de l'eau. — On a exagéré ses inconvénients. — Souvent confondu avec la condensation pendant l'admission. — Moyen de l'atténuer.

Alimentation. — Pompes. — Petit cheval. — Injecteur Giffard.

Échauffement préalable de l'eau alimentaire. — Motifs qui ont empêché d'abord l'injecteur Giffard de se répandre sur les chemins de fer allemands. — Puissance de vaporisation : 1° du foyer; 2° des tubes; 3° moyenne de l'unité de surface de chauffe totale. — Vaporisation par unité de poids de combustible. — Emploi de la tourbe en Bavière; cheminée de M. Klein.

2° EMPLOI DE LA VAPEUR.

37e Leçon.

Toujours deux cylindres, ayant leur axe placé aussi près que possible de la roue motrice correspondante. — Motifs. — Influence de l'effort de traction sur la répartition de la charge entre les essieux.

Distribution. — Pourquoi la distribution à tiroirs est seule en usage dans les locomotives.

Avances. — Avance linéaire du tiroir. — Avance angulaire correspondante de l'excentrique. — Positive ou négative, suivant que la transmission est directe ou indirecte.

Recouvrement extérieur, pour concilier deux avances très-différentes à l'admission et à l'échappement. — Conséquence importante de ce recouvrement : 1° détente sur la face motrice du piston; 2° compression sur la face opposée ou résistante.

Tentatives faites pour obtenir une plus grande détente, au moyen d'un grand recouvrement extérieur donné.

Conséquence : recouvrement intérieur pour réduire l'avance à l'échappement, devenue alors excessive.

Motifs qui ont fait renoncer à cette disposition. — 1° Conditions du démarrage dans toutes les positions des manivelles. — 2° Influence de l'air qui se comprime en avant des pistons, quand on marche avec le régulateur fermé.

Changement de marche. — Sens dans lequel s'opère la rotation de l'essieu, suivant que le rayon de l'excentrique est calé au-dessus ou au-dessous de la manivelle, le piston étant à l'origine de sa course. — Énoncé général.

Dans la distribution avec avances, il faut deux excentriques pour chaque tiroir.

38ᵉ Leçon.

Système à barres d'excentrique indépendantes (Sharp).

Système à barres reliées par une coulisse convexe vers l'essieu moteur (Stephenson).

Système à barres reliées par une coulisse concave vers l'essieu moteur (Gooch).

Table des lumières. — Rapport de leur section à celle du cylindre.

Course du tiroir. — Ouverture des lumières, incomplète pour l'admission, mais totale pour l'échappement.

Détente variable. — Conditions de la marche économique d'une locomotive. — Pression constante dans la chaudière; période d'admission proportionnée au travail, très-variable, à produire.

1° *Détente variable par un seul tiroir.*

Principes : 1ᵉʳ *mode.* — Barres d'excentrique indépendantes. — Influence sur les avances.

2ᵉ *mode.* — Barres reliées par la coulisse de Stephenson. — Axe d'oscillation du tiroir. — Rayon de la coulisse. — Barres droites. — Barres croisées. — Influence contraire de ces deux dispositions sur les avances. — Barres reliées par la coulisse de Gooch. — Avances constantes. — Moyen d'avoir des avances à peu près constantes avec une coulisse rectiligne; mécanisme d'Allan et de Trick.

Remarque sur la nécessité de rendre au tiroir la course maxima, dès qu'on marche avec le régulateur fermé, pour éviter les effets de la compression de l'air.

Inconvénient de la détente produite par le tiroir de distribution; étranglement des lumières; laminage de la vapeur.

Détente variable par un tiroir spécial. — On peut faire varier, dans le tiroir de détente, 1° sa largeur, 2° sa course.

1ᵉʳ mode. — Détente de M. Meyer.

2ᵉ mode. — Détente de M. Gonzenbach. — Inconvénient des systèmes qui, comme celui-ci, divisent la boîte à tiroir en deux compartiments. — Détente de M. Polonceau.

Discussion graphique des distributions précédentes. — Admission, détente, échappement anticipé sur la face motrice. — Échappement libre. — Compression, contre-vapeur sur la face résistante. — Tracé polaire de Zeuner, souvent insuffisant pour les locomotives, parce qu'il suppose les bielles infinies. — Tracé de la *courbe en œuf,* qui tient compte des obliquités.

39ᵉ Leçon.

Examen des principaux types de machines. — 1° Caractères principaux.

Cylindres extérieurs ou intérieurs, relativement aux roues motrices.

Châssis intérieur, extérieur ou mixte.

Roues motrices au milieu, à l'arrière, derrière la chaudière.

Machines à voyageurs.

Machine Sharp et Robert.

Machine *new patented* de Stephenson.

Machines ordinaires à voyageurs (Lyon, Est, Nord).

Machines Buddicom.

Machine Crampton. — Pourquoi elle est abandonnée aujourd'hui.

Machines à marchandises à 4, 6, 8, 10 et 12 roues couplées.

Détails sur les principaux organes des machines. — Cylindres. — Pistons. — Pistons suédois. — Bielles motrices. — Poulies d'excentrique. — Colliers. — Barres. — Coulisses. — Tiroirs.

Essieux droits et coudés pour châssis intérieur et pour châssis extérieur. — Essieu coudé, système Martin, du chemin de fer de l'Ouest. — Longerons.

Ressorts de suspension. — Calcul d'un ressort à feuilles étagées, étant donnés : la flexibilité, la charge de rectification et l'effort moléculaire sous cette charge.

Ressorts transversaux.

Balanciers. — Leur utilité.

Boîtes à huile pour châssis intérieur et extérieur. — Coussinets. — Plaques de garde. — Cales pour régler le serrage.

Roues.

Fabrication des roues en fer forgé.

Roues de M. Arbel. — Roues de MM. Brunon.

Bandages en fer, en acier puddlé, en acier fondu.

Locomotives considérées au point de vue des courbes. — 1° Machines à véhicule flexible et à adhérence partielle. — Train Bissel à un et à deux essieux. — Train à un seul essieu à cheville médiane, de M. Novotny. — Combinaison de l'articulation américaine et de l'articulation de Bissel. — Difficulté spéciale, résultant de l'existence presque constante de fortes pentes sur les chemins de fer à courbes de petit rayon.

Dès lors, nécessité d'un grand effort de traction, d'un grand poids adhérent, et par suite de l'accouplement. — Tentatives faites pour transmettre le mouvement de rotation d'un groupe d'essieu à un autre sans empêcher leur déplacement angulaire relatif; engrenages de Norris et de M. Engerth. — Leur insuccès.

Conditions de la flèche à racheter, heureusement plus importantes que celle de la convergence des essieux. — Osselets. — Plans inclinés. — Ressort de M. Caillet. — Balanciers de M. Beugniot. — Comparaison entre une machine unique très-puissante et deux machines de puissance moitié moindre, à faible empatement.

EFFORTS ET MOUVEMENTS PARASITES DUS A L'INERTIE DES PIÈCES DU MÉCANISME ANIMÉES DE MOUVEMENTS RELATIFS.

Théorie de ces perturbations, déduite du principe de l'invariable du centre de gravité dans un système soumis à des actions intérieures. — Mouvement de recul. — Mouvement de lacet. — Roulis. — Galop.

Contre-poids. — Expériences de M. Nollau. — Impossibilité de concilier avec des contre-poids tournants l'équilibre horizontal et l'équilibre vertical.

Déraillements de roues motrices, causés par des contre-poids exagérés.

Application des contre-poids aux machines à roues couplées. — Contre-poids très-considérable qu'exigent alors les machines à cylindres extérieurs, même pour l'équilibre vertical seulement. — Machines à cylindres intérieurs. — Le contre-poids peut être nul ou inverse. — Mais le lacet subsiste, quoique le recul soit annulé. — Règles pratiques admises pour l'application des contre-poids.

Accouplement à manivelles concordantes, appliqué aux machines à cylindres intérieurs du Soth-Coast et de l'Ouest. — Motifs. — Autres moyens qui concourent avec les contre-poids à la suppression des perturbations. — Grand empatement de la machine. — Essieux extrêmes bien chargés. — Solidarité de la machine avec le tender.

Tender. — Capacité. — Poids. — Attelage. — Trémie. — Position des ressorts.

Raccordement. — Systèmes divers. — Tender embarquant l'eau en marche. — Machines-tenders.

TRACTION EN RAMPES.

40ᵉ Leçon.

Effet utile de plus en plus faible de la locomotive, quand l'inclinaison des rampes croît, par suite de l'influence de son poids.

— C'est en cela que consiste généralement l'impuissance des machines sur les fortes rampes, et non dans le défaut d'adhérence, qui, à vitesse égale, ne manque pas plus que sur les rampes très-faibles ou sur niveau. — Cas dans lesquels c'est l'adhérence qui peut manquer sur les rampes : 1° conditions atmosphériques habituellement mauvaises; 2° vitesse admise notablement plus faible que celle des trains lents sur niveau. — Limite d'inclinaison à partir de laquelle il convient de renoncer à la locomotive ordinaire.

Locomotive à adhérence supplémentaire, indépendante du poids. — Rail central. — Système Fell appliqué au mont Cenis. — Défauts de ce système.

Locomotive avec point d'appui remplaçant l'adhérence. — Crémaillère du Rigi. — Ce mode n'a de raison d'être que pour de très-faibles vitesses. — Jusqu'à quel point la machine à crémaillère peut-elle être, à travail égal, plus légère que la machine à adhérence? — Projet, abandonné, d'application de ce mode aux lignes d'accès du grand souterrain du Saint-Gothard.

Traction par machines fixes. — Câble à un bout, à deux bouts et sans fin. — Description des plans inclinés de Liége, de la Croix-Rousse, de Bude.

Inconvénient. — Nécessité presque absolue d'alignement droit en plan, et, par suite, de travaux d'art et de terrassements considérables.

Résistances inhérentes au câble.

Perfectionnements introduits par M. Agudio, caractérisés :
1° Par l'action motrice du brin descendant du câble sans fin;
2° Par sa vitesse de translation, plus grande que celle du train.

Détails succincts sur le système atmosphérique. — Théorie. —
1° Travail emmagasiné (raréfaction). — 2° Travail dépensé à mesure qu'il se produit (épuisement).

Motifs de l'abandon de ce système en Angleterre et en France.

MOYENS D'ARRÊT.

1° Action des résistances passives, le moteur suspendant son action.

2° Renversement de la distribution dans la locomotive.

Substitution de la vis au levier ordinaire de changement de marche.

Elle permet de renverser la marche, les tiroirs étant en pression. — Cause de la difficulté que présente souvent le renversement de la vapeur au moyen du levier. — Nécessité de fermer le régulateur. — Perte de temps.

Application prolongée de la contre-vapeur. — Inconvénients et danger qu'elle présente. — Moyen de les éliminer. — Procédé du Nord de l'Espagne. — Injection de vapeur et d'eau, en proportions variables à volonté, dans l'échappement.

Le milieu de la coulisse est considéré à tort comme le point mort ou de l'effort nul sur les pistons. — Expériences sur des machines à distribution Gooth. — En passant en marche directe de la marche avant à la marche arrière, le travail reste positif ou moteur pour une étendue assez grande de l'échelle. — Faible effet de la contre-vapeur lorsqu'on l'applique en marche à grande vitesse.

Nécessité de développer par d'autres moyens un travail résistant.

Principe. — Pression exercée sur des corps frottant soit sur les rails, soit sur les parties des véhicules animées de mouvements relatifs, c'est-à-dire sur les roues. — Calage. — Limite que la pression sur les jantes ne doit pas dépasser, ni même atteindre. — Utilité de l'application d'un frein proprement dit aux locomotives elles-mêmes (en dehors des locomotives-tenders, qui en sont nécessairement pourvues).

Freins agissant sur les rails. — Frein Laignel. — Frein Didier. — Frein à vapeur.

COURS DE CONSTRUCTION.

Freins agissant sur les jantes.

Freins à sabots suspendus aux caisses; ils paralysent les ressorts de suspension.

Freins à entretoises.

Manœuvre des freins, à leviers, à vis. — Freins dits à entraînement.

Freins à transmission. — Exemple. — Système Newall.

Freins automoteurs. — Avantage. — Mis en action par le mécanicien lui-même.

Frein Guérin agissant par la rentrée des tampons. — Comment ce mode d'action se concilie avec la faculté de refouler.

Utilité des boîtes à sable appliquées aux locomotives en vue de l'adhérence, pour l'efficacité des freins.

Nécessité d'un type de frein servant à la fois pour les arrêts ordinaires et pour les arrêts imprévus. — Idée fausse d'un frein spécial dit de détresse, servant seulement en cas de danger.

Nouveaux freins à transmission de M. Westinghouse (air comprimé), de M. Smith (air raréfié), de M. Achard (nouveau type, courants électriques). — Conditions admises par la Commission royale anglaise.

EXPLOITATION TECHNIQUE.

41e Leçon.

Mesures de sûreté et entretien de la voie.

Surveillance de la voie. — Gardes-lignes. — Équipes d'entretien. — Femmes gardes-barrières. — Gardes de nuit. — Effectif total de ce personnel par kilomètre. — Taquets d'arrêt sur les voies de garage.

Formation des trains. — Dispositions réglementaires. — Trains de voyageurs : — omnibus, — mixtes. — Nombre de freins, dépendant du profil. — Exemples.

Wagons visités dès l'arrivée.

Double traction. — Attelage de la deuxième machine en queue sur les chemins à fortes rampes. — Véritable garantie contre les marches en dérive par suite de ruptures d'attelage.

Signaux destinés à assurer la marche des trains.

1° *Chemins à deux voies.*

Principe général. — Voix libre ou couverte par un signal. — Ce signal doit indiquer l'obstacle à une distance suffisante pour arrêter avant de l'atteindre.

Signaux des agents de la voie aux agents des trains : Voie libre: — Ralentissement; — Arrêt. — Signaux diurnes. — Signaux nocturnes.

Signaux des points dangereux. — 1° *Stations*, l'arrêt des trains ou les manœuvres y formant des obstacles continuels à la circulation. — 2° *Courbes*, le mécanicien ne pouvant voir lui-même si la voie est libre. — 3° *Bifurcations.* — Points couverts par des signaux à demeure, visibles de loin.

Deux systèmes de signaux fixes. — 1° Sémaphores, placés près du point à couvrir, mais très-élevés. — 2° Signaux-disques, peu élevés, mais placés en avant du point à couvrir et manœuvrés à distance.

Disposition de ces signaux, dont l'emploi est général en France. — Manœuvre en courbe. — Fils de transmission à dilatation libre.

Moyen de contrôler la position du disque, quand il n'est pas visible de la station. — Trembleuse mue par un courant qui ne passe que quand le disque est à fond de course à l'arrêt. — Moyen de s'assurer pendant la nuit que le feu, invisible de la station, n'est pas éteint.

42e Leçon.

Signaux des poseurs. — *Pilotage.* — *Signaux des trains.*

Train en détresse. — Doit immédiatement se couvrir à l'arrière, à la distance réglementaire. — Signaux détonants. — Leur utilité, surtout en temps de brouillard.

COURS DE CONSTRUCTION. 175

Train ralenti. — Obligation du conducteur de queue.

Causes les plus habituelles des collisions.

Signaux sur les trains.

1° Signaux du mécanicien aux conducteurs. — Sifflet de la machine.

2° Signaux des conducteurs au mécanicien. — Imperfection actuelle de cette communication. — Timbre du tender. — Les signaux des conducteurs au mécanicien n'arrivent souvent que par l'intermédiaire des gardes-lignes.

Signaux des changements de voie.

2° *Chemins à une voie.*

Condition spéciale. — Rendre impossibles les rencontres de trains de sens contraires (quant aux trains de même sens, mêmes règles que pour les chemins à deux voies). — Nécessité d'un mode de communication parfaitement sûr et prompt, de station à station. — Ancienne télégraphie optique des chemins allemands. — Télégraphie électrique. — Dépêches à échanger.

Expédition des trains extraordinaires. — Trois catégories. — 1° Annoncé par un ordre de service notifié à tout le personnel, y compris celui de la voie. — 2° Annoncé seulement par le train précédent. — 3° Annoncé télégraphiquement aux stations seulement.

Service de secours.

Machines de réserve. — Leur répartition suivant le profil et l'activité du trafic. — Départ de la machine de secours : 1° sur retard; 2° sur demande du train en détresse. — Demande de secours en avant ou en arrière. — Cas où le secours peut venir à contre-voie, sur les chemins à deux voies.

APPLICATION DE LA TÉLÉGRAPHIE ÉLECTRIQUE AUX CHEMINS DE FER.

Production du courant. — Courants d'induction. — Pourquoi ils ont été abandonnés.

Piles. — Pile de Bunsen. — Ses inconvénients. — Pile de Daniel.

Transmission du courant. — Fer. — Galvanisation. — Diamètre — Tension. — Supports isolants. — Tendeurs. — Poteaux. — Espacement. — Poteaux métalliques employés en Allemagne et en Suisse.

Disposition des fils dans les souterrains.

Paratonnerres.

Transmission des signaux. — Appareil à cadran des chemins de fer français. — Manipulateur. — Récepteur. — Sonneries d'avertissement. — Disposition complète d'un poste télégraphique intermédiaire. — Télégraphe de Morse.

Usages de la télégraphie électrique.

Annonce des trains extraordinaires aux stations.

Annonce des trains aux gardes-barrières. — Exemples.

Sonnerie des gardes-lignes, en usage sur plusieurs chemins de fer allemands.

Maintien de la distance entre les trains de même sens au moyen de postes télégraphiques, un seul train étant compris entre deux postes voisins. — Block system. — Deux variétés : *absolute, permissive.* — Exemple : appareil Tyer. — Signaux sémaphoriques directs, de M. Lartigues, sur le Nord français.

Application du même principe aux longs souterrains sur les chemins de fer de l'Est, de la Méditerranée.

Demande de secours. — Essai de la mise en rapport direct du train en détresse avec le fil de la voie.

Annonce préalable des trains sur les chemins à une voie.

Déplacement des croisements, et réduction des perturbations causées par les retards des trains.

Usage de la télégraphie pour annoncer à l'aval l'arrivée d'une portion de train partie en dérive sur une pente, et qu'on n'a pu arrêter. — Exemples.

Essais d'application des courants à la communication entre les conducteurs, à la manœuvre des freins et à celle des disques mis à l'arrêt et effacés par les trains eux-mêmes.

Roues pleines du tender, pour atténuer la projection des fragments incandescents.

Limite de la vitesse : elle n'a rien d'absolu. — Indicateur des vitesses.

Stations et gares.

Gares extrêmes.

Gares intermédiaires.

43e Leçon.

Stations de rebroussement. — Application des rebroussements à la traversée des montagnes. — Exemples.

Gares de bifurcation. — Dispositions diverses. — Nécessité presque absolue d'un palier assez long à toutes les stations de quelque importance.

Gares de voyageurs. — Consistance. — Quais de départ et d'arrivée. — Manœuvres au départ et à l'arrivée des trains. — Entrée des trains. — 1° Machines en tête. — 2° Machines en queue. — Cas des trains de banlieue.

Dispositions spéciales du bâtiment des voyageurs. — Exemples : gare de la rive droite à Versailles; — gare de Saumur; — gares du chemin d'Auteuil. — Remises de voitures. — Chariots de remise.

Dépôts des machines. — Grues hydrauliques. — Réservoirs. — Appareil à enlever les roues. — Bascule pour le règlement des ressorts de suspension. — Réservoirs. — Fosses à piquer le feu. — Moyens de nettoyage. — Petites réparations.

Gares de marchandises. — Consistance. — Largeur relative des quais de départ et d'arrivée. — Gares. — Entrepôts.

Règle générale. — Entrée des trains par refoulement. — Motifs de cette règle. — Dérogations. — Formation et décomposition des trains. — Voies reliées aux voies principales : 1° par changements de voie; 2° par plaques tournantes. — Exemples de cette dernière disposition. — Ses conséquences onéreuses.

Emploi des grues Armstrong dans les gares anglaises. — Exemples.

Gares de triage. — Importance de cet instrument d'exploitation.

EXPLOITATION CONSIDÉRÉE SOUS LE RAPPORT ÉCONOMIQUE.

DÉPENSES.

Rails. — Causes de leur détérioration. — Ils ne s'oxydent pas. — En fer, ils se désorganisent sans s'user. — En acier, ils s'usent. — Durée. — Fabrication des rails. — Conditions des cahiers des charges. — Réception. — Garantie. — Prix. — Dépense annuelle kilométrique.

Traverses. — Destruction à peu près indépendante de l'activité du trafic.

Durée du chêne sans préparation.

Durée des autres essences sans préparation.

Dépense annuelle du renouvellement des traverses.

Préparation. — Réactifs divers. — Mode d'application. — Le cœur n'est pénétré par aucun réactif, si ce n'est tout au plus la créosote.

44e Leçon.

Matériel roulant. — Voitures à voyageurs. — Nombre et prix par kilomètre. — Exemple.

Wagons à marchandises. — Nombre et prix par kilomètre. — Exemple.

Locomotives. — Nombre et prix par kilomètre. — Exemple.

Principales divisions du coût total kilométrique de l'établissement de chemins de fer. — Exemples.

Analyse des principaux éléments du coût du *train-kilomètre*. — Traction.

Entretien des machines. — Coût kilométrique. — Exemples. — Parcours annuel des machines; leur parcours total.

Tubes. — Classement par séries. — Raboutissage. — Tubes en fer. — Foyers.

Combustible. — Dépense kilométrique. — Exemples. — Effet utile de la locomotive, déduit des consommations de la machine remorquant un train et de la machine se remorquant seule à la même vitesse.

Eau. — Importance de sa bonne qualité. — Influence des dépôts adhérents. — Essais hydrotimétriques. — Prise d'eau en rivière. — Dépense kilométrique.

Graisse et huile.

Personnel.

Bandages. — Leur parcours total.

Essieux. — Essieux coudés. — Parcours total.

Coût total de la traction du train-kilomètre.

Coût total du train-kilomètre.

Coût du voyageur-kilomètre.

Coût de la tonne-kilomètre.

RECETTES.

Tarifs : 1° *de voyageurs*, perçus généralement pleins.

2° *De marchandises*. — Maxima réglementaires. — Classification. — Délais d'expédition et de livraison. — Classification des compagnies françaises.

Tarifs d'application. — 1° *Généraux*.

2° *Spéciaux*. — Exemples. — Réductions suivant certaines directions ou suivant un sens déterminé; motivées surtout par la concurrence des voies navigables et par l'inégalité du trafic dans les deux sens.

Wagons pleins. — Train complet. — Délais allongés.
Tarifs différentiels. — Ce qui les motive.
3° *Tarifs communs.*
4° *Tarifs internationaux.*
Exemples de recette brute kilométrique.

CONDITIONS FINANCIÈRES DE L'EXÉCUTION DES CHEMINS DE FER.

Subvention de l'État. — Sa nécessité dans beaucoup de cas, résultant de la comparaison du coût total d'établissement, de la recette brute kilométrique et du tant pour cent de la dépense d'exploitation.

Formes diverses de la subvention. — Loi du 12 juin 1842. — Révisions successives des conventions entre l'État et les compagnies.

COURS D'AGRICULTURE.

M. Delesse, ingénieur en chef des mines, professeur.

PRÉLIMINAIRES.

1ʳᵉ Leçon.

Cadre d'un cours d'agriculture. — 1° Agrologie. — 2° Phytotechnie. — 3° Zootechnie. — 4° Économie agricole. — Point de vue spécial auquel le cours doit être fait à l'École des mines.

Géologie agronomique.

Exemples de questions agricoles pour la solution desquelles il est utile de posséder les connaissances de l'ingénieur des mines.

Périodes de la civilisation agricole.

Considérations générales sur la France. — Sa production végétale et animale. — Évaluation annuelle du rendement en céréales.

PHYSIOLOGIE VÉGÉTALE.

2ᵉ et 3ᵉ Leçons.

Organisation et fonctions des racines, des tiges, des feuilles, des fleurs, des graines. — Germination des végétaux; leur alimentation par l'air, par l'eau et par la terre végétale.

Composition chimique des plantes. — Éléments organiques et minéraux. — Leur répartition dans les divers organes de la plante. — Leur variation avec son âge et avec la nature du sol.

Produits organiques fournis par les plantes :

Produits fibreux, herbacés, féculents, sucrés, alcooliques, colorants, acides, alcalins, oléagineux, résineux, essentiels, gommeux et mucilagineux.

Poids des éléments organiques et minéraux enlevés sur un hectare, pendant une année, par les principales plantes agricoles. — Résidus laissés dans le sol par les récoltes.

MÉTÉOROLOGIE AGRICOLE.

4e et 5e Leçons.

Air atmosphérique. — Vents. — Humidité. — Quantité d'eau tombée et évaporée. — Lumière. — Électricité atmosphérique. — Orages. — Grêle. — Chaleur. — Climat. — Prévision du temps. — Régions agricoles de la France.

TERRE VÉGÉTALE.

6e et 7e Leçons.

Composition minéralogique et chimique de la terre végétale. — Ses propriétés physiques et agronomiques. — Rôle que remplissent ses différentes parties. — Son origine. — Du sol et du sous-sol. — Classification des terres végétales. — Moyens de corriger leurs défauts. — Terres végétales des régions naturelles de la France.

AMÉLIORATION DES TERRES. — ENGRAIS ET AMENDEMENTS.

8e Leçon.

Engrais végétaux. — Préparation des débris végétaux qui doivent servir d'engrais. — Fumures vertes. — Goëmon et plantes marines. — Tourteaux. — Marcs. — Résidus industriels. — Tourbe.

9e et 10e Leçons.

Engrais animaux. — Parcage. — Fumier ; sa préparation. — Composition des différents fumiers. — Évaluation de la capacité des fosses destinées à le conserver. — Litières : pailles de céréales, genêt, bruyère. — Emploi de la terre comme litière. — Nature et quantité de fumier qui conviennent aux différentes terres

Guano ; sa composition et ses principaux gisements. — Fraudes sur le guano. — Son emploi. — Poulaite. — Colombine.

Engrais humain ; sa richesse. — Procédé de désinfection pour rendre les vidanges inodores. — Utilisation de l'engrais humain dans diverses parties de la France, notamment en Flandre. — Son transport à de grandes distances par chemin de fer. — Engrais liquides ; leur préparation. — Leur distribution par jaillissement ou par le système tubulaire. — Résultats obtenus en Angleterre. — Essais faits par l'administration municipale aux environs de Paris.

Poudrette et engrais composés avec des matières fécales. — Caractères, composition, fabrication et emploi de la poudrette. — Matières diverses employées pour absorber les déjections : tourteaux, chiffons de laine, corne, phosphates, chaux, cendres, charrées, matériaux salpêtrés, suie, plâtre, boghead, tourbe. — Eaux vannes.

Sang et chair musculaire ; transformation du sang en engrais commercial par des procédés chimiques ou physiques. — Utilisation de la chair musculaire dans des composts. — Emploi de la chair en poudre. — Mollusques marins. — Débris de poissons.

Noir animal. — Différentes qualités de cet engrais. — Cultures auxquelles il convient. — Fraudes exercées sur le noir animal. — Son mélange avec la tourbe.

11ᵉ, 12ᵉ et 13ᵉ Leçons.

Engrais minéraux. — Sulfate d'ammoniaque et sels ammoniacaux.

Nitrates ; leur faculté fertilisante ; leur production ; leur diffusion dans la nature. — Nitrate de soude.

Sel marin ; son mode d'action.

Sels de potasse. — Engrais alcalins : sylvine, carnallite, kaïnite. — Sels de Stassfürt.

Cendres; leur composition et leur classification. — Charrées. — Cendres de varech, de tourbe et de houille.

Chaux. — Emploi de la chaux dans l'agriculture. — Procédés de chaulage. — Mode d'action de la chaux; quantité à employer.

Marne. — Mode d'action; quantité à employer. — Marnage avec des calcaires magnésiens et des dolomies.

Tangue. — Distribution de la tangue sur les côtes de France; sa composition; son origine. — Mode d'emploi et d'action. — Sable coquillier, traëz, maërl, sablon calcaire. — Faluns.

Sulfates. — Plâtre et gypse. — Sulfate de fer. — Terres pyriteuses et charbonneuses. — Cendres noires et cendres rouges de Picardie.

Phosphates. — Chaux phosphatée : apatite, phosphorite, nodules, coprolithes, lits à ossements. — Travaux d'Élie de Beaumont sur l'emploi agricole des phosphates. — Fabrication et emploi des superphosphates.

Silicates. — Feldspath, glauconie, argilite, schiste, basalte, diorite, amphibolite, gneiss et granite; roches feldspathiques, néphéliniques et amphigéniques.

Sables ferrugineux. — Minerai de fer des marais.

Engrais mixtes. — Boues des villes. — Composts. — Engrais chimiques.

Amendements. — Épierrement. — Terrage. — Écobuage.

SYSTÈMES DE CULTURE.

14e Leçon.

Assolements; leur théorie. — Assolements suivis dans quelques parties de la France. — Jachère. — Défrichements.

Différents systèmes de culture. — Méthode extensive. — Méthode intensive.

DES EAUX CONSIDÉRÉES AU POINT DE VUE AGRICOLE.

Nappes superficielles. — Nappes souterraines; leur forme, leur relation avec les nappes superficielles et avec les terrains imperméables qui sont à l'intérieur de la terre. — *Cartes géologiques hydrologiques.*

Recherche des eaux.

Composition des eaux. — Eaux de rivières, de sources, de puits. — Leur composition varie avec les terrains dans lesquels elles coulent : terrains calcaires, gypseux, argileux, siliceux, granitiques, volcaniques, pyriteux. — Eaux des forêts, des marais, des tourbières. — Eaux acides provenant des mines. — Les effets utiles ou nuisibles que les eaux produisent en agriculture dépendent essentiellement de leur composition.

ASSAINISSEMENT ET DRAINAGE.

15ᵉ Leçon.

Curage des cours d'eau. — Assainissement des terres au moyen de rigoles ouvertes. — Procédé suivi dans les Landes de Gascogne.

Assainissement au moyen de rigoles couvertes ou drainage. — Historique. — Différents modes d'exécution des canaux de drainage. — Fabrication et cuisson des tuyaux. — Profondeur, écartement et tracé des drains. — Du drainage des sources. — Volume de l'eau entraînée par les drains; sa composition chimique. — Effets et théorie du drainage. — Résultats financiers des travaux de drainage.

DESSÉCHEMENTS.

16ᵉ Leçon.

Études préliminaires.

Travaux de desséchement. — Desséchement à l'aide de canaux d'écoulement. — Desséchements à l'aide de machines. — Puisards et puits forés absorbants. — Mise en valeur des polders et des terrains marécageux situés au bord de la mer. — Exemples pris dans le Nord, dans l'Ouest et dans le Sud de la France.

IRRIGATIONS.

17e Leçon.

Moyens d'obtenir des eaux pour les irrigations. — Puits ordinaires et artésiens. — Eaux provenant des travaux de drainage. — Eaux de source. — Eaux de pluie : étangs et réservoirs. — Prises d'eau dans les rivières et les ruisseaux.

Irrigations par arrosement et par submersion.

Exemples de grandes opérations d'irrigation.

Utilisation des eaux d'égout en Écosse, en Angleterre, en Italie, en France.

Limonages et colmatages. — Leur emploi pour l'amélioration du sol. — Création de terres végétales fertiles par les colmatages et par les alluvions artificielles. — Travaux de la basse Seine.

MÉCANIQUE AGRICOLE.

18e Leçon.

Machines servant à la préparation du sol. — Bêches, charrues, scarificateurs, cultivateurs. — Rouleaux, herses. — Charrues et piocheuses à vapeur. — Différents modes de labour : planches, billons. — Semoirs.

19e Leçon.

Instruments pour recueillir et pour préparer les récoltes. — Moissonneuses; faucheuses; faneuses; coupe-racines; machines à battre.

Constructions et appareils pour conserver les récoltes : céréales, graines, fruits, racines, tubercules, maïs, foins, pailles et produits agricoles divers.

CARTES AGRICOLES ET AGRONOMIQUES.

20e Leçon.

Cartes agricoles ou économiques donnant la statistique et le revenu des terres.

Cartes agronomiques, basées sur l'étude minéralogique et géologique du sol, faisant connaître la nature physique et chimique des terres.

Exposé des différentes méthodes employées pour exécuter ces cartes et examen de celles qui ont été publiées jusqu'à présent dans divers pays. — Leur utilité pour la mise en valeur et pour la culture rationnelle du sol.

Carte agricole et carte agronomique de la France.

Nota. Des excursions spéciales sont faites avec les élèves pour visiter des machines agricoles, des fabriques d'engrais, des champs d'expériences, notamment ceux de Vincennes et ceux qui servent à Asnières pour l'utilisation agricole des eaux d'égout provenant de la ville de Paris.

COURS DE LÉGISLATION DES MINES,

DE DROIT ADMINISTRATIF ET D'ÉCONOMIE INDUSTRIELLE

M. Dupont, inspecteur général des mines, professeur.

LÉGISLATION DES MINES. (9 leçons.)

1re Leçon.

De la propriété des mines; trois modes principaux d'organisation de cette propriété : accession, droit domanial, droit régalien. — Historique du droit des mines en France avant 1791. — Loi du 28 juillet 1791. — Régime de la propriété des mines, organisé par la loi du 21 avril 1810 : le droit de propriété des mines, en France, dérive exceptionnellement de la loi écrite, tandis que le droit de propriété, en général, est de droit naturel. — Ensemble de la loi de 1810 et des lois et règlements sur les mines intervenus postérieurement.

Recherches de mines. — Recherches sur les terrains non concédés; droit du propriétaire du sol. — Permission de vente des produits extraits des recherches. — Droit du Gouvernement d'accorder des permis de recherches; obtention du permis de recherche administratif; droits et devoirs des permissionnaires; comparaison avec la législation étrangère. — Recherches sur les terrains concédés; droits concurrents du propriétaire de la surface et du concessionnaire primitif; comparaison avec la législation étrangère.

2e Leçon.

Obtention des concessions de mines. — Substances qui peuvent être concédées. — Formalités de l'instruction des demandes en concession; affiches et publications; oppositions et demandes

COURS DE LÉGISLATION DES MINES. 189

en concurrence; avis respectifs des autorités, compétentes; rapports des ingénieurs; avis du préfet, du Conseil général des mines et du Ministre; délibération en Conseil d'État. — Décret accordant ou refusant la concession. — Comparaison avec la législation étrangère. — Concessions superposées. — Teneur des actes de concession; modèles en usage pour les projets de décrets de concession et cahiers des charges.

Interprétation des actes de concession : elle appartient au Conseil d'État. — Oppositions motivées sur la propriété de la mine, jugées par les tribunaux. — Recours contentieux, impossible contre un acte de concession rendu dans les formes légales. — Recours par la voie gracieuse. — Litiges pour bornage de concession.

3ᵉ Leçon.

Devoirs des concessionnaires de mines envers les propriétaires du sol; deux sortes d'indemnités dues. — Redevance tréfoncière; sa nature; exemples; compétence. — Indemnités pour occupation de terrains et pour dégâts de tout genre; double droit; simple droit; règlement par les tribunaux. — Comparaison avec la législation étrangère. — Droit du propriétaire, en cas de travaux sous les lieux habités. — Droits, pour le propriétaire, résultant des prohibitions de l'article 11. — Droits divers des propriétaires, en matière de mines. — Comparaison avec la législation étrangère.

Devoirs des concessionnaires à l'égard des inventeurs et des explorateurs. — Droits d'inventeurs, réglés par l'acte de concession; exemples. — Indemnités aux explorateurs, réglées par le conseil de préfecture, avec recours au Conseil d'État.

4ᵉ Leçon.

Devoirs des concessionnaires envers le Gouvernement. — Redevances des mines. — Redevance fixe; demandes en décharge ou dégrèvement; comparaison avec les redevances fixes d'autres pays que la France. — Redevance proportionnelle; états de redevances; déclaration des concessionnaires; comité de proposition; comité d'évaluation; décret du 11 février 1874; abonnements à la redevance proportionnelle; demandes en réduction ou décharge; expertises; juridiction du conseil de préfecture; demandes en remise de la redevance proportionnelle; dépenses qu'il y a lieu d'admettre, dépenses qu'il n'y a pas lieu d'admettre pour l'établissement du produit net imposable; comparaison avec les impôts sur les mines à l'étranger. — Subventions des concessionnaires pour l'entretien des chemins vicinaux.

5e Leçon.

Surveillance administrative sur les mines. — Indivisibilité des concessions sans l'autorisation du Gouvernement. — Direction unique. — Représentant vis-à-vis de l'Administration. — Domicile administratif. — Réunion de concessions de même nature, interdite sans l'autorisation du Gouvernement; comparaison avec la législation étrangère. — Prescriptions des cahiers des charges. — Formalités en matière d'occupation de terrains. — Travaux sous les lieux habités. — Abandon partiel ou total des travaux d'une concession. — Dangers dans les mines. — Décret du 3 janvier 1813. — Droit de réquisition pour les ingénieurs, en cas de danger imminent. — Ordonnance du 26 mars 1843. — Mines menacées d'inondation; loi du 27 avril 1838; trois cas de retrait de concession spécifiés par cette loi; mines inexploitées; comparaison avec la législation de 1791 et la législation étrangère. — Accidents de mines; chirurgien; boîte de secours; pénalités en matière d'accidents. — Plans et registres d'avancement. — Bornage des concessions. — Attributions principales des ingénieurs des mines, en matière de surveillance administrative; procès-verbaux de visite; comparaison avec les législations de Prusse et d'Angleterre.

6ᵉ Leçon.

Suite des attributions des ingénieurs des mines; organisation du corps des mines; Conseil général des mines; ingénieurs en chef; ingénieurs ordinaires; gardes-mines. — Surveillance administrative pour l'exécution des cahiers des charges des concessions. — Choix des directeurs et maîtres mineurs; comparaison avec les prescriptions de la loi prussienne et de la loi anglaise.

Droits des concessionnaires. — Propriété des mines. — Droit d'exploitation. — Liberté de la vente des produits extraits. — Hypothèques sur les mines. — Anciennes haldes. — Substances minérales étrangères à la concession. — Occupations de terrains. — Travaux sous les lieux habités. — Droits en matière de chemins extérieurs et chemins de fer; comparaison avec la législation étrangère. — Travaux de secours en dehors du périmètre concédé. — Extension ou réduction de concession. — Renonciation. — Deux restrictions au droit de cession. — Droits vis-à-vis des propriétaires de la surface et des concessionnaires voisins. — Sociétés de mines.

Anciennes concessions. — Articles 51 et 53; redevance tréfoncière; redevances à l'État.

7ᵉ Leçon.

Mines de sel. — Loi du 17 juin 1840. — Ordonnance du 7 mars 1841. — Recherches et obtention de concessions de mines de sel. — Devoirs et droits des concessionnaires. — Sources et puits d'eau salée; obtention des concessions de sources et puits d'eau salée. — Devoirs et droits des concessionnaires. — Usines pour la fabrication du sel, soumises seulement à la déclaration fiscale. — Contraventions.

Minières et mines de fer; régimes antérieurs à 1866; régime inauguré par la loi du 9 mai 1866. — Distinction des minières et des mines de fer. — Droits respectifs des concessionnaires de mines de fer et des propriétaires de la surface, en matière de minerais de fer. — Minières à ciel ouvert et minières souterraines. — Règlements locaux de minières; surveillance administrative. — Mines de fer.

Terres pyriteuses et alumineuses.

Fourneaux, forges et usines; leur régime de liberté. — Régime des mines aux colonies. — Régime spécial de l'Algérie; de la Guyane; de la Nouvelle-Calédonie; des Antilles.

8e Leçon.

Régime des carrières sous l'ancienne monarchie; arrêt du Conseil du 6 avril 1772. — Régime actuel. — Prohibition de distance des routes et chemins de fer. — Règlements locaux pour carrières souterraines ou à ciel ouvert. — Patente. — Subventions pour l'entretien des chemins vicinaux. — Extraction forcée pour travaux publics ou chemins de fer.

Surveillance administrative des carrières à ciel ouvert. — Compétence des maires. — Déclaration. — Visites. — Accidents. — Surveillance administrative des carrières souterraines. — Déclaration. — Plans. — Visites. — Accidents. — Devoirs respectifs des exploitants de carrières et des compagnies de chemins de fer. — Surveillance des carrières dans le département de la Seine.

Tourbières. — La tourbe est classée parmi les minières. — Surveillance administrative des tourbières. — Déclaration. — Autorisation. — Règlements locaux. — Dépenses à la charge des propriétaires de tourbières. — Tourbières communales.

9e Leçon.

Expertises en matière de mines. — Juridiction exceptionnelle des mines sous l'ancienne monarchie. — Juridiction de droit commun, proclamée par la loi du 28 juillet 1791. — Formalités principales des expertises devant les tribunaux ordinaires. —

Expertises devant le conseil de préfecture, en matière de redevances.

Arbitrages. — Compromis; formes, délais, procédure et fin du compromis. — Jugements arbitraux.

Contraventions en matière de mines. — Trois sortes de contraventions. — Procès-verbaux. — Poursuite d'office. — Compétence des tribunaux correctionnels pour l'attribution des responsabilités respectives. — Pénalités. — Récidive. — Circonstances atténuantes. — Prescription. — Comparaison avec la législation étrangère.

Contraventions de grande et de petite voirie; de minières; de carrières souterraines et à ciel ouvert. — Contraventions de carrières dans le département de la Seine. — Contraventions en matière de tourbières.

Compétence en matière de mines, minières et carrières.

DROIT ADMINISTRATIF. (8 leçons.)

10e Leçon.

Philosophie générale du droit. — Liaison de la science du juste avec la philosophie. — Loi morale; son principe et sa sanction; le droit, branche de la morale. — Devoirs dits parfaits, devoirs dits imparfaits. — Triple acception du mot *droit*. — Droit naturel, droit positif. — Division du droit positif en trois branches; droit privé, droit public, droit des gens. — Droit positif de chaque nation; droit civil. — Division du droit public en trois parties : droit constitutionnel, droit administratif, droit pénal.

Principes du droit public en France. — Organisation des pouvoirs publics. — Pouvoir législatif, pouvoir exécutif. — Trois branches dans le pouvoir exécutif : le Gouvernement proprement dit, les autorités administratives, les autorités judiciaires. — Séparation des pouvoirs.

Administration. — Intérêts publics. — Établissements publics; établissements d'utilité publique. — Définition du droit administratif. — Organisation administrative; matières administratives. — Actes de gestion; actes de police. — Agents, conseils, juridictions. — Agents directs; agents auxiliaires. — Intérêts généraux, locaux ou spéciaux. — Juridictions administratives : voie contentieuse, voie gracieuse. — Juridictions générales; juridictions spéciales; juridiction administrative suprême.

Exposé sommaire de l'organisation des pouvoirs publics en France. — Président de la République; ses attributions principales; décrets; règlements d'administration publique; recours. — Sénat, ses attributions principales, son organisation. — Chambre des députés; attributions principales; organisation.

11ᵉ Leçon.

Ministres; nomination; responsabilité; attributions générales. — Règlements, circulaires, décisions, marchés, avis, actes de juridiction. — Recours. — Procédure devant les ministres statuant comme juges. — Auxiliaires des ministres : agents et conseils. — Organisation générale du Ministère des travaux publics. — Actes de commandement. — Administration centrale : directeurs; conseils divers se rattachant au Ministère des travaux publics.

Conseil d'État. — Historique de cette institution. — Organisation actuelle; assemblée générale; sections. — Attributions consultatives du Conseil d'État. — Quatre formes de délibérations. — Attributions contentieuses; contentieux administratif. — Procédure devant le Conseil d'État. — Conflits. — Tribunal des conflits.

Cour des comptes. — Son organisation par la loi du 16 septembre 1807. — Ses attributions principales. — Comptabilité publique; ordonnateurs et administrateurs; comptables. — Juridiction de la Cour des comptes sur les comptables; ses attributions à l'égard des ordonnateurs. — Exécution des arrêts de la Cour des comptes.

12ᵉ Leçon.

Organisation départementale. — Administration locale des intérêts généraux; des intérêts locaux. — Préfets; attributions principales; arrêtés; recours; juridiction des préfets. — Secrétaires généraux. — Conseils généraux; organisation; sessions; trois catégories d'attributions; quatre modes d'opérer. — Commissions départementales. — Conseils d'hygiène. — Chambres de commerce. — Chambres consultatives des arts et manufactures. — Conseils de préfecture; attributions consultatives; attributions contentieuses, comprenant sept catégories; ministère public; secrétaire-greffier; procédure devant le conseil de préfecture. — Sous-préfets. — Conseils d'arrondissement. — Chambres consultatives d'agriculture. — Cantons.

Organisation communale. — Maires; dualité dans le caractère et les attributions des maires; attributions principales; arrêtés et règlements pris par les maires. — Conseils municipaux; attributions principales. — Commissaires de police. — Police. — Gendarmerie.

Organisation judiciaire. — Mission de l'autorité judiciaire; son mode d'opérer. — Juges; ministère public. — Généralités. — Juges de paix; attributions judiciaires et administratives; extrajudiciaires. — Tribunaux d'arrondissement. — Cours d'appel. — Juridiction criminelle. — Juridiction de simple police. — Tribunaux correctionnels. — Cours d'assises; jury. — Juridictions criminelles spéciales. — Jury d'expropriation. — Tribunaux de commerce. — Conseils de prud'hommes. — Juridiction des arbitres.

13ᵉ Leçon.

Sources minérales. — Historique de la surveillance administrative. — Ordonnance du 18 juin 1823. — Loi du 14 juillet 1856. — Trois catégories d'établissements. — Autorisation; déclaration d'utilité publique; périmètre de protection. — Formalités relatives à ces trois catégories. — Droits et devoirs des propriétaires d'établissements d'eaux minérales. — Démarcation entre la surveillance de l'inspecteur médical et celle de l'ingénieur des mines. — Attributions spéciales des ingénieurs des mines. — Sanction en matière d'eaux minérales. — Expropriation. — Régime des eaux minérales en Algérie.

Appareils à vapeur. — Historique de la surveillance administrative. — Décret du 25 janvier 1865. — Régime de la déclaration, appliqué aux chaudières à vapeur. — Épreuve. — Appareils de sûreté. — Conditions d'emplacement. — Locomobiles. — Locomotives. — Surveillance administrative des appareils à vapeur. — Visites. — Accidents. — Pénalités.

Bateaux à vapeur. — Ordonnances des 23 mai 1843 et 17 janvier 1846. — Permis de navigation. — Commissions de surveillance. — Surveillance administrative. — Pénalités.

14e Leçon.

Établissements insalubres, incommodes ou dangereux. — Historique de la surveillance administrative. — Décrets du 15 octobre 1810; du 31 décembre 1866. — Nomenclature. — Division en trois classes. — Établissements de la 1re classe : formalités de l'instruction des demandes en autorisation; oppositions contre les arrêtés préfectoraux d'autorisation; recours. — *Idem,* pour les établissements de la 2e classe. — Établissements de la 3e classe, autorisés par arrêtés des sous-préfets. — Instruction des demandes; avis du maire. — Recours. — Établissements non classés. — Établissements nouveaux. — Suspension. — Autorisation provisoire. — Établissements anciens. — Cas de suppression des établissements insalubres; compétence du Conseil d'État; sursis. — Contraventions; pénalités. — Dommages-intérêts; compétence. — Réglementation générale et uniforme, désirée. — Industries spéciales soumises à une réglementation générale. — Régime des établissements insalubres en Algérie. — Statistique.

15ᵉ Leçon.

Travail des enfants et des filles mineures employés dans l'industrie. — Historique de la réglementation du travail des enfants dans les manufactures; initiative de l'Angleterre. — Loi du 22 mars 1841. — Loi actuelle du 19 mai 1874. — Application de la loi aux travaux souterrains dans les mines, minières et carrières. — Limite d'âge. — Durée du travail journalier. — Travail de nuit. — Chômage des dimanches et jours fériés. — Prescriptions relatives à l'instruction primaire. — Comparaison générale avec les pays étrangers. — Livrets. — Affiches des lois et règlements d'administration publique. — Travaux et ateliers interdits aux enfants. — Police générale des ateliers. — Inspection : inspecteurs; commissions locales; commission supérieure. — Contraventions et pénalités. — Apprentissage.

Dispositions législatives concernant la durée du travail des ouvriers dans les manufactures et usines; décret du 2 mars 1848; loi du 9 septembre 1848; modification générale apportée par la loi sur les coalitions, du 25 mai 1864.

16ᵉ Leçon.

CHEMINS DE FER.

Concessions de chemins de fer. — Mode de concession. — Enquête; études des ingénieurs; avis du Conseil général des ponts et chaussées; avis du Conseil d'État. — Déclaration d'utilité publique. — Exemples de lois et décrets de concessions. — Cahiers des charges. — Nature de la propriété des chemins de fer. — Durée des concessions. — Rachat. — Lignes parallèles. — Chemins de fer d'intérêt local. — Cession, résiliation de concessions de chemins de fer.

Construction des chemins de fer. — Contrôle administratif. — Cas de déchéance. — Occupations de terrains. — Construction des chemins de fer d'intérêt local; attributions des conseils généraux; intervention nécessaire du Conseil d'État, pour la déclaration d'utilité publique.

Exploitation des chemins de fer. — Organisation de la surveillance administrative; contrôle. — Inspecteurs de l'exploitation commerciale; ingénieurs des ponts et chaussées; ingénieurs des mines; commissaires de surveillance administrative. — Attributions du ministre des travaux publics, des préfets. — Distinction des attributions diverses des commissaires de surveillance administrative; rapports hebdomadaires dressés par eux. — Machines locomotives : déclaration; autorisation; épreuve; prescriptions réglementaires. — Essieux. — États de service. — Appareils fumivores. — Place des locomotives et leur nombre dans chaque train. — Machines de secours ou de réserve. — Voitures à voyageurs; prescriptions réglementaires.

17e Leçon.

Suite de l'exploitation des chemins de fer. — Voie : entretien; surveillance; signaux. — Trains : trains ordinaires de voyageurs; trains extraordinaires; trains supplémentaires; trains de plaisir; trains mixtes; marche des trains; marche des machines de secours; trains de marchandises; vitesse des trains; délais. — Retards. — Accidents. — Devoirs des compagnies en prévision et en cas d'accidents. — Trains en détresse. — Registres et états d'accidents. — Tarifs : homologation; affiches; changements de tarifs. — Expédition. — Enregistrement. — Récépissé. — Tarifs de transit; tarifs d'exportation; tarifs exceptionnels; tarifs communs; tarifs internationaux. — Délais. — Camionnage. — Communication des conducteurs gardes-freins avec le mécanicien. — Signaux. — Registre des plaintes. — Rapports mensuels des ingénieurs du contrôle. — Travail du dimanche. — Tableaux graphiques de la marche des trains.

Contraventions en matière de chemins de fer. — Grande et petite voirie. — Compétence des conseils de préfecture. — Compétence des tribunaux de simple police. — Compétence des tribunaux ordinaires. — Pénalités diverses. — Circonstances atténuantes. — Contentieux des chemins de fer.

ÉCONOMIE INDUSTRIELLE. (8 leçons.)

18e Leçon.

Prolégomènes. — Utilité. — Valeur. — Richesses. — Définition de l'économie politique. — Division de l'économie politique en quatre parties : production, distribution, circulation et consommation des richesses. — L'économie politique doit avoir ses fondements dans la nature humaine ; sa liaison nécessaire avec la philosophie. — Principaux caractères de l'homme, dont l'économie politique doit tenir compte ; l'homme est âme et corps ; il a des besoins ; il est libre et responsable ; il est sociable ; il est perfectible ; il a des devoirs. — Rapports de l'économie politique avec la religion et la morale, avec le droit naturel, la législation positive, la politique, la statistique, l'histoire, la géographie et avec la science des affaires. — Histoire de l'économie politique ; les physiocrates ; Adam Smith ; Say. — Enseignement de l'économie politique en France. — Principe de propriété, base de l'économie politique.

Production des richesses. — Trois éléments ou facteurs de la production : agents naturels, travail, capital. — Rôle essentiel du travail ; devoir universel du travail, dérivant de la loi divine ; puissance économique du besoin, comme aiguillon du travail. — Fécondité variable du travail. — Droit de travailler, dérivant du devoir du travail. — Liberté du travail, dérivant de la liberté de l'homme combinée avec le devoir et le droit de travailler; concurrence. — Corporations; Colbert; Turgot.

19e Leçon.

Suite de la production des richesses. — Division du travail. — Associations ouvrières. — Chambres syndicales. — Socialisme, condamné par l'économie politique, comme négation de la liberté du travail. — Capital; ses formes diverses; capital fixe; capital circulant. — Rôle économique du capital. — Sa constitution par le travail et l'épargne. — Heureuse influence de la famille sur le capital. — Machines. — Industries en général; industries diverses.

Distribution des richesses entre les trois éléments de la production. — Salaire; liberté nécessaire pour la fixation du salaire; loi de l'offre et de la demande. — Régime de l'association. — Salaire avec participation aux bénéfices. — Sociétés coopératives de production. — Salaire avec primes. — Travail aux pièces. — Intermédiaires des entreprises industrielles. — Intervention despotique du socialisme dans la fixation des salaires. — Loi des maximums. — Salaire normal. — Salaire réel ou salaire courant. — Loi de Ricardo. — Cinq causes de variations des salaires, distinguées par Adam Smith. — Influence salutaire de la coutume, signalée par M. Le Play. — Renoncement. — Coalitions et grèves; loi du 25 mai 1864; comités mixtes; *trade-unions;* arbitrages. — Profit. — Loyer. — Intérêt. — Analyse économique du loyer. — Analyse économique de l'intérêt; loi de l'offre et de la demande. — Usure.

20e Leçon.

Suite de la distribution des richesses. — Rente; ses variations. — Population; statistique; double loi de Malthus. — Paupérisme et pauvreté; taxe des pauvres en Angleterre; assistance publique à Paris. — Esclavage antique. — Influence du christianisme; patronages.

Circulation des richesses. — Liberté de l'échange ou du commerce ; échanger, c'est travailler; les produits s'échangent contre les produits; loi de l'offre et de la demande. — Analyse économique de la valeur. — Échange direct ou troc. — Monnaie, mesure de la valeur par une autre valeur. — Prix : prix de revient, prix courant. — Monnaies primitives; monnaies diverses. — Système du double étalon; système de l'étalon unique. — Monnaies françaises. — Monnaie divisionnaire. — Exportation et importation de la monnaie. — Amenuisement. — Crédit : crédit personnel, crédit réel. — Hypothèques. — Warrants. — Escompte. — Billets négociables. — Lettres de change. — Billets à ordre. — Billets de banque. — Monnaie fiduciaire. — Chèques. — Crédit aux livres. — Influence du crédit sur les capitaux. — Billets fonciers. — Assignats.

21e Leçon.

Suite de la circulation des richesses. — Banques : histoire des banques; banques de dépôt; banques de virement; warrants métalliques; banques de dépôt et d'escompte. — Exemples divers. — Banques d'émission ou de circulation. — Billets de banque. — Réserve métallique. — Capital fictif. — Banque d'Angleterre. — Banque de France.

Liberté commerciale. — Système du libre échange; système prohibitif; système protectionniste; conciliation nécessaire des intérêts économiques, des intérêts financiers et des intérêts politiques. — Traités de commerce. — Balance de commerce.

Consommation des richesses. — Consommations publiques; consommations privées. — Rôle de l'État. — Impôts. — Emprunts. — Emprunt forcé. — Amortissement. — Conversion. — Analyse économique de l'impôt; principes d'Adam Smith et de Sismondi.

— Trois intérêts à concilier. — Système d'impôts établi en France. — Impôts directs. — Impôts indirects. — Impôt foncier; péréquation cadastrale. — Contribution personnelle et mobilière. — Impôt des portes et fenêtres. — Patentes. — Redevances des mines. — Avantages et inconvénients des impôts indirects. — Droits d'enregistrement. — Impôt sur le revenu; impôt sur le capital. — Tailles. — *Income-tax.* — Impôt progressif; il arrive forcément à l'absurde ou à l'arbitraire. — Impôt proportionnel. — Impôt sur la rente; il violerait la justice. — Impôt sur les valeurs mobilières. — Impôts somptuaires. — Impôt du tabac.

22e Leçon.

Caisses de secours de mines. — Leur utilité particulière. — Édit du 14 mai 1604. — Décret du 3 janvier 1813. — Dépenses obligatoires à la charge des exploitants des mines. — Les caisses de secours de mines ne sont pas obligatoires en France; comparaison avec les législations étrangères (Belgique, Autriche et Prusse). — Exemples de règlements particuliers de diverses caisses de secours de mines établies en France, et différents modes d'assistance des ouvriers mineurs (Blanzy, Decazeville, Anzin, la Loire, le Creusot, la Grand'Combe, Lens, etc.). — Combinaison avec la caisse de retraites pour la vieillesse, pratiquée aux forges d'Alais. — Régime des caisses de secours de mines en Belgique; caisses communes de prévoyance; caisses spéciales. — Considérations générales sur les caisses de secours de mines; retenues, amendes; subventions des exploitants; conseils d'administration; affiches des dépenses et recettes. — Jurisprudence.

Caisses de retraites des chemins de fer. — Jurisprudence. — Système de la compagnie d'Orléans; système de la compagnie du Nord; système de la compagnie de l'Ouest; système de la compagnie du Midi; système de la compagnie de l'Est.

Maisons d'ouvriers et magasins.

COURS DE LÉGISLATION DES MINES. 203

Sociétés de secours mutuels en général. — Réglementation. — Statistique.

Caisses d'épargne. — Historique. — Statistique.

Caisses de retraites pour la vieillesse.

Caisses publiques d'assurance en cas de décès; caisses publiques d'assurance en cas d'accidents résultant de travaux agricoles ou industriels.

Monts-de-piété. — *Bureaux de bienfaisance.*

Livrets d'ouvriers.

23ᵉ Leçon.

Statistique générale. — Liaison de la statistique et de l'économie politique. — Travaux statistiques des ingénieurs des mines.

Statistique minérale du globe. — Statistique minérale de la France. — Statistique des concessions de mines. — Statistique des redevances des mines payées à l'État. — Consommation houillère de la France; son accroissement. — Production houillère en France depuis 1811; comparaison de son accroissement avec celui de la consommation; période de doublement. — Importation de houilles et de bois. — Productions houillères de l'Angleterre et de la Prusse.

Statistique des accidents de mines. — Comparaison avec l'Angleterre et la Prusse.

Statistique des usines à fer. — Production des fontes et fers en France depuis 1819; période de doublement; importations; production approximative du globe; production de l'Angleterre, de la Prusse, des États-Unis, etc. — Production des aciers en France depuis 1831 : production à l'étranger.

Production des métaux autres que le fer.

Production du sel marin en France.

Statistique française des machines et chaudières à vapeur fixes.

Statistique française des locomotives.

Statistique française des bateaux à vapeur.

Statistique générale des machines à vapeur employées par l'industrie en France; comparaison avec l'Angleterre.

Statistique des accidents par explosion de chaudière à vapeur.

Statistique des chemins de fer français. — Origines et développements du réseau. — Produits des transports. — Circulation des voyageurs et marchandises. — Statistique financière des chemins de fer français. — Statistique des chemins de fer à l'étranger.

Statistique générale de la population.

Statistique générale de la propriété foncière en France.

Statistique du commerce général et de la richesse de la France.

Statistique du réseau télégraphique de la France et des pays voisins.

24e Leçon.

Sociétés industrielles. — Sociétés dans le droit romain et au moyen âge. — Sociétés universelles; sociétés particulières. — Sociétés civiles; sociétés commerciales.

Trois espèces de sociétés commerciales : société en nom collectif, société en commandite, société anonyme. — Association en participation. — Documents statistiques relatifs à la France, en matière de sociétés commerciales.

Sociétés par actions. — Leur historique; sociétés anonymes; naissance de la commandite par actions.

Loi du 24 juillet 1867 sur les sociétés par actions. — Constitution des sociétés en commandite par actions, des sociétés anonymes et des sociétés à capital variable; division du capital en actions; responsabilité en matière de cession d'actions; apport; actes de société; actions négociables; titres nominatifs; actions au porteur; assemblées générales; consécration de l'existence définitive des sociétés par actions. — Prescriptions spéciales de la loi de 1867, en ce qui concerne les sociétés en commandite par actions; réglementation minutieuse de la loi. — Prescriptions spéciales de la loi de 1867 concernant les sociétés anonymes, dispensées désormais de l'autorisation du Gouvernement; administrateurs; associés; directeurs; assemblées générales; bilan; commissaires; rapport annuel; cas de dissolution ou de nullité des sociétés anonymes; responsabilités respectives des administrateurs et des commissaires. — Anciennes sociétés anonymes. — Sociétés à responsabilité limitée. — Sociétés à capital variable. — Tontines et sociétés d'assurances.

Responsabilités respectives des souscripteurs primitifs d'actions et de leurs cessionnaires.

Intérêts et actions dans des sociétés; analogie et caractères distinctifs.

Sociétés de mines.
Sociétés de chemins de fer.
Brevets d'invention.

25ᵉ Leçon.

Comptabilité. — Définitions préliminaires. — Comptabilité industrielle. — Tenue des livres. — Obligations imposées aux commerçants, en matière de livres à tenir, par le Code de commerce; livre journal; livre de copies de lettres; liasse des lettres; livre des inventaires. — Grand livre.

Comptabilité en partie simple. — Son insuffisance.

Comptabilité en partie double. — Fiction qui lui sert de base. — Personnification des comptes généraux au nombre de cinq: caisse, marchandises générales, effets à recevoir, effets à payer et profits et pertes; exemple détaillé de la comptabilité d'un négociant, marchand de houille. — Répertoire; pointage; preuves; solde ou balance de compte; feuille de balance. — Bilan ou balance de sortie. — Établissement de la situation à la fin de l'année. — Ouverture de la comptabilité pour l'année suivante.

Comptabilité auxiliaire.

Application à la comptabilité des mines et forges.

Comptabilité publique. — Exercices. — Gestion. — Budget. —

Clôture des crédits; clôture des payements. — Principes généraux en matière de comptabilité publique. — Ordonnateurs, comptables; leurs responsabilités respectives. — Devoirs des comptables. — Pièces justificatives à joindre aux ordonnances et mandats.

Conditions générales imposées aux entrepreneurs des ponts et chaussées. — Clauses du 16 novembre 1866. — Certificat de capacité. — Cautionnement. — Élection de domicile. — Commencement des travaux. — Conformité aux plans. — Interdiction de travailler les dimanches et jours fériés. — Payement des ouvriers tous les mois. — Retenue du centième pour secours aux ouvriers blessés. — Possibilité de résiliation au cas où les prix ont augmenté d'un sixième. — Mise en régie. — Décomptes mensuels. — A-compte. — Dixième de garantie. — Réception définitive. — Cas de contestation; juridiction contentieuse en matière d'entreprises.

COURS DE TOPOGRAPHIE.

M. Edmond Fuchs, ingénieur des mines, professeur.

I. LEVÉS SUPERFICIELS.

A. PLANIMÉTRIE.

1re, 2e et 3e Leçons.

Discussion des méthodes de levé. — Choix des instruments. — Mesure des bases.

Levé au théodolite. — Théodolite simplifié de Combes; théodolite de Breithaupt, etc. — Pantomètre et graphomètre. — Réglage et emploi des instruments. Carnet d'opérations et registre des calculs. — Application principale: triangulation.

Levé à la boussole carrée. — Déclinaison de l'aiguille aimantée. Variations séculaires, annuelles, diurnes, accidentelles. Lignes d'égale déclinaison de la France. Déplacement séculaire de ces lignes. — Mode d'opération. Carnet d'opérations et registre des calculs. Transport des résultats sur le papier. Application au levé des lignes sinueuses (chemins, cours d'eau).

Levé à la planchette. — Mode d'opération. Application au levé des courbes de niveau. — Levé à la planchette photographique de M. A. Chevalier. — Levé à la chambre claire.

Arpentage. — Évaluation des aires : Formule de Simpson. Planimètre d'Amsler. Intégromètre de M. Desprez.

B. NIVELLEMENT.

4e et 5e Leçons.

Nivellement rapide. — Niveau d'eau. — Détermination des courbes de niveau.

Nivellement de précision. — Niveaux d'Egault, de Bourdaloue; niveau cercle de Lenoir; niveau parallèle; niveau flottant de Mariotte. — Correction des lectures. Limite de portée des niveaux. — Nivellement des profils en long des voies de communication.

II. LEVÉS SOUTERRAINS.

6e et 7e Leçons.

Levé à la boussole des mines. — *Levé au théodolite.* — Modes d'opération. Carnets d'opérations et registres des calculs. — Transport des résultats sur le papier : méthode graphique ou de la planchette fixe; méthode de calcul. — Applications diverses.

III. LEVÉS RAPIDES.

8e Leçon.

Mesure des bases. — *Télémétrie.* — Lunette de Rochon; télémètres du colonel Goulier, de M. le Dr Giraud-Teulon, de MM. Gaumet, Gauthier, Mariage, etc. Tachéomètre de Gentilly.

Mesure des angles. — Types divers de boussole de poche avec alidade et lunette.

Mesure des hauteurs. — Baromètres : types divers, formules. Tables hypsométriques et corrections. — Bathomètre.

IV. APPLICATIONS DIVERSES.

9e et 10e Leçons.

Étude d'un cours d'eau. — Levé, nivellement, force hydraulique disponible.

Étude d'une voie de communication. — Nivellement; profil en long et profils en travers; établissement du plan de la voie; épure des lignes bleues; cubature des terrasses.

V. OPÉRATIONS GÉODÉSIQUES ÉLÉMENTAIRES.

11e et 12e Leçons.

Détermination de la méridienne et déclinaison de l'aiguille aimantée. — Instruments fixes : théodolite ; boussole carrée à lunette ; boussole à lunette flottante. — Observations solaires et stellaires. — Méthode des hauteurs correspondantes. — Tracé de la méridienne sur le sol.

Détermination des coordonnées géographiques. — Heure du lieu et latitude (théodolite, boussole de voyage, sextant). — Longitude (chronomètre, distances lunaires, occultation des satellites de Jupiter).

COURS PRÉPARATOIRES
DE L'ÉCOLE DES MINES.

COURS PRÉPARATOIRE D'ANALYSE
ET DE MÉCANIQUE.

M. Moutard, ingénieur des mines, professeur.

I. ANALYSE.

CALCUL DIFFÉRENTIEL.

1re Leçon.

Des fonctions en général. — Fonctions analytiques. — Fonctions empiriques. — Représentation géométrique des fonctions à une ou à deux variables. — Interpolation. — Formule de Lagrange.

Premières notions sur le calcul des différences finies. — Formule d'interpolation de Newton.

2e Leçon.

Principes de la méthode infinitésimale. — Emploi géométrique des infiniment petits.

Dérivée et différentielle d'une fonction d'une variable. — Signification géométrique de la différentielle. — Tangente à une courbe plane ou gauche. — Plan normal.

Différentielle de l'aire d'une courbe. — Notion de l'intégrale définie ou indéfinie.

3ᵉ Leçon.

Dérivées partielles d'une fonction de plusieurs variables. — Comparaison des fonctions dont certaines dérivées partielles sont identiques.

Classification des fonctions analytiques d'une variable.

Différentiation d'une fonction composée, des fonctions simples, d'une fonction implicite.

4ᵉ Leçon.

Différentielles et dérivées successives des fonctions d'une variable.

Formule de Taylor. — Terme complémentaire.

Développements en série de e^x, $\sin x$, $\cos x$. — Formules d'Euler et de Moivre.

Développements en série de $\log(1+x)$, arc tg x $(1+x)^m$.

5ᵉ Leçon.

Étude des formes illusoires que peut prendre une fonction d'une variable.

Théorie des maximums et minimums des fonctions d'une variable. — Applications géométriques. — Construction géométrique de la tangente à certaines courbes. — Distance d'un point à une courbe. — Centre de courbure; axe de courbure; centre de la sphère osculatrice d'une courbe.

6ᵉ Leçon.

Différentielle d'une fonction de plusieurs variables. — Interprétation géométrique pour le cas de deux variables. — Notion et équation du plan tangent à une surface. — Normale.

Déterminant d'un système de fonctions à deux ou trois variables. — Usage des propriétés du déterminant pour la solution immédiate de quelques problèmes de calcul intégral.

Différentielle d'une fonction implicite de plusieurs variables. — Plan tangent à une surface réglée. — Surfaces développables.

7ᵉ Leçon.

Dérivées partielles successives d'une fonction de plusieurs variables. — Différentielles successives. — Notion des droites osculatrices à une surface en un point donné.

Formule de Taylor pour les fonctions de plusieurs variables. ($\Delta u = du + \frac{1}{2} d^2u + \frac{1}{2 \cdot 3} d^3u + \ldots$).

Théorie des maximums et minimums des fonctions de plusieurs variables. — Applications géométriques. — Distance d'un point à une surface. — Centres de courbure principaux.

8ᵉ Leçon.

Du changement de variables. — Examen détaillé des cas les plus simples. — Simplification de quelques formules différentielles.

Formation des équations différentielles. — Application à quelques familles de lignes et de surfaces. — Interprétation géométrique.

9ᵉ Leçon.

Révision des applications géométriques du calcul différentiel indiquées dans les leçons précédentes.

Longueur d'un arc de courbe. — Premières notions sur les coordonnées curvilignes d'un point d'une surface.

Étude directe de la courbure d'une ligne plane ou gauche.

10ᵉ Leçon.

Enveloppe d'un système de courbes planes. — Contour apparent d'une surface. — Développée et développantes d'une courbe plane. — Variation infinitésimale d'un segment de droite.

Enveloppe d'un système de surfaces qui dépendent d'un seul paramètre variable. — Caractéristique. — Arête de rebroussement.

Enveloppe d'un système de surfaces qui dépendent de deux paramètres variables. — Surfaces parallèles.

11ᵉ Leçon.

Ordre de contact de deux courbes planes. — Cercle osculateur. — Points d'inflexion. — Sommets. — Parabole osculatrice.

Ordre de contact d'une courbe gauche et d'une surface. — Plan osculateur. — Normale principale. — Sphère osculatrice.

Ordre de contact de deux surfaces. — Paraboloïde osculateur. — Courbure des surfaces. — Ombilics.

12ᵉ Leçon.

Étude spéciale de quelques courbes et surfaces. — Cycloïde. — Épicycloïdes. — Chaînette. — Spirales. — Hélices et surfaces hélicoïdales.

CALCUL INTÉGRAL.

13ᵉ Leçon.

Intégrales définies et indéfinies.

Intégration par substitution, par parties, par réduction successive. — Exemples les plus importants. — Fonction eulérienne de deuxième espèce. — Formule de Wallis.

14ᵉ Leçon.

Intégration des fonctions rationnelles.

Radicaux du second degré. — Premières notions sur les intégrales elliptiques.

Fonctions exponentielles et trigonométriques.

15e Leçon.

Calcul approché d'une intégrale définie. — Méthodes de Côtes, de Simson, de Poncelet.

Intégrales doubles et triples. — Quadrature et cubature d'une surface courbe. — Évaluation d'un poids, d'un moment d'inertie.

16e Leçon.

Différentiation et intégration sous le signe $\int$. — Application au calcul de quelques intégrales définies. — Intégrale de Laplace.

Conditions d'intégrabilité des expressions de la forme $Mdx + Ndy$ ou $Mdx + Ndy + Pdz$.

17e Leçon.

Notions générales sur l'intégration des équations différentielles ordinaires.

Équation linéaire du premier ordre. — Équation homogène du premier ordre. — Équation de Clairaut. — Solutions singulières.

Des cas d'abaissement des équations d'ordre supérieur.

Équations linéaires à coefficients constants.

18e Leçon.

Équations simultanées.

Premières notions sur l'intégration des équations aux dérivées partielles. — Équations linéaires du premier ordre. — Équation des cordes vibrantes.

II. TRIGONOMÉTRIE SPHÉRIQUE.

1re Leçon.

Relation fondamentale entre les côtés et un angle d'un triangle sphérique.

Relation entre deux côtés et les angles opposés; entre deux côtés, l'angle compris et l'angle opposé à l'un d'eux; entre les angles et un côté.

Triangles polaires. — Corrélation des formules.

Formules calculables par logarithmes. — Analogies de Neper. — Formules de Delambre.

2ᵉ Leçon.

Résolution des triangles rectangles. — Règle du pentagone. Résolution des triangles quelconques.

Évaluation de l'aire d'un triangle en fonction des côtés; du volume d'un parallélipipède en fonction des arêtes et de leurs angles mutuels; de la distance de deux points de la terre en fonction de leurs coordonnées géographiques.

3ᵉ Leçon.

Formules d'Euler pour la transformation des coordonnées rectangulaires.

Comparaison des formules de la trigonométrie sphérique et de celles de la trigonométrie plane. — Rétablissement du rayon. — Théorème de Legendre sur les triangles sphériques à petits côtés.

Formules pour les calculs par approximation.

III. MÉCANIQUE.

RÉSULTANTES GÉOMÉTRIQUES ET MOMENTS.

1ʳᵉ Leçon.

Composition et décomposition des droites. — Parallélogramme. — Parallélipipède. — Projections. — Expression de la résultante en fonction des composantes et de leurs angles mutuels.

Moments d'une droite par rapport à un axe ou un point. — Théorème de Varignon. — Représentation d'un moment par une droite. — Composition des moments. — Expressions des moments d'une droite par rapport à trois axes rectangulaires.

CINÉMATIQUE DU POINT.

2ᵉ Leçon.

Mouvement d'un point sur sa trajectoire. — Représentation graphique. — Appareils enregistreurs.

Mouvement uniforme, varié. — Vitesse. — Détermination du mouvement par une relation entre le temps, le chemin et la vitesse. — Conditions initiales. — Exemples.

3ᵉ Leçon.

Mouvement uniformément varié. — Accélération tangentielle. — Détermination d'un mouvement par une relation entre le temps, le chemin, la vitesse et l'accélération tangentielle. — Conditions initiales. — Exemples relatifs à la chute des graves dans des milieux.

Remarque sur la double homogénéité des formules de la cinématique.

4ᵉ Leçon.

Accélération totale dans le mouvement sur une trajectoire curviligne. — Décomposition en accélération tangentielle et en accélération centripète.

Projection d'un mouvement sur un axe ou un plan. — Vitesse et accélération totale du mouvement projeté.

Emploi d'un système de coordonnées rectangulaires pour représenter le mouvement d'un point dans l'espace. — Problème général de la cinématique du point.

5ᵉ Leçon.

Détermination de la normale principale et du rayon de courbure d'une courbe par des considérations de cinématique.

Etude de quelques mouvements particuliers. — Cas où l'accélération est constante en grandeur et en direction. — Mouvement des projectiles. — Calcul des hausses de tir.

6ᵉ Leçon.

Emploi des coordonnées polaires. — Vitesse aréolaire. — Des mouvements où l'accélération est constamment dirigée vers un centre fixe. — Loi des aires. — Interprétation des deux premières lois de Kepler. — Problème inverse.

CINÉMATIQUE DES SOLIDES.

7ᵉ Leçon.

Mouvement d'une figure plane dans son plan. — Centre instantané et vitesse instantanée de rotation. — Roulement d'une courbe sur une autre. — Applications géométriques.

Mouvement d'un solide dans l'espace. — Translation. — Pivotement. — Rotation. — Axe instantané et vitesses instantanées de rotation et de glissement.

Représentation du mouvement d'un solide à l'aide de six équations.

COMPOSITION DES MOUVEMENTS.

8ᵉ Leçon.

Mouvement composé d'un point. — Mouvement d'entraînement. — Mouvement relatif ou apparent.

Composition des vitesses et des accélérations. — Accélération centripète composée.

9ᵉ Leçon.

Composition des mouvements simples d'un solide : translations et rotations autour d'axes parallèles ou concourants. — Composition de deux mouvements élémentaires quelconques.

Décomposition d'un pivotement en trois rotations autour de trois axes rectangulaires. — Expression des composantes de la vitesse d'un point d'un solide pivotant en fonction de ses coordonnées et des trois rotations composantes.

DYNAMIQUE DU POINT.

10ᵉ Leçon.

Du point matériel et de la force. — Principe de l'inertie du point matériel.

Principe de Galilée. — Action d'une force constante en grandeur et en direction. — Proportionnalité des forces aux accélérations des mouvements qu'elles impriment à des points matériels identiques.

De la masse. — Relation entre l'accélération, la force et la masse. — Remarque sur la triple homogénéité des formules de la dynamique.

11ᵉ Leçon.

Principe expérimental de l'indépendance des effets simultanés des forces. — Composition des forces appliquées à un même point matériel. — Équations d'équilibre d'un point.

Principe expérimental de l'égalité de la réaction à l'action. — Force d'inertie. — Force centrifuge.

Équations du mouvement d'un point soumis à l'action de forces quelconques.

12ᵉ Leçon.

Des forces au point de vue industriel. — Travail d'une force. — Dynamomètres. — Travail de la résultante de plusieurs forces. — Travail relatif à un déplacement élémentaire résultant de plusieurs autres déplacements.

Théorème de la force vive. — Applications.

13ᵉ Leçon.

Interprétation, au point de vue dynamique, des propriétés du mouvement étudiées en cinématique pure.

Théorèmes relatifs aux projections et aux moments des quantités de mouvement.

Troisième loi de Kepler. — Loi de l'attraction universelle.

14ᵉ Leçon.

Mouvement d'un point assujetti à se mouvoir sur une courbe ou une surface fixes.

Pendule simple pour les petites oscillations. — Pendule cycloïdal. — Tautochronisme de la cycloïde.

15ᵉ Leçon.

Des forces dans le mouvement relatif. — Forces apparentes. — Force centrifuge composée. — Machine à essorer. — Mouvement de l'eau dans les turbines. — Inclinaison transversale des voies ferrées dans les courbes.

Influence de la rotation de la terre sur les phénomènes observés à sa surface. — Variation du poids. — Direction de la verticale. — Écart vers l'Est dans la chute des graves. — Pendule de Foucault.

STATIQUE.

16ᵉ Leçon.

Hypothèses sur la constitution des solides naturels. — Des forces appliquées à un solide naturel. — Forces intérieures ; travail des forces intérieures. — Transport du point d'application d'une force en un point de sa direction. — Équivalence de deux systèmes de forces.

Composition d'un système de forces concourantes.

Composition d'un système de forces parallèles. — Théorie des couples.

17ᵉ Leçon.

Centre de gravité d'un système de points matériels. — Théorème des moments.

Centre de gravité d'un corps continu homogène ou hétérogène. — Extension aux lignes et aux surfaces. — Détermination par des intégrales triples dans le cas général. — Théorèmes de Galdin.

Détermination géométrique du centre de gravité dans les cas simples.

18ᵉ Leçon.

Réduction de toutes les forces qui agissent sur un solide à deux forces ou à une force et à un couple.

Équations nécessaires et suffisantes pour l'équilibre d'un solide.

Condition pour que les forces appliquées à un solide aient une résultante unique.

19ᵉ Leçon.

Équilibre d'un corps gêné. — Pressions sur les appuis.

Composition des forces d'inertie d'un solide tournant. — Moment d'inertie. — Rayon de gyration.

Calcul des moments d'inertie. — Translation de l'axe. — Ellipsoïde d'inertie. — Axes principaux.

20ᵉ Leçon.

Équilibre des systèmes articulés. — Exemples divers. — Ponts-levis; balances ordinaire, de Roberval, de Quentenz, etc.

Polygone funiculaire. — Équilibre d'un fil. — Chaînette. — Courbe des ponts suspendus.

Théorie générale de l'équilibre d'un système quelconque. — Principe des travaux virtuels.

HYDROSTATIQUE.

21ᵉ Leçon.

De la pression en un point d'un fluide. — Principe de Pascal. — Équilibre d'un fluide pesant et homogène. — Pression sur les parois. — Principe d'Archimède.

Mesure des hauteurs par le baromètre.

COURS D'ANALYSE ET DE MÉCANIQUE.

DYNAMIQUE DES SYSTÈMES.

22ᵉ Leçon.

Principe de d'Alembert. — Forces perdues. — Équations générales du mouvement d'un système. — Forces de liaison.

Mouvement d'un solide assujetti à conserver deux points fixes. — Pressions sur les appuis. — Axes permanents de rotation. — Pendule composé.

23ᵉ Leçon.

Théorèmes généraux sur le mouvement d'un système.

Mouvement du centre de gravité.

Théorèmes des projections et des moments des quantités de mouvement.

Théorème des aires. — Plan du maximum des aires. — Plan invariable de Laplace.

24ᵉ Leçon.

Théorème des forces vives. — Cas où le travail total s'exprime par une fonction des coordonnées des points du système.

Stabilité de l'équilibre d'un système matériel.

Extension des théorèmes généraux de la dynamique aux mouvements relatifs.

25ᵉ Leçon.

Des forces de percussion et des chocs. — Modification du principe de d'Alembert pour le cas des forces de percussion.

Choc direct de deux sphères parfaitement élastiques ou entièrement dépourvues d'élasticité.

Perte de force vive. — Battage des pilotis. — Pendule balistique. — Contre-coups sur les appuis.

DES MACHINES.

26ᵉ Leçon.

Notions générales. — Application du théorème des forces vives à une machine en mouvement. — Théorème de la transmission du travail. — Travail moteur. — Travail résistant. — Travail utile.— Équilibre dynamique.—Rendement.— Impossibilité du mouvement perpétuel.

Calcul des volants. — Régulateurs. — Frein dynamométrique de Prony.

27ᵉ Leçon.

Théorie géométrique des organes des machines. — Classification de M. Haton.

Galets à rapport de vitesse constant ou variable; galets fixes, mobiles ou d'interposition; galets plans ou sphériques.

28ᵉ Leçon.

Glissières cylindriques, de révolution ou hélicoïdales. — Glissières-guide ou glissières-transmission.

Excentriques à rainure ou à cadre. — Excentriques à repos, à mouvement uniforme, à mouvement sinusoïdal. — Excentriques variables.

29ᵉ Leçon.

Théorie géométrique des engrenages cylindriques. — Méthodes générales. — Engrenages à flancs, à développantes de cercle, à lanternes, à épicycloïdes. — Crémaillère. — Engrenage de White.

Engrenages coniques. — Vis sans fin. — Trains d'engrenages.

30ᵉ Leçon.

Bielles et manivelles. — Balanciers. — Parallélogrammes de Watt et de Peaucellier.

Joint universel.

Cordes et courroies. — Poulie fixe ou mobile. — Moufles. — Treuil.

31ᵉ Leçon.

Embrayages par manchons, courroies, arbres creux, arbres à cames. — Déclics. — Encliquetages.

Régulateurs. — Échappements. — Modérateurs.

32ᵉ Leçon.

Résistances passives. — Lois expérimentales du frottement de glissement au repos et pendant le mouvement. — Frottement de roulement.

Roideur des cordes.

Résistance des milieux.

Équilibre dynamique de la poulie fixe et du treuil en tenant compte des résistances passives.

COURS PRÉPARATOIRE

DE GÉOMÉTRIE DESCRIPTIVE

ET APPLICATIONS À LA CHARPENTE ET À LA STÉRÉOTOMIE.

M. Edmond Fuchs, ingénieur des mines, professeur.

I. GÉOMÉTRIE DESCRIPTIVE.

A. GÉNÉRALITÉS SUR LES COURBES ET LES SURFACES.

1re, 2e et 3e Leçons.

Courbes planes et gauches. — Continuité. — Tangente. — Construction graphique de la tangente par la méthode des courbes d'erreur. — Plan osculateur : propriétés projectives. — Cercle osculateur. — Cercle et rayon de courbure. Définition et formule de la courbure. — Développées et développantes.

Surfaces. — Continuité. — Plan tangent. — Enveloppes et enveloppées. Caractéristiques. — Génération et classification des surfaces. — Notions sur la courbure des surfaces. — Indicatrice. Formules.

Surfaces réglées. — Définition et modes divers de génération — Loi de variation du plan tangent.

B. SURFACES DÉVELOPPABLES.

4e et 5e Leçons.

Propriétés générales des surfaces développables. — Plan tangent. — Arête de rebroussement. — Construction graphique du plan osculateur à une courbe gauche. — Modes de génération divers. —

Développement des surfaces développables. — Courbure des courbes avant et après le développement.

Hélicoïde développable. — Génération. — Plans tangents. — Sections planes. — Développement.

C. SURFACES GAUCHES.

6ᵉ Leçon.

Propriétés générales des surfaces gauches. — Modes divers de génération; courbes directrices; cônes et plans directeurs. — Loi de variation du plan tangent. — Point central. Ligne de striction. — Raccordement des surfaces gauches. — Hyperboloïdes de raccordement.

7ᵉ et 8ᵉ Leçons.

Paraboloïde hyperbolique. — Divers modes de génération. — Projections sur les plans directeurs. — Plans tangents et courbes d'ombre. — Sections planes. — Diamètres. — Axe. — Projections sur les plans de symétrie. — Paraboloïdes de raccordement. — Paraboloïde des normales. — Surfaces développables; asymptotes des surfaces gauches.

Conoïdes. — Génération, sections planes et plans tangents d'un conoïde oblique. — Ligne de striction. — Génératrices coniques et cylindriques.

9ᵉ Leçon.

Vis à filet carré. — Génération. — Plans tangents. — Ligne de striction. — Vis à plusieurs filets. — Écrous.

Vis à filet triangulaire. — Génération. — Contour apparent. — Sections planes. — Paramètre. — Plans tangents. — Ligne de striction. — Vis à plusieurs filets. — Écrous.

D. PERSPECTIVES.

10ᵉ Leçon.

Perspective axonométrique. — *Perspective isométrique.* — *Perspective cavalière*. — Détermination des points. — Échelles. — Applications principales.

11ᵉ et 12ᵉ Leçons.

Perspective conique. — Perspective des points donnés par leurs projections. — Particularités et dérogations. — Perspective des ombres. — Panoramas. — Problème inverse de la perspective. — Application à la photographie.

E. PROJECTIONS COTÉES.

13ᵉ Leçon.

Problèmes sur la droite et le plan. — Graduation. — Pente. — Intersections des droites et des plans. — Angles.

Cônes et cylindres. — Plans tangents et sections.

14ᵉ Leçon.

Surfaces topographiques. — Définition et représentation. — Lignes d'égale pente. — Lignes de plus grande pente. — Sections planes. — Plan tangent; cône et cylindre circonscrits. — Application des surfaces topographiques à la représentation des fonctions de deux variables : Paraboloïde de la table de Pythagore. — Surface représentation des phénomènes météorologiques. Anamorphoses de ces surfaces.

Cartes topographiques. — Tracé des cartes. — Conventions adoptées dans les divers pays. — Emploi simultané des courbes de niveau et des hachures. — Carte topographique dite de l'État-Major. — Carte du Dépôt de la marine. — Cartes anglaises, allemandes, suisses, etc. Reliefs topographiques de M. Bardin.

II. CHARPENTE.

1ʳᵉ et 2ᵉ Leçons.

Assemblages. — Principes généraux et types principaux des assemblages des pièces de bois, de fer et de fonte qui entrent dans les ouvrages en charpente. — Consolidation des assemblages : Ferrures.

3ᵉ et 4ᵉ Leçons.

Combles. — Conditions mécaniques et géométriques de l'établissement des fermes. — Éléments constitutifs. — Choix des matériaux. — Fermes en bois, fermes mixtes, fermes métalliques. — Types divers et détails d'assemblage. — Croupe droite et biaise. — Empanon déversé. — Enrayure. — Couverture des édifices.

5ᵉ Leçon.

Coupe des bois. — Équarrissage des pièces de charpente. — Lignage et contre-lignage. — Tracé des épures. — Exécution des assemblages.

6ᵉ et 7ᵉ Leçons.

Escaliers. — Formules empiriques de l'établissement des escaliers. — Balancement des marches. — Échiffre d'escalier en courbe rampante. — Taille du limon. — Escalier (dit anglais) à marches pleines.

III. STÉRÉOTOMIE.

1ʳᵉ Leçon.

Généralités. — Définitions. — Exposé sommaire des conditions d'équilibre des voûtes. — Tracés des épures. — Taille des voussoirs.

2ᵉ et 3ᵉ Leçons.

Voûtes simples. — Porte biaise en talus. — Descente biaise en talus. — Porte biaise en tour ronde. — Plates-bandes. — Méthode générale de Désargue : biais passé. — Voûtes de révolution. — Voûte sphérique. — Pendentifs. — Taille par l'écuelle. — Voussures. — Niche sphérique.

4ᵉ, 5ᵉ et 6ᵉ Leçons.

Arche biaise. — Solutions anciennes du problème. — Solution rigoureuse; appareil cylindrique. — Solutions approchées : Appareil orthogonal. Appareil hélicoïdal. — Théorie complète de l'appareil hélicoïdal en plein ceintre ou en arc de cercle : Propriétés géométriques. Foyers. Points d'équilibre. Angles des voussoirs de tête. Taille du voussoir. — Appareil hélicoïdal simplifié. — Arche biaise à têtes convergentes.

7ᵉ Leçon.

Escaliers. — Escalier en vis à jour. — Escalier à noyau plein.

8ᵉ et 9ᵉ Leçons.

Voûtes composées. — Voûte d'arêtes. — Voûte en arc de cloître. — Modifications de ces voûtes; plafonds, pendentifs, arcs-doubleaux. — Voûte en lunette.

COURS PRÉPARATOIRE DE PHYSIQUE.

M. Potier, ingénieur des mines, professeur.

1re Leçon.

Changements d'état. — Lois de la fusion et de la solidification. — Influence de la pression. — Regel. — Anomalies que présente la température de solidification. — Analogies avec les phénomènes de sursaturation.

Formation des vapeurs dans le vide. — Tension maxima. — Vapeurs saturées.

2e Leçon.

Ébullition. — Irrégularités provenant de la nature des parois. — Marteau d'eau. — Expériences de Dufour. — Analogie avec les dissolutions gazeuses.

Densité des vapeurs.

3e Leçon.

Mélange des gaz et des vapeurs. — Hygrométrie.

Définition des quantités de chaleur; leur mesure. — Chaleurs spécifiques.

4e Leçon.

Mesure des chaleurs spécifiques des solides, des liquides et des gaz à pression constante. — Résultats. — Lois de Dulong et Petit, de Delaroche et Bérard.

5e Leçon.

Chaleurs latentes. — Chaleur spécifique des gaz à volume constant. — Mesure du rapport des chaleurs spécifiques.

6ᵉ Leçon.

Équivalence de la chaleur et du travail. — Énergie intérieure. — Application du principe de l'équivalence à la théorie des gaz parfaits.

7ᵉ Leçon.

Cycles fermés. — Rendement d'un cycle. — Cycle de Carnot. — Second principe de la théorie de la chaleur.

8ᵉ Leçon.

Formes analytiques des deux principes de la théorie mécanique de la chaleur. — Application à la théorie des vapeurs saturées.

9ᵉ Leçon.

Sources diverses de chaleur. — Chaleur solaire. — Actions chimiques.

Conductibilité.

10ᵉ Leçon.

Propriétés générales des courants. — Analogies avec les phénomènes qui accompagnent la rupture de l'équilibre électrique.

Définition de l'intensité magnétique des courants. — Sa proportionnalité à l'intensité chimique.

11ᵉ Leçon.

Actions chimiques des courants. — Théorie chimique de la pile. — Piles à deux liquides. — Polarisation des électrodes.

12ᵉ Leçon.

Lois de Ohm. — Rhéomètre.

Actions calorifiques des courants. — Lumière électrique.

13ᵉ Leçon.

Action mutuelle des courants et des aimants. — Action de la terre.

Induction. — Loi de Lenz. — Aimantation par les courants.

14e Leçon.

Machines électro-magnétiques. — Machine de Ruhmkorff. — Télégraphie.

15e Leçon.

Vérification rigoureuse des lois de la réflexion et de la réfraction. — Goniomètre de Babinet.

16e Leçon.

Dispersion. — Raies du spectre. — Spectroscope. — Applications à la chimie, à l'astronomie.

Propriétés calorifiques, chimiques et phosphogéniques des diverses régions du spectre. — Unité de la radiation.

17e Leçon.

Chaleur rayonnante. — Pouvoirs absorbant, émissif. — Renversement des raies du spectre.

18e Leçon.

Vitesse de la lumière. — Explication de la réflexion et de la réfraction dans l'hypothèse des ondulations.

19e et 20e Leçons.

Diffraction. — Interférences. — Théorie succincte de ces phénomènes. — Définition des surfaces d'onde, de la longueur d'onde et du rayon.

Couleurs des lames minces.

21e Leçon.

Polarisation. — Production et analyse de la lumière polarisée. — Non-interférence des rayons polarisés à angle droit. — Conséquences.

22ᵉ Leçon.

Double réfraction. — Polariseurs et analyseurs fondés sur la double réfraction. — Inégale vitesse des deux ondes.

23ᵉ Leçon.

Génération des couleurs des lames minces cristallines.

24ᵉ Leçon.

Polarisation rotatoire. — Saccharimétrie.

COURS PRÉPARATOIRE DE CHIMIE GÉNÉRALE.

M. Le Chatelier, ingénieur des mines, professeur.

PREMIÈRE PARTIE.

MÉTALLOÏDES.

RÉVISION SOMMAIRE DE LA PRÉPARATION DES RÉACTIFS.

1re Leçon.

Hydrogène, oxygène, chlore, acide chlorhydrique, acide azotique, ammoniaque.

2e Leçon.

Acides sulfureux, sulfurique et sulfhydrique; acide carbonique.

DEUXIÈME PARTIE.

MÉTAUX.

3e Leçon.

Corps simples et composés, bases et acides, sels, sels doubles, composés non oxygénés.

Division des corps simples en métalloïdes et métaux.

Loi des proportions définies. — Loi des proportions multiples. — Loi d'équivalence.

4e Leçon.

Équivalents en poids et en volume. — Loi des chaleurs spécifiques. — Notions sommaires sur la théorie atomique.

Détermination des équivalents.
Formules chimiques.

5e Leçon.

Phénomènes accompagnant la combinaison et la décomposition des corps. — Phénomènes calorifiques. — Thermochimie. — Phénomènes électriques.

Conditions dans lesquelles s'effectuent la combinaison et la décomposition des corps. — Action de la chaleur : dissociation. — État allotropique. — Action de l'électricité. — Action de présence.

6e Leçon.

Action de l'eau sur les corps : dissolution. — Hydrates. — Efflorescence, déliquescence. — Diffusion, dialyse.

Décomposition partielle des sels dissous. — Échange partiel des acides et des bases entre plusieurs sels.

7e Leçon.

Lois de Berthollet.

Cristallisation. — Isomorphisme, dimorphisme. — Méthodes générales de production des corps à l'état cristallisé.

8e Leçon.

Métaux.

Propriétés physiques. — État physique, forme cristalline, aspect, pesanteur spécifique, conductibilités calorifique et électrique, magnétisme, action de la chaleur.

Propriétés mécaniques. — Élasticité, ténacité, malléabilité, ductilité, influences des actions mécaniques.

Propriétés chimiques. — Action de l'oxygène, des autres corps simples, de l'eau, des acides, des bases, des sels, des composés non oxygénés.

Classification des métaux.

Monographie des principaux métaux.

9e Leçon.

Monographie des principaux métaux (suite).
Alliages.

10e Leçon.

Oxydes.
Propriétés générales; leurs variations avec le degré d'oxydation et la famille du métal.

Propriétés physiques. — État physique, forme cristalline, aspect, saveur, pesanteur spécifique, action de la chaleur.

Propriétés chimiques. — Action de la chaleur, de la lumière, de l'eau, de l'oxygène, des autres corps simples, des bases, des oxydes, des sels, des composés non oxygénés. — Caractères distinctifs.

État naturel. — Usages. — Préparation.

11e Leçon.

Monographie des principaux oxydes.

12e Leçon.

Monographie des principaux oxydes (suite).

13e Leçon.

Monographie des principaux oxydes (suite).

14e Leçon.

Carbonates.

15e Leçon.

Carbonates (suite).
Borates.

16e Leçon.

Silicates.
Aluminates.

17ᵉ Leçon.

Azotates.

18ᵉ Leçon.

Azotates (suite).

19ᵉ Leçon.

Azotates (suite).

20ᵉ Leçon.

Azotites.
Chlorates.
Perchlorates.
Hypochlorites.

21ᵉ Leçon.

Sulfates.

22ᵉ Leçon.

Sulfates (suite).

23ᵉ Leçon.

Sulfates (suite).

24ᵉ Leçon.

Sulfates (suite).
Sulfites.
Hyposulfites.

25ᵉ Leçon.

Phosphates.
Phosphites.
Hypophosphites.

26ᵉ Leçon.

Arséniates.
Chromates.
Manganates.

27ᵉ Leçon.

Chlorures.

28ᵉ Leçon.

Chlorures (suite).

29ᵉ Leçon.

Chlorures (suite).

30ᵉ Leçon.

Chlorures (suite).

31ᵉ Leçon.

Bromures.
Iodures.

32ᵉ Leçon.

Fluorures.
Cyanures.

33ᵉ Leçon.

Sulfures.

34ᵉ Leçon.

Sulfures (suite).

35ᵉ Leçon.

Phosphures.
Azotures.
Siliciures.
Carbures.
Hydrures.

36ᵉ Leçon.

Métaux alcalins.
Propriétés générales de leurs composés.
Sodium. — Caractères distinctifs des sels de soude.
État naturel : sel marin, sel gemme.
Usages des sels de soude dans la verrerie, la fabrication du savon, etc.
Extraction du chlorure de sodium. — Fabrication du sulfate, du carbonate, de la soude caustique. — Métallurgie du sodium.

37ᵉ Leçon.

Potassium. — Caractères distinctifs des sels de potasse. — État naturel : cendres des végétaux, eaux mères des marais salants, sels de Stassfurt.

Usages des sels de potasse dans la fabrication de la poudre et les engrais agricoles.

Fabrication des sels de potasse.

Ammonium. — Caractères distinctifs des sels ammoniacaux.

État naturel : matières organiques en décomposition.

Usages dans l'agriculture, etc.

Fabrication des sels ammoniacaux avec les eaux d'épuration du gaz et les eaux de vidange.

38e Leçon.

Métaux alcalino-terreux. — Propriétés générales de leurs composés.

Calcium. — Caractères distinctifs des sels de chaux.

État naturel : calcaire, gypse.

Usages de la chaux et du plâtre.

Fabrication de la chaux et du plâtre.

39e Leçon.

Baryum. — Caractères distinctifs des sels de baryte.

État naturel : carbonate et sulfate de baryte.

Usages du sulfate de baryte.

Préparation des sels de baryte au moyen du sulfate et du carbonate naturels.

Magnésium. — Propriétés générales et caractères distinctifs de ses composés.

État naturel : dolomie.

Usage des sels de magnésie dans la pharmacie.

Fabrication des sels de magnésie.

Zinc. — Propriétés générales et caractères distinctifs de ses composés.

État naturel : blende et calamine.

Usages du zinc métallique.

Métallurgie du zinc.

Nickel et cobalt. — Propriétés générales et caractères distinctifs de leurs composés.

État naturel.

Usages : maillechort et bleu de cobalt.

Métallurgie du nickel. — Fabrication du bleu de cobalt.

40ᵉ Leçon.

Fer. — Propriétés et caractères distinctifs de ses composés.

État naturel : minerais de fer oxydé.

Usages du fer métallique, de l'oxyde de fer, etc.

Métallurgie du fer.

Manganèse. — Propriétés et caractères distinctifs de ses composés.

État naturel : bioxyde de manganèse.

Usages : ferro-manganèse, manganates.

Métallurgie du manganèse. — Fabrication des manganates.

41ᵉ Leçon.

Chrome. — Propriétés et caractères distinctifs de ses composés.
État naturel : fer chromé.

Usage de l'oxyde de chrome et des chromates dans la peinture.

Fabrication des chromates de potasse et de l'oxyde de chrome.

Aluminium. — Propriétés et caractères distinctifs de ses composés.

État naturel : argile, bauxite.

Usages de l'aluminium, du sulfate d'aluminium.

Fabrication de l'alumine, du sulfate d'alumine et de l'alun. — Métallurgie de l'aluminium.

42ᵉ Leçon.

Étain. — Propriétés et caractères distinctifs de ses composés.
État naturel : cassitérite.
Usages de l'étain métallique.
Métallurgie de l'étain.

Plomb. — Propriétés et caractères distinctifs de ses composés.
État naturel : galène.
Usages du plomb métallique, de la céruse.
Métallurgie du plomb. — Fabrication de la céruse.

Cuivre. — Propriétés et caractères distinctifs de ses composés.
État naturel : pyrite cuivreuse.
Usages du cuivre métallique.
Métallurgie du cuivre.

Mercure. — Propriétés et caractères distinctifs de ses composés.
État naturel : cinabre.
Usages du mercure métallique. — Amalgames.
Métallurgie du mercure.

43ᵉ Leçon.

Argent. — Propriétés et caractères distinctifs de ses composés.
État naturel : plombs argentifères.
Usages de l'argent métallique.
Métallurgie de l'argent.

Or. — Propriétés et caractères distinctifs de ses composés.
État naturel : sables aurifères.
Usages de l'or métallique.
Métallurgie de l'or.

Platine. — Propriétés et caractères distinctifs de ses composés.
État naturel : platine natif.
Usages du platine métallique.
Métallurgie du platine.

COURS DE CHIMIE GÉNÉRALE.

TROISIÈME PARTIE.

CHIMIE ORGANIQUE.

44ᵉ Leçon.

Généralités. — Analyse immédiate et élémentaire. — Fonctions chimiques.

45ᵉ Leçon.

Carbures d'hydrogène. — Protocarbure et bicarbure d'hydrogène.

46ᵉ Leçon.

Alcools. — Alcool ordinaire.
Acides. — Acides acétique, oxalique et stéarique.

47ᵉ Leçon.

Éthers. — Éther sulfurique. — Corps gras. — Sucre.

48ᵉ Leçon.

Alcalis.
Amides.
Radicaux métalliques.

49ᵉ Leçon.

Chimie végétale et animale.
Produits extraits de la houille.

50ᵉ Leçon.

Cyanogène et ses composés.

COURS IMPRIMÉS DE L'ÉCOLE.

DUNOD, ÉDITEUR.

1° *Traité de métallurgie*, par M. L. GRUNER, inspecteur général des mines. 2 vol. in-8° et atlas de 42 planches.

2° *Voie, matériel roulant et exploitation technique des chemins de fer*, par M. Ch. COUCHE, inspecteur général des mines. 3 vol. in-8° et atlas de 165 planches.

3° Cours professés à l'École des mines par M. J. CALLON, inspecteur général des mines.

 1re partie, *Machines*. 3 vol. in-8° et atlas de 102 planches.
 2e partie, *Exploitation des mines*. 2 vol. in-8° et atlas de 94 planches.

4° Cours professés à l'École des mines par M. L.-E. RIVOT, ingénieur en chef des mines.

 1° *Métallurgie*. 3 vol. in-8° et atlas de 40 planches.
 2° *Docimasie*. 4 vol. in-8°.

5° *Traité de jurisprudence des mines*, par M. DUPONT, inspecteur général des mines. 3 vol. in-8°.

6° *Cours de cristallographie*, par M. MALLARD, ingénieur en chef des mines. In-8° avec planches.

 Études sur la géologie expérimentale, par M. DAUBRÉE, membre de l'Institut, inspecteur général des mines. In-8° avec planches.

NOTICES II, III ET IV.

BUREAU D'ESSAI DE L'ÉCOLE DES MINES.

HISTORIQUE.

Le Bureau d'essai de l'École des mines a été créé par arrêté du Ministre des travaux publics en date du 16 novembre 1845.

Il a pour objet spécial l'essai ou l'analyse des substances minérales.

Aux termes de l'arrêté constitutif, les personnes qui désirent obtenir un essai doivent déposer à l'École des mines les échantillons à analyser, avec une indication de la localité d'où ils proviennent et des circonstances de leur gisement. Il leur est ultérieurement délivré un extrait certifié du registre des essais, présentant soit l'analyse complète des échantillons, soit leur teneur en éléments utiles, ou, au contraire, la proportion des matières qui peuvent être nuisibles au point de vue de l'emploi industriel. Ces essais se font gratuitement, dans l'intérêt de l'industrie nationale, de l'agriculture ou de l'hygiène publique, quelquefois aussi dans un but exclusivement scientifique.

Depuis sa fondation jusqu'à la fin de l'année 1877, c'est-à-dire dans l'espace de trente-deux années, le Bureau d'essai de l'École des mines a fait 21,873 essais ou analyses, qui se répartissent ainsi par ordre de date :

	Nombre d'essais ou analyses.
Du 16 novembre 1845 au 31 décembre 1846.	459
Pendant l'année 1847...................	439
En 1848.............................	375
1849.............................	489
1850.............................	643
1851.............................	693
1852.............................	794
1853.............................	747
1854.............................	820
1855.............................	843
1856.............................	938
1857.............................	1,070
1858.............................	848
1859.............................	866
1860.............................	703
1861.............................	558
1862.............................	512
1863.............................	639
1864.............................	678
1865.............................	432
1866.............................	549
1867.............................	819
1868.............................	886
1869.............................	777
1870.............................	440
1871.............................	353
1872.............................	598
1873.............................	849
1874.............................	850
1875.............................	767
1876.............................	702
1877.............................	737
Total (de 1845 à 1877).........	21,873

Les échantillons analysés sont de nature très-diverse; on peut dire qu'ils se rapportent à tous les genres de substances minérales, naturelles ou artificielles.

Nous citerons notamment :

Les minerais métalliques (fer et autres métaux), de provenance française ou étrangère;

Les combustibles minéraux, houilles, lignites, cokes, charbons, etc.;

Les produits d'usines : laitiers, scories, mattes, etc.;

Les métaux et les alliages métalliques, tels que fontes, aciers, bronzes, laitons, alliages d'imprimerie, etc.;

Les argiles, kaolins, sables, etc. pour la fabrication de la porcelaine, de la poterie, des briques, des produits réfractaires, du verre, etc.;

Les calcaires, les chaux grasses ou hydrauliques, les ciments fabriqués au moyen de calcaires argileux ou siliceux naturels ou de mélanges artificiels;

Les amendements pour l'agriculture : les marnes, les phosphates, etc.;

Les eaux minérales, les eaux potables et celles qui sont destinées à l'alimentation des chaudières.

On trouvera dans le tableau suivant le nombre des essais se rapportant aux principales catégories que l'on peut établir parmi les substances minérales soumises à l'examen du Bureau d'essai :

	Nombre d'essais ou analyses.
Alliages métalliques....................	452
Argiles, kaolins, sables	1,665
Calcaires à chaux grasse, chaux...........	832
Calcaires à chaux hydraulique, ciments.....	1,252
Combustibles minéraux.................	2,343
A reporter.............	6,544

Report...............	6,544
Eaux minérales, eaux potables, etc.........	850
Métaux divers, fontes, aciers, etc..........	450
Minerais d'antimoine..................	61
— d'argent......................	572
— de cobalt et de nickel............	300
— de cuivre....................	1,981
— d'étain	199
— de fer......................	3,622
— de manganèse.................	238
— de mercure...................	57
— d'or........................	710
— de plomb....................	2,970
— de zinc.....................	679
Phosphates, engrais minéraux............	550
Pyrites de fer, pyrites arsenicales..........	503
Sel marin, sels divers	250
Échantillons divers	1,337
Total................	21,873

Le nombre et la variété de ces analyses peuvent donner une idée de l'importance du travail effectué par les ingénieurs et les chimistes du Bureau d'essai et des services qu'ils ont rendus à l'industrie nationale, à l'agriculture, à la médecine, etc.

Les directeurs successifs du Bureau d'essai depuis sa fondation jusqu'à ce jour ont été les ingénieurs des mines Ebelmen, Rivot, Moissenet et Carnot. La liste des chimistes qui ont participé à leurs travaux figure en tête des trois volumes spéciaux de *Comptes rendus d'analyses* indiqués ci-après.

Le Bureau d'essai de l'École des mines est représenté à l'Exposition universelle de 1878 par la publication de trois volumes présentant le relevé des analyses ou essais exécutés sur les minerais de fer, les eaux minérales ou potables et les phosphates de chaux de provenance française.

I

Compte rendu des analyses de minerais de fer français exécutées au Bureau d'essai de l'École des mines depuis sa fondation, en 1845, jusqu'au 31 décembre 1877.

Ce volume renferme 1,501 analyses complètes de minerais de fer provenant de soixante-neuf départements de la France et des trois départements de l'Algérie. Les analyses sont classées par département, avec indication de la nature du minerai, de sa provenance, du nom de la personne qui a fait l'envoi et de la date de l'essai.

L'indication exacte, non-seulement de la teneur en fer, mais de la proportion des diverses matières étrangères, utiles ou nuisibles à la qualité des produits, présente aux métallurgistes les renseignements les plus essentiels pour le choix des minerais, l'association que l'on en peut faire dans les hauts fourneaux, le mode de traitement qui leur convient et la nature des fontes, des fers ou des aciers qu'ils peuvent fournir.

II

Compte rendu des analyses d'eaux minérales et d'eaux potables.

Les eaux analysées proviennent de cinquante-quatre départements français et sont au nombre de 991.

Parmi ces analyses, 166 se rapportent à des eaux minérales, presque toutes utilisées pour la thérapeutique, et 99 à des eaux ordinaires, destinées soit à l'alimentation des villes, soit à l'usage des particuliers. Quelques-unes devaient être employées dans des chaudières à vapeur. Pour ce dernier usage, l'analyse permet de prévoir d'avance, et par conséquent de combattre dans une certaine mesure, les dépôts et les incrustations qui peuvent nuire au fonctionnement des chaudières et occasionner des accidents. Pour les eaux potables et surtout pour les eaux minérales, la médecine exige des analyses très-rigoureuses, faisant exactement connaître la nature et la proportion de tous les éléments contenus.

III

Compte rendu des essais de phosphates de chaux.

Le relevé des essais des phosphates de provenance française comprend 189 échantillons, fournis par dix-neuf départements.

On sait toute l'importance qui s'attache aujourd'hui à l'emploi agricole des phosphates de chaux. Les recherches poursuivies depuis quelques années ont abouti à la découverte de nombreux gisements de cet engrais minéral dans diverses régions de la France, où il est exploité aujourd'hui.

Le *Compte rendu* indique, avec la provenance des échantillons soumis à l'essai, leur teneur en acide phosphorique ou en phosphate de chaux correspondant, d'après laquelle on peut apprécier la véritable valeur de la matière, soit qu'on se propose de l'employer comme engrais après une simple pulvérisation, soit qu'on veuille la soumettre à l'action des acides pour la transformer en superphosphate.

Les analyses qui figurent dans les trois volumes de *Comptes rendus* ont été relevées sur les registres du Bureau d'essai de l'École des mines par les soins de M. A. CARNOT, ingénieur des mines, professeur de docimasie à l'École des mines, avec l'aide de M. L. RIOULT, chimiste au Bureau d'essai.

NOTICE V.

I

GÉOMÉTRIE DU RÉSEAU PENTAGONAL
ET SPHÉRODÉSIE GRAPHIQUE.

Instruments (écrin). — Appareils armillaires. — Épures sphériques (modèles). — Épures planes (panneau et portefeuille). — Notices (plaquettes reliées).

La géométrie du réseau pentagonal pouvant donner lieu à des applications en dehors de la géologie, on a réuni à part les objets et les documents destinés à en vulgariser les notions ou concernant les moyens de dessiner sur la sphère et de comparer les systèmes de grands cercles, moyens qui, bien que combinés pour l'étude du réseau et des alignements géologiques, ont eux-mêmes une portée plus générale.

a. *Instruction pour la pratique du dessin géométrique sur la sphère et pour son application en géographie et en géologie.* (Extrait des *Annales des mines*, 1874.)

b. *Sphères stuquées* représentant le globe terrestre réduit au 50 000 000e (rayon = 0^m,1274) et au 100 000 000e (rayon = 0^m,063).

c. *Instruments sphérodésiques* adaptés aux sphères précédentes : règle (grand cercle); équerre (triangle birectangle); compas (compas à verge circulaire).

d. *Épure sphérique du réseau pentagonal*, comprenant le tracé des cent vingt et un cercles principaux, notée et coloriée méthodiquement.

e. Modèles montrant les rapports des solides réguliers et du réseau pentagonal : 1° sphère portant les quinze cercles primitifs; 2° les cinq octaèdres réguliers, dont les arêtes correspondent aux cercles primitifs, inscrits dans l'icosaèdre; 3° les cinq cubes, conjugués aux octaèdres, inscrits dans le dodécaèdre conjugué à l'icosaèdre; 4° les cinq dodécaèdres rhomboïdaux semi-réguliers, conjugués à la fois aux octaèdres et aux cubes, inscrits dans le triacontaèdre semi-régulier, conjugué à la fois à l'icosaèdre et au dodécaèdre.

(Le coloriage destiné à faire ressortir les rapports des cinq séries est indépendant de celui de l'épure sphérique d.)

f. Épure plane intitulée : *Le Réseau pentagonal, résumant les rapports des cinq solides réguliers, établi en géologie comme principe de la coordination des systèmes de montagnes et des autres faits d'alignement, par Élie de Beaumont,* 1850.

Cette planche, exécutée d'abord à l'Imprimerie nationale en 1874 et reproduite après modifications en 1878, présente, avec une légende détaillée, la projection orthogonale du réseau sur le plan de l'un des cercles primitifs et sa projection gnomonique, pour le quart de la sphère, sur le plan tangent horizon du centre d'un pentagone. Elle correspond à l'épure sphérique (d.) par ses dimensions, ses notations et son coloriage.

g. Applications de l'épure plane précédente : exemples d'itinéraires géométriques de cercles dont les pôles sont donnés, tracés par réflexion dans un seul pentagone.

h. Réseau pentagonal mobile glissant sur un globe au 50 000 000°. Établi pour la discussion du mode d'installation.

k. Appareil armillaire à coupoles disposé pour l'étude des faits d'alignements sur les globes géographiques, et particulièrement pour la constatation ou la recherche des systèmes de grands cercles conjugués par un *normal*.

Il permet de faire tourner le globe autour de l'axe des pôles d'un normal donné et d'amener cet axe dans le plan du limbe horizontal, à l'arasement duquel la rotation du globe présente alors successivement tous les grands cercles d'alignement du système mis en expérience.

1. *Notice* intitulée : *Sur le Réseau pentagonal de M. Élie de Beaumont* (Extrait du *Bulletin de la Société géologique*, 1875), donnant une description sommaire du réseau.

Les notices sont dues à M. A.-E. Béguyer de Chancourtois, ingénieur en chef des mines et professeur de géologie à l'École nationale des mines, sous la direction duquel ont été exécutés les instruments, modèles, dessins; par MM. Dumoulin-Froment (c, h, k), Muret (e), Bertaux (b), Wagner (d), Lenoir, Tattegrain, Perot, Dujardin, Lejard (f et g).

II

ÉTUDE DES ALIGNEMENTS GÉOLOGIQUES
ET APPLICATION DU RÉSEAU PENTAGONAL.

Cartes d'études (panneau et portefeuille). — Globe avec monture spéciale (modèle). — Tableaux numériques, mémoires, notices (plaquettes reliées).

L'étude des alignements géologiques auxquels donnent lieu les surfaces stratigraphiques de l'écorce terrestre voisines de la verticalité se poursuit depuis les faits de dernier détail qui intéressent immédiatement l'exploitation des gîtes minéraux jusqu'aux faits d'ensemble concernant la distribution de ces gîtes et des lieux de phénomènes éruptifs ainsi que la dislocation des terrains. A tous les degrés, ces faits se montrent en relation avec les faits orographiques et hydrographiques.

Les résultats exposés procédant du général au détaillé, il paraît convenable de faire figurer en tête le document qui donne les éléments trigonométriques pour l'application de la systématisation pentagonale.

a. *Tableau des données numériques qui fixent les cercles et les points du réseau pentagonal*, publié par M. Élie de Beaumont dans les Comptes rendus de l'Académie des sciences, 1863 et 1866.

b. *Études d'alignements géographiques et géologiques généraux sur des globes.*

On a tracé sur un globe au 40 000 000° dressé par E. Picard et édité par M. Andriveau-Goujon et sur un globe au 50 000 000° édité par MM. Grosselin et Bertaux, d'abord, avec les instruments sphérodésiques (voir Ic) et au moyen des données numériques des tableaux (IIa), *les trente et un premiers cercles principaux du réseau pentagonal*; ensuite, avec les mêmes instruments et avec l'appareil armillaire (Ik), les alignements décrits dans le mémoire de M. B. de Chancourtois intitulé : *Application du réseau pentagonal à la coordination des sources de pétrole et des dépôts bitumineux, étendue à la coordination des points ou des lignes d'éruption et d'émanation et des gîtes minéraux en général.* (Extrait des Comptes rendus de l'Académie des sciences, 1863.)

Une des conclusions de ce mémoire est que les alignements se groupent sur le globe en *systèmes de grands cercles conjugués*, déterminés chacun par un *grand cercle normal commun*.

Le globe monté dans l'appareil armillaire met en évidence le *système de grands cercles qui a pour normal le primitif du Rhin*. Des termes particulièrement remarquables de ce système sont : le cercle de comparaison des Pyrénées qui passe par l'Etna, où sa direction se retrouve dans les principaux accidents du Val del Bove, et les faisceaux de lignes de fracture que l'on peut suivre des gîtes de pétrole de Bakou, extrémité du Caucase, aux gîtes de la région de l'Ohio, et des bouches du Volga aux bouches du Mississipi.

c. *Études d'alignements géographiques et géologiques généraux sur la carte du globe dite Octoplanisphère gnomonique* (voir notice VII).

On a tracé sur des exemplaires différents de cette carte, qui correspond au globe réduit au 100 000 000ᵉ, les alignements décrits dans le mémoire susmentionné, savoir : 1° les deux systèmes de cercles qui ont pour normaux le cercle primitif du Rhin et le bissecteur de Bassorah formant trait carré au centre du pentagone européen ; 2° les deux systèmes de cercles qui ont pour normaux le trapézoédrique du Tanganjika et le diamétral de la basse Loire formant également trait carré ; 3° le système qui a pour normal le dodécaédrique régulier de Singapour, perpendiculaire à la fois aux normaux des deux systèmes précédents et formant ainsi avec eux des triangles tri-rectangles ; 4° les alignements non systématisés.

d. *Études d'alignements géographiques et géologiques généraux sur la carte gnomonique du pentagone européen.*

On a figuré les deux systèmes ci-dessus mentionnés sur des reproductions de la carte du pentagone européen d'Élie de Beaumont agrandie par la photographie de manière à correspondre au globe réduit au 20 000 000ᵉ.

Parmi les alignements des systèmes du Tanganjika et de la basse Loire, on peut citer, pour le premier : le cercle qui, passant par l'Etna et les Dardanelles, marque la limite Sud de l'Atlas, le faisceau qui joint les gîtes de mercure d'Almaden et d'Idria et le cercle qui, passant par la Côte-d'Or et les marais de Pinsk, accuse encore un caractère anticlinal dans les plaines de la Russie en détournant le Volga ; pour le second : le cercle qui suit la Gironde et les côtes de l'Océan, celui qui relève Londres, Paris et Lyon, celui qui, partant de l'Etna, va régler le cours du Rhin au-dessous de Coblentz, celui qui, après avoir réglé le cours du Pruth, relève l'embouchure du Bosphore et le sommet du delta du Nil.

e. *Études d'alignements géographiques et géologiques sur le tableau d'assemblage de la carte géologique de France.*

Les systèmes d'alignements ci-dessus mentionnés ont enfin été tracés sur cette carte au 2 000 000ᵉ qui est due à Brochant de

Villier, Dufrénoy et Élie de Beaumont et qui porte, ainsi que la carte de la France au 500 000°, les cercles du réseau pentagonal ajoutés par Élie de Beaumont.

f. *Étude graphique des plis, des failles et des fissures jalonnées par les gîtes de minerais de fer dans le Nord de la France.*

Les alignements ont été étudiés et figurés sur un fragment de la carte géologique détaillée de la France au 80 000° composé de quatre des vingt-deux feuilles exécutées avant 1874, M. Élie de Beaumont étant directeur du service et M. B. de Chaucourtois sous-directeur, savoir : Montreuil, Arras et Saint-Omer, par M. Potier; Boulogne, par M. Douvillé. Le figuré est accompagné d'une rose des directions observées et rapportées. Ce travail est du même ordre que celui qui a été publié en 1862 dans les Études stratigraphiques d'Élie de Beaumont et de M. B. Chancourtois sur la région de la haute Marne, et touche déjà les questions d'application locale.

Les études réunies sous le n° V II sont dues à M. B. DE CHANCOURTOIS, ingénieur en chef des mines, professeur de géologie à l'Ecole des mines, qui a été secondé par MM. JEDLINSKI, PARQUET, WAGNER et BULLAT pour les travaux graphiques et l'appropriation des globes, dont les éléments ont dû être ajustés avec toute la précision qu'ils comportaient.

NOTICE VI.

CARTE GÉOLOGIQUE DÉTAILLÉE DE LA FRANCE.

GÉNÉRALITÉS.

L'exécution aux frais de l'État de la carte géologique détaillée de la France a été prescrite par décret du 1er octobre 1868. Un arrêté ministériel du 15 du même mois a organisé le service spécial chargé d'entreprendre ce grand travail, et il l'a placé sous la haute direction de M. Élie de Beaumont, sénateur, membre de l'Institut, professeur de géologie à l'École des mines.

Le rapport du 30 septembre contenant l'exposé des motifs du décret, tout en fixant le but de l'œuvre, a déterminé d'une manière générale les conditions dans lesquelles elle devait être entreprise. Le but déclaré était de reprendre le travail inauguré en 1835 par l'institution des cartes géologiques départementales, et de le terminer en y apportant les vues d'ensemble qui pouvaient seules en assurer l'homogénéité. Quant aux bases essentielles assignées à la confection de l'œuvre, elles étaient également définies dans le rapport. Les relevés géologiques du sol devaient être effectués et reportés sur la carte du Dépôt de la guerre au $\frac{1}{80,000}$. On prévoyait qu'un terme de dix années suffirait à l'achèvement des études sur les 286 feuilles de cette carte entre lesquelles le territoire français était alors divisé. Le tirage de chaque feuille devait avoir lieu à 200 exemplaires. Enfin la dépense était évaluée à un million de francs.

A la suite du décès de M. Élie de Beaumont, survenu en septembre 1874, le Service de la carte géologique détaillée a dû être l'objet d'une réorganisation. L'Administration des travaux publics n'y a procédé qu'avec mesure et après avoir pris notamment l'avis d'une commission instituée à cet effet et composée de MM. Grüner, du Souich, Daubrée, inspecteurs généraux des mines, et Zeiller, ingénieur ordinaire, secrétaire. Le résultat principal de l'enquête à laquelle cette commission s'est livrée a été de constater la disproportion manifeste qui existait entre le plan conçu pour l'exécution de l'œuvre et les moyens dont le Service disposait pour la mener à bonne fin. Le remède à une pareille situation lui a paru résider dans le concours de collaborateurs pris en province, sur les lieux à explorer. A l'exemple de ce qui se pratiquait dans quelques services géologiques étrangers et en vue de faciliter l'analyse des échantillons recueillis, elle a également proposé d'adjoindre au Service de la carte l'ingénieur chargé du Bureau d'essai établi à l'École des mines.

D'un autre côté, l'attention de l'Administration des travaux publics se trouvait appelée sur la nécessité d'imprimer à la carte géologique une direction telle, qu'elle restât une œuvre pour ainsi dire impersonnelle, indépendante de tout système et pouvant être accueillie sans discussion et sans réserve par la généralité du public spécial auquel elle était destinée.

L'arrêté ministériel du 21 janvier 1875, qui a reconstitué le Service géologique, a résolu de la manière la plus heureuse ces difficultés en plaçant à côté du directeur, seul responsable envers le Ministre, une commission appelée à donner son avis sur les questions se rattachant à l'exécution de la carte.

Dans les trois dernières années, tous les efforts de la direction nouvelle ont eu pour objet de mettre en pratique les vues qui avaient présidé à la réorganisation du Service. Bien que la réforme, aussi large que libérale, introduite dans le recrutement du personnel n'ait pu devenir effective qu'à partir de 1876, par suite de l'insuffisance des crédits précédemment alloués, et qu'elle ne date par conséquent que de deux ans, elle a déjà produit d'excellents résultats. Dès la première année, le Service géologique, réduit auparavant à six membres actifs, s'est accru de treize collaborateurs pris, en général, parmi les professeurs des facultés et les ingénieurs des mines. Il compte maintenant vingt-neuf membres. Avec sa composition et sa dotation actuelle de 80,000 francs, le Service est en mesure d'imprimer à la publication de la carte géologique une impulsion rapide et de l'achever dans un délai de dix-huit ans, compté à partir de 1875 et correspondant à une production moyenne de quatorze feuilles par année. Il reste d'ailleurs ouvert à toutes les aptitudes.

Parmi les autres réformes dont l'exécution de la carte géologique détaillée a été l'objet, il est impossible d'omettre, à raison de son importance, celle qui a été apportée au mode de publication. Conformément à l'avis de la commission consultative, le tirage des feuilles de la carte a été porté de 200 à 500 exemplaires, et l'impression en couleurs a été substituée au coloriage à la main. Cette modification dans le procédé d'exécution a permis de réduire de moitié les prix de vente. On a pu les abaisser assez pour qu'ils ne dépassent plus guère ceux des exemplaires gravés de la carte du Dépôt de la guerre, et que, dans certains cas, ils se tiennent même au-dessous de ces derniers.

Depuis son institution en 1868, le Service de la carte géologique détaillée a déjà pris part à trois expositions. Il a fait figurer à celle de Vienne, en 1873, un panneau rectangulaire comprenant douze feuilles, soit trois de front sur quatre de hauteur, et ayant Paris pour point central. Ces documents ont été livrés à la publicité au mois de mai 1874. Un panneau d'égale étendue et composé des douze feuilles faisant suite aux précédentes vers le Nord a été envoyé au pavillon de Flore en 1875, pour répondre à l'invitation que le Service avait reçu de la part de la commission du Congrès international des sciences géographiques. Les feuilles n'étaient pas encore publiées et n'y figuraient qu'en minutes. Enfin, l'année suivante, ce même panneau a été expédié à Philadelphie, où il est resté, sur la demande d'une des commissions, pour prendre place dans le musée permanent formé à la suite de l'exposition de 1876.

Les différentes pièces exposées en 1878 par le Service géologique comprennent, soit en nature, soit en valeur, 70 feuilles de la carte au $\frac{1}{80,000}$. Pour quelques-unes de ces pièces, afférentes à des régions naturelles, comme le Morvan, le massif du Cantal et le Gévaudan, et qui ont été préparées en vue de l'Exposition, il importe de remarquer qu'elles ne se trouvent pas en rapport avec les divisions de la carte du Dépôt de la guerre, et qu'elles ne peuvent, dès lors, être évaluées qu'à l'aide d'un calcul. Parmi les feuilles exposées, 30 sont livrées à la publicité[1]. 15 autres, formant le contingent de la publication afférent à l'exercice 1877, sont en préparation chez le graveur ou l'imprimeur. Les 25 feuilles restantes sont parvenues, sous le rapport des explorations, à divers degrés d'avancement. La plupart d'entre elles n'exigent plus qu'une révision ou un complément pour prendre place dans la publication de la carte.

Les diverses expositions auxquelles la carte géologique a figuré depuis 1868 constituent autant d'étapes très-propres à marquer la mesure exacte de la marche progressive de l'œuvre. Sur les 70 feuilles exposées, le Service réorganisé en 1875 en revendique 46; il a publié 19 des 31 feuilles parues à ce jour.

L'exposition du Service géologique ne doit pas être seulement envisagée au point de vue du nombre des feuilles sur lesquelles

---

[1] Le nombre des feuilles actuellement publiées est de 31. La différence entre ce chiffre et celui de la notice provient de ce qu'on n'a pas jugé à propos d'exposer la la feuille du Havre, qui fait partie de la 7ᵉ livraison de la carte.

les études ont porté. Il convient de la considérer également sous le rapport de la répartition des feuilles à la surface du territoire français. Tous les fragments de la carte géologique détaillée de la France qui ont paru jusqu'ici aux expositions se trouvaient confinés dans le Nord ou le N. E., et ils ne sortaient guère du bassin de Paris, lequel offrait des facilités d'étude spéciales sur lesquelles il est inutile d'insister. Le Service affirme sa manière de procéder en exposant, pour la première fois, des feuilles de la carte de la France empruntées aux régions les plus diverses. On peut remarquer qu'en dehors des Pyrénées, de la Bretagne et du Jura, toutes celles entre lesquelles la France peut être naturellement divisée se trouvent géologiquement représentées à l'Exposition de 1878.

En regard du bassin tertiaire de Paris, qui forme le panneau central de l'exhibition de la carte, on a placé un fragment important de celui de l'Aquitaine, dont la structure, si originale, a été mise à jour au moyen d'une coupe détaillée.

Par la série des feuilles d'Orléans, Gien et Bourges, qui font suite vers le Sud à celle de Fontainebleau comprise dans le panneau central, la carte géologique pénètre au cœur de la France.

Avec la feuille de Nancy, elle inaugure l'exploration des contrées industrielles de l'Est.

Dans cette même région, le fragment au $\frac{1}{40,000}$ de la feuille de Givet, compris entre la frontière belge et Fumay, offre une étude détaillée des terrains paléozoïques de l'Ardenne, qui sont également figurés, mais avec moins de divisions, sur les feuilles voisines de Maubeuge et de Rocroy.

En entamant le plateau central, le Service géologique aborde résolûment les difficultés inhérentes aux contrées de roches cristallines. La constitution géologique du sol y est, en général, tellement compliquée, qu'elle ne peut être représentée d'une manière convenable que sur des cartes à grandes échelles. Deux études, exécutées dans ces conditions forment le lot de la carte à l'Exposition. L'une, au $\frac{1}{40,000}$, s'applique au Morvan, qui n'est qu'une digitation du plateau vers le N. E.; l'autre, au $\frac{1}{20,000}$, concerne le Gévaudan, qui en forme la bordure méridionale du côté des Cévennes.

Les terrains volcaniques de l'Auvergne ont également fourni deux études détaillées qui se rapportent aux massifs les plus importants de la région : le Plomb du Cantal et le Mont-Dore.

Dans la région de l'Ouest, le Service géologique présente à l'Exposition, indépendamment de la feuille du Mans, une étude au $\frac{1}{40,000}$ d'une partie du Maine.

Les nombreux accidents qui affectent les terrains stratifiés en bordure à la périphérie du plateau central sont mis en évidence sur la feuille de Chalon-sur-Saône, où l'on aperçoit la côte chalonnaise, prolongement méridional de la Côte-d'Or.

Les Alpes du Dauphiné et de la Savoie, objet d'études persévérantes et consciencieuses qui remontent à vingt-cinq ans, sont représentées à l'Exposition par les quatre feuilles : Grenoble Saint-Jean-de-Maurienne, Vizille et Briançon.

L'extrême S. E. a également fourni son contingent. A cette région appartiennent la feuille d'Antibes au $\frac{1}{80,000}$, où se trouve figuré le massif montueux de l'Esterel, et le fragment des Alpes-Maritimes au $\frac{1}{50,000}$, où se dessinent avec netteté les accidents remarquables de la contrée comprise entre Nice et la frontière italienne, accidents auxquels la célèbre Corniche doit son relief.

Enfin, le Service géologique affirme le côté pratique imprimé aux études qu'il poursuit, en exposant une feuille d'ensemble du bassin ferrifère de la Chapelle-Saint-Ursin, près Bourges, et une feuille de détails sur laquelle les alignements propres aux gîtes sidérolithiques sont mis en évidence.

Au 31 décembre 1877, le Service de la carte géologique détaillée était composé de la manière suivante :

SERVICE CENTRAL.

MM. Jacquot, inspecteur général des mines de 2° classe, directeur ;

Fuchs, ingénieur ordinaire des mines de 1ʳᵉ classe,
Potier, ingénieur ordinaire des mines de 1ʳᵉ classe;
Carnot, ingénieur ordinaire des mines de 1ʳᵉ classe ;
Lévy (Auguste), ingénieur ordinaire des mines de 2° classe;
Douvillé, ingénieur ordinaire des mines de 2° classe;

Guyerdet, préparateur à la collection de géologie ;
Thomas, garde-mines de 3° classe, chargé des travaux graphiques;
Audebez, régisseur.

Collaborateurs appartenant à l'Administration des travaux publics :

MM. Linder, ingénieur en chef des mines de 2° classe, à Alais;
Nivoit, ingénieur ordinaire des mines de 2° classe, à Mézières ;
Aguillon, ingénieur ordinaire des mines de 2° classe, à Paris ;
Delafond, ingénieur ordinaire des mines de 2° classe, à Chalon-sur-Saône ;
Rigaud, ingénieur ordinaire des mines de 2° classe, à Dijon ;
Amiot, ingénieur ordinaire des mines de 2° classe, à Clermont;
Voisin (Honoré), ingénieur ordinaire des mines de 2° classe, à Moulins;
Bertrand, ingénieur ordinaire des mines de 2° classe, à Vesoul ;

MM. Durand de Grossouvre, ingénieur ordinaire des mines de 2ᵉ classe, à Bourges;

Lodin, ingénieur ordinaire des mines de 3ᵉ classe, à Caen;

Cameré, ingénieur ordinaire des ponts et chaussées de 1ʳᵉ classe, à Vernon;

Guillier, conducteur des ponts et chaussées, au Mans.

Collaborateurs dépendant du Ministère de l'instruction publique :

MM. Leymerie, professeur de géologie, doyen de la faculté des sciences de Toulouse, membre correspondant de l'Institut;

Lory, professeur de géologie, doyen de la faculté des sciences de Grenoble, membre correspondant de l'Institut;

Fouqué, professeur de géologie au Collége de France;

Gosselet, professeur de géologie à la faculté des sciences de Lille;

Barrois, docteur ès sciences, maître de conférences à la même faculté;

Vélain, préparateur de géologie à la Sorbonne.

Collaborateur appartenant au Ministère de l'agriculture et du commerce :

M. Fabre (Georges), sous-inspecteur des forêts, à Alais.

Collaborateurs étrangers à l'administration et à l'enseignement:

MM. Pillet (Louis), avocat, à Chambéry;

Cossigny (De), ancien élève de l'École polytechnique, ingénieur civil, à Courcelles (Aube);

Doumerc (Jean), ingénieur civil, à Montauban;

Doumerc (Paul), ingénieur civil, à Montauban;

Les travaux graphiques des pièces exposées par le Service géologique ont été exécutés sous la surveillance de M. Thomas, garde-mines, attaché à ce service et chargé de la direction de l'atelier de dessin et de coloriage.

L'impression de la carte géologique détaillée de la France par le procédé chromo-lithographique s'effectue dans les ateliers de MM. Lemercier et Cie, rue de Seine, 57.

M. Wührer, graveur, successeur des frères Avril, rue de l'Abbé-de-l'Épée, 4, est chargé de tous les travaux de gravure et de composition chromo-lithographique que comporte la publication de la carte.

L'impression typographique est exécutée dans les ateliers de MM. Quantin et Cie, successeurs de M. Claye, rue Saint-Benoît.

Les photographies de la carte du Dépôt de la guerre par amplification d'échelle ont été exécutées dans l'atelier de M. Bullot, rue Saint-Antoine, 141.

PANNEAU CENTRAL.

Le panneau central exposé par le Service de la carte géologique est formé par la réunion des trente-neuf feuilles de la carte topographique de l'État-Major dont les noms suivent, coloriées géologiquement :

N° 1, Calais; n° 2, Dunkerque; n° 3, Boulogne; n° 4, Saint-Omer; n° 5, Lille; n° 6, Montreuil; n° 7, Arras; n° 8, Douai; n° 9, Maubeuge; n° 10, Saint-Valery; n° 11, Abbeville; n° 12, Amiens; n° 13, Cambrai; n° 14, Rocroy; n° 19, Yvetot; n° 20, Neufchâtel; n° 21, Montdidier; n° 22, Laon; n° 23, Rethel; n° 30, Lisieux; n° 31, Rouen; n° 32, Beauvais; n° 33, Soissons; n° 34, Reims; n° 46, Bernay; n° 47, Évreux; n° 48, Paris; n° 49, Meaux; n° 50, Châlons; n° 63, Mortagne; n° 64, Chartres; n° 65, Melun; n° 66, Provins; n° 67, Arcis; n° 78, Nogent-le-Rotrou; n° 79, Châteaudun; n° 80, Fontainebleau; n° 81, Sens; n° 82, Troyes.

Il embrasse la Flandre, l'Artois, la Picardie, la Champagne, l'Ile-de-France, la Brie, la Beauce, le Gâtinais, la haute Normandie, le Perche.

Il s'étend également sur quelques parties du Maine et de la basse Normandie.

Cet ensemble comprend environ la sixième partie de la France et l'ensemble du bassin tertiaire parisien; il est assez vaste pour montrer une partie de la ceinture jurassique et crétacée qui entoure Paris, et la partie française du bassin tertiaire anglo-flamand. Les extrémités des massifs paléozoïques de l'Ardenne et du Bocage normand apparaissent dans les coins du panneau vers le N. E. et au S. O.

La plupart des feuilles qui le composent figuraient déjà à l'Exposition universelle de 1867. A cette époque, Élie de Beaumont avait cherché, par la réunion des cartes géologiques départementales, à obtenir une carte géologique suffisamment détaillée du bassin de Paris; il avait eu recours, pour combler les lacunes résultant de l'absence de certaines cartes départementales et pour unifier les cartes existantes, à ses notes personnelles et à celles qui lui furent fournies par les ingénieurs placés sous ses ordres dix-huit mois seulement avant l'Exposition. Cet essai produisit une carte d'ensemble où les grands traits de la géologie du Nord de la France étaient indiqués, mais dont la précision était au-dessous de celle que permettait d'atteindre la grandeur de l'échelle de la carte topographique, et dans laquelle il n'était pas suffisamment tenu compte des connaissances acquises depuis la confection des cartes départementales qui avaient servi de base. Un complément d'explorations et une révision complète de la carte étaient donc nécessaires; le résultat de cette révision est le panneau exposé aujourd'hui. Si toutes les questions que soulève l'étude du bassin de Paris, notamment en ce qui concerne les terrains les plus récents, n'ont pas été résolues d'une manière complétement satisfaisante, la comparaison de la carte ancienne et de la carte actuelle met néanmoins en évidence un progrès sensible.

Dans la série déjà très-nombreuse des subdivisions du terrain tertiaire deux nouveaux termes ont été introduits : les sables à éléments granitiques, postérieurs au dernier terrain lacustre du bassin parisien, et les marnes de l'Orléanais, confondues jusqu'ici avec le calcaire de Beauce, dont elles formaient la partie supérieure. Par l'introduction de ce nouveau terme, la série parisienne se rapproche de la série du S. O., et, par la couleur distincte que ce calcaire a reçue sur la carte, se trouvent accentuées, d'une part, la disposition générale des assises du bassin parisien à empiéter de plus en plus vers le Sud, et, de l'autre, l'indépendance du calcaire lacustre par rapport aux sables de la Sologne.

Le prolongement vers l'Est de chacune des assises qui avaient été reconnues aux environs de Paris a été suivi pied à pied; on sait que plusieurs d'entre elles disparaissent avant d'atteindre la grande falaise qui limite le bassin tertiaire du côté de la Champagne; la connaissance exacte des limites de chacune d'elles est indispensable pour déterminer l'importance, le sens et l'époque des oscillations du sol qui ont fait à diverses reprises émerger ou disparaître sous des eaux lacustres ou marines le bassin parisien. Les vallées profondes qui entament le plateau de la Brie, aussi bien au Sud qu'au Nord de la Marne, ont été explorées avec soin à ce point de vue. Des lambeaux non encore signalés de sables de Fontainebleau ont été indiqués sur ce plateau; il est intéressant de constater que de ce côté les sables ont dépassé notablement les meulières de la Brie, de sorte qu'ils arrivent au contact des marnes vertes et de la formation gypseuse.

Vers le Nord, l'épaisseur et le nombre des termes de la série tertiaire diminuent rapidement lorsqu'on s'éloigne de Paris; et le sous-sol est réellement constitué par la craie que recouvrent çà et là quelques lambeaux éocènes, intéressants à étudier parce qu'ils fournissent les seuls termes absolument positifs de comparaison entre le bassin parisien et le bassin belge; la singulière disposition de ces lambeaux étroits au fond de poches de la craie, leur stratification inclinée et tourmentée, contrastant avec celle de la craie sous-jacente, ont été signalées.

Une étude détaillée des mouvements du sol ne pouvait être entreprise au moyen des anciennes cartes dans la vaste région qui comprend la Normandie, la Picardie et l'Artois. Une telle étude exige en effet que l'épaisseur des divisions, représentées par des nuances distinctes, ne soit pas assez forte pour masquer d'importantes dénivellations sous une couleur uniforme. Les subdivisions introduites dans la craie supérieure : craie à bélemnitelles, craie à micraster, craie marneuse, qui avaient été primitivement figurées par une teinte unique, ont permis de représenter sur la carte les nombreuses inflexions de la craie dans toute cette partie du bassin parisien.

Ces inflexions sont subordonnées à deux directions principales, dont l'une, de beaucoup la plus importante, est aussi celle de deux grandes lignes de failles : l'axe du Bray et celui de l'Artois; le tracé de ces failles et de celles de la vallée de la Seine a été étudié avec soin; et, pour compléter la représentation graphique du sous-sol, on a figuré dans l'Artois et les Flandres des lignes de niveau représentant, d'après les renseignements fournis par l'étude de la surface et un grand nombre de sondages, la surface ondulée formée par une assise déterminée de la craie, ou plus exactement la surface de séparation du gault et de la craie de Rouen.

Les relevés géologiques sur le terrain des trente-neuf feuilles composant le panneau central ont été exécutés par MM. Fuchs, Potier, de Lapparent, Nivoit, Douvillé, Clérault et Lodin, ingénieurs des mines, et par M. Gosselet, professeur de géologie à la faculté des sciences de Lille; M. Barrois, docteur ès sciences, maître de conférences à la même faculté; M. de Cossigny, ingénieur civil, à Courcelles (Aube); M. Guillier, conducteur des ponts et chaussées, au Mans, et M. Guyerdet, préparateur attaché au Service de la carte géologique. Le tracé des affleurements de la craie sous le pas de Calais a été fait d'après les reconnaissances exécutées en 1875 et 1876, pour le compte de l'association française du tunnel sous-marin entre la France et l'Angleterre, par MM. A. Lavalley, ingénieur, membre délégué de l'association; Larousse, ingénieur hydrographe de la marine; Potier et de Lapparent, ingénieurs des mines.

BASSIN TERTIAIRE SOUS-PYRÉNÉEN.

Les feuilles de la carte au $\frac{1}{80,000}$ appartenant au bassin tertiaire sous-pyrénéen, qui figurent dans l'exposition du Service géologique, sont au nombre de onze, savoir : n° 180, Bordeaux ; n° 191, La Teste-de-Buch ; n° 203, Sore ; n° 204, Grignols ; n° 205, Agen ; n° 215, Mont-de-Marsan ; n° 216, Montréal ; n° 217, Lectoure ; n° 218, Montauban ; n° 228, Castelnau ; n° 229, Auch. Comme on peut le remarquer sur le tableau d'assemblage de la carte du Dépôt de la guerre, ces onze feuilles se placent bout à bout et constituent une surface en forme de gradins, occupant environ la moitié de la partie occidentale de la plaine tertiaire étendue au pied des Pyrénées. On y trouve notamment représentées les régions naturelles suivantes : Guyenne, landes de Gascogne, Agenais, Quercy, Lomagne, haut et bas Armagnac, Marsan, Tursan, enfin la lisière septentrionale de la Chalosse. Pour respecter l'ordre établi, et qui consiste à ne présenter dans le compartiment réservé à l'exposition de la carte géologique que des pièces de forme rectangulaire, les onze feuilles ont dû être réparties sur trois panneaux distincts. Celui qui renferme la feuille de Montauban comprend en même temps la moitié méridionale de la feuille de Cahors. Pour remédier aux inconvénients que cette disposition présente, on a eu soin de rapprocher les deux panneaux principaux. Leur raccordement se trouve ainsi facilité. Pour l'obtenir, il suffit, en effet, de relever, par la pensée, celui de gauche de la hauteur d'une feuille, de façon à mettre sur la même ligne Sore, Grignols et Agen.

Enfin, on a joint aux feuilles exposées une coupe du bassin dirigée d'Auch sur Mont-de-Marsan et prolongée jusqu'à la mer à travers les landes de Gascogne et les dunes du littoral.

Cet ensemble met bien en évidence la constitution géologique de la plaine du S. O., dont les traits les plus saillants peuvent être résumés de la manière suivante :

1° Les assises crétacées et nummulitiques forment, dans cette région, une série d'ondulations manifestement parallèles à l'axe de la chaîne des Pyrénées, en présentant, d'une manière uniforme, un versant peu incliné en regard de cette dernière et un revers abrupte, au contraire, dans la direction opposée.

Trois de ces grandes rides sont représentées sur les feuilles exposées. Ce sont, en partant du Sud :

a. Le pointement crétacé qui s'étend au S. E. de Saint-Sever, entre Hauriet et Fargues, et qui se rattache, dans cette direction, par les gisements de Gensac et de Monléon, aux massifs d'Aurignac et d'Ausseing, vulgairement connus sous le nom de Petites Pyrénées ;

b. La protubérance qui va de Roquefort (Landes) à la métairie de Bordères, commune de Lavardens (Gers), en passant par La Pouchette, Le Gentilhomme, La Hiouère, Bierenx et Créon ;

c. Enfin le pointement de Villagrains, qui occupe la partie haute du vallon de Cabanac et dont le second jalon se trouve à Landiras, sur la feuille de La Réole.

2° Le terrain tertiaire miocène s'est déposé dans les compartiments formés par cette suite d'ondulations. Il s'y présente avec un grand développement et des caractères divers, suivant la région que l'on envisage. Ainsi les assises lacustres dominent de beaucoup dans le Nord et vers l'Est, tandis que les couches marines sont au contraire prépondérantes du côté de l'Ouest.

3° Ces dernières s'interposent en général sous forme de coins au milieu des premières. Elles affectent en plan la forme d'un triangle dont un des côtés s'appuie sur le littoral et dont le sommet est situé dans l'intérieur des terres, à une distance d'autant plus considérable qu'elles sont plus récentes.

4° Il n'y a d'exception à cette disposition que pour les couches marines à *Ostrea crassissima* et *Cardita Jouanneti*, dont le dépôt est manifestement postérieur à celui du grand massif lacustre qui recouvre l'Agenais et le haut Armagnac. La mer, dans laquelle ces couches se sont formées, a profondément entamé et raviné les assises d'eau douce qui constituent des falaises très-accusées dans le relief du sol pour tout observateur se dirigeant de l'Ouest vers l'Est. La dénudation a toutefois respecté quelques îlots de terrain lacustre qui pointent au milieu des sables marins, comme le montre la coupe.

Après le soulèvement des Pyrénées, qui a suivi la formation du terrain éocène, le démantèlement partiel des assises lacustres par la mer à *Ostrea crassissima* est le fait le plus considérable observé dans la structure du bassin tertiaire du S. O. Il correspond à une division bien tranchée dans les couches tertiaires moyennes et sépare celles auxquelles on a appliqué la qualification d'oligocènes des dépôts miocènes proprement dits.

5° Le sable quartzeux des Landes est l'assise tertiaire la plus élevée de la région du S. O. Il affecte, à l'égard des terrains miocènes, une véritable indépendance, car on le trouve indifféremment superposé aux diverses assises renfermées dans ce terrain. On l'a rapporté pour cette raison à l'étage pliocène. On peut d'ailleurs remarquer sur la coupe que le sable des Landes reproduit la disposition déjà constatée dans le gisement des couches à *Ostrea crassissima* par rapport aux dépôts lacustres.

La légende spéciale consacrée à la région du S. O. fait connaître avec détail les divisions introduites dans les terrains qui constituent le sol de cette région, et leur assimilation aux assises qui entrent dans la composition du bassin de Paris.

Quatre des feuilles exposées sont en cours de publication ; ce sont : Bordeaux, La Teste, Lectoure et Auch.

Les relevés géologiques, tant sur ces feuilles que sur les sept autres, ont été exécutés par MM. Jacquot, inspecteur général des mines, directeur du Service de la carte ; Linder, ingénieur en chef des mines, à Alais ; Paul et Jean Doumerc, ingénieurs civils, à Montauban. On a utilisé, pour ces relevés, la carte géologique et agronomique du Gers, par M. Jacquot, et celle des Landes, par MM. Jacquot et Raulin.

La coupe a été dressée par le directeur du Service de la carte géologique.

PANNEAU

COMPRENANT LES FEUILLES D'ORLÉANS, GIEN ET BOURGES.

Le panneau composé des trois feuilles d'Orléans, de Gien et de Bourges comprend au Nord une partie du bassin parisien (Gâtinais), au Centre la plus grande partie de la Sologne, et empiète au Sud sur le Berry. La disposition des teintes employées montre immédiatement que chacune de ces régions présente une constitution géologique particulière.

Les formations qui ont été distinguées sur la carte appartiennent aux terrains quaternaire, tertiaire, crétacé et jurassique.

1° Le TERRAIN QUATERNAIRE comprend les *alluvions modernes* (a^2), les *alluvions anciennes* (a^1) et les *dépôts limoneux et cailouteux des terrasses* (P). Les dépôts des terrasses s'élèvent, sur les bords de la Loire, entre Briare et Gien, à une altitude supérieure à celle de la ligne de faîte qui, à peu de distance au Nord, sépare le bassin de la Loire de celui de la Seine; on constate aussi que ces mêmes dépôts présentent, dans la partie haute de la vallée du Vernisson, un développement tout à fait hors de proportion avec l'importance de ce cours d'eau. La disposition de ces dépôts semble indiquer l'existence d'une ancienne communication entre le haut bassin de la Loire et le bassin de la Seine.

2° TERRAIN TERTIAIRE. On distingue à la base l'*argile à silex* (e_1), qui se présente avec des caractères analogues à ceux qu'elle offrait plus au Nord, près de Château-Landon; elle s'élève progressivement vers le Sud et constitue, au Nord de Bourges, la ligne de faîte qui sépare la Sologne du Berry. Au Nord de cette ligne, on voit affleurer successivement les assises les plus élevées du terrain tertiaire parisien, les *sables et argiles de la Sologne* (m^2), les *marnes et sables de l'Orléanais* (m^1), le *calcaire de Beauce* (m_t), séparé en deux assises distinctes par la *molasse du Gâtinais*. Le calcaire de Beauce inférieur représente le prolongement des meulières supérieures des environs de Paris. Toutes ces assises sont concordantes et reposent en stratification transgresive sur l'argile à silex.

Au Sud, le terrain tertiaire du Berry, composé de calcaire lacustre et de minerai de fer en grains, forme un bassin actuellement isolé mais qui se reliait autrefois, par les calcaires du bassin de l'Aubois et ceux des environs de Sancerre et de Briare, aux calcaires de Château-Landon; ces différents dépôts représentent le prolongement des *calcaires de la Brie* (e^5). Les minerais de fer que ces calcaires recouvrent sont, dès lors, synchroniques avec le *gypse* (e^3) des environs de Paris.

3° Terrain crétacé. Les assises les plus élevées ne sont visibles qu'en un petit nombre de points au-dessous des terrains tertiaires qui les recouvrent; on peut cependant observer, sur les bords de la Loire et dans les vallées de la partie haute de la Sologne, la série complète des couches, comprenant la *craie noduleuse* (c^7), la *craie marneuse* (c^6) et les *marnes à ostracées* (c^{5b}). Les assises inférieures sont bien plus développées et constituent les pentes Sud de la ligne de faîte qui sépare la Sologne du Berry; au-dessous de l'argile à silex et des marnes à ostracées qui couronnent toujours les sommets, on voit affleurer successivement, au Nord de Bourges par exemple, d'abord les *sables du Perche* (c^{5a}), puis la *gaize argileuse* (c^4), les *sables de la Puisaye* (c^3), les *argiles de Miennes* (c^2) et les *sables et grès ferrugineux* (c^1), équivalents locaux de la craie glauconieuse (c^4), de la gaize du Nord et de l'Est de la France (c^3), du gault (c^2) et des sables verts (c^1); enfin, à la base, les *argiles bariolées* avec minerai de fer géodique (c_{II}) et quelques lambeaux du *calcaire à spatangues* (c_{IV}).

Vers l'Est, les sables du Perche se chargent peu à peu de silice soluble et sont remplacés par une gaize sablonneuse transformée à son tour, par l'apparition de l'élément calcaire, en gaize crayeuse, puis en craie proprement dite. La gaize argileuse subit une transformation parallèle et passe, elle aussi, à l'état de gaize crayeuse, puis de craie proprement dite, de telle sorte qu'aux environs de Vailly et sur les bords de la Loire la distinction des deux étages n'est plus possible.

Vers l'Ouest, on constate la disparition des argiles de Miennes, et en même temps, au Nord de Vierzon, on voit réapparaître la craie marneuse dont le prolongement dans la vallée du Cher constitue le tuffeau de Touraine.

4° TERRAIN JURASSIQUE. — Les limites de la région jurassique coïncident à peu près avec celles du Berry; les diverses assises plongent légèrement vers le N. O. et leurs affleurements dessinent sur la carte de larges bandes concentriques.

Le *portlandien supérieur* (J^7) n'affleure que vers l'Ouest : il se compose de marnes rubanées alternant avec quelques lits de calcaire sableux. Au-dessous, les *calcaires du Barrois* (J^6) et les *argiles à Exogyra virgula* (J^5) se présentent avec leurs caractères habituels. Les *calcaires à astartes* proprement dits (J^{4c}) sont bien développés avec leur faune normale de brachiopodes; au-dessous, on observe un premier système de calcaires lithographiques (J^{4b}), puis une couche de calcaire crayeux (J^{4a}) avec la faune habituelle des récifs coralliens. L'étude du prolongement de ces couches vers l'Est, dans l'Yonne, la Haute-Marne et la Meuse (voir la feuille de Nancy), montre qu'elles sont en réalité supérieures aux argiles à *O. deltoïdea* qui se prolongent dans les Ardennes, dans le Boulonnais et enfin jusqu'à la falaise de Kimméridge, où elles forment la base de l'étage kimméridgien; il résulte de là que les calcaires lithographiques supérieurs et les calcaires crayeux de Bourges doivent être rattachés aux calcaires à astartes, dont ils forment la partie inférieure. Au-dessous apparaît le *corallien* (J^7), représenté exclusivement par un puissant massif de calcaires lithographiques. L'*oxfordien* (J^2) n'affleure que dans l'angle S. E. de la feuille de Bourges; il comprend : à la partie supérieure, les marnes à spongiaires; au-dessous, des calcaires marneux à *Amm. cordatus*, et à la base, des marnes à petites ammonites pyriteuses.

Les explorations et les tracés géologiques ont été faits, de 1873 à 1876, par M. H. Douvillé, ingénieur ordinaire des mines.

FEUILLE N° 93 (LE MANS).

La feuille du Mans comprend le S. E. du département de la Sarthe, une partie de Loir-et-Cher et une faible portion d'Indre-et-Loire.

Un vaste plateau, recouvert d'argile à silex et coupé par le Loir et ses affluents, s'étend sur la plus grande partie de cette région. Dans ces vallées, l'argile à silex a été enlevée et les différentes couches de la craie ont été mises à jour. Dans certaines parties, au contraire, surtout au S. E., des dépôts de calcaire lacustre recouvrent l'argile.

Le plateau se termine, du côté du Mans, par une ligne d'accidents géologiques (failles et plissements) dirigée sensiblement N. E. S. O. et suivant laquelle on voit affleurer des couches jurassiques. Au delà de cette ligne coule l'Huisne, qui se jette dans la Sarthe au Mans, à la limite même de la feuille. La vallée est creusée dans les sables du terrain crétacé et recouverte, par place, d'alluvions anciennes. On remarque, de chaque côté, des témoins respectés par les érosions et qui ont la même composition que le plateau; la ville du Mans se trouve à l'extrémité Est de l'un de ces témoins.

Les deux principales vallées, celle de l'Huisne et celle du Loir, sont bien différentes. L'Huisne traverse des terrains maigres, sablonneux et caillouteux, où l'on ne trouve guère que des landes et des bois de pins. Le Loir, au contraire, arrose un charmant et riche pays; la vigne y prospère, les prairies y sont très-belles;

enfin, les coteaux, couverts de villas, avec leurs escarpements de craie, sont du plus pittoresque effet.

La légende renferme les divisions suivantes :

a^2 Alluvions modernes et tourbe.

a^1 Graviers anciens des vallées.

P. Limon des plateaux.

M. Argile à silex remaniée ; ce dépôt, qui recouvre presque constamment le terrain e_r, n'a été indiqué que dans l'angle N. E.

e, Calcaire lacustre de Saint-Aubin, près Le Mans, et du Sud de Vendôme, à *Cerithium lapidum, Cyclostoma mumia, Lymnea longiscata*.

e_{IV} Sables et grès à pavés, avec *Sabalites Andegavensis*.

e_V Argile à silex, couvrant des surfaces considérables ; les silex sont souvent cimentés et forment de gros blocs irréguliers.

c^7 Craie de Villedieu avec *Spondylus truncatus, Ostrea Matheroniana*, etc. ; quelques bancs durs exploités comme pierre de taille.

c^6 Craie marneuse à *Inoceramus problematicus* et *Terebratella Bourgeoisii*.

c^5 Sables du Perche, avec banc marneux à *Ostrea biauriculata*.

c^4 Craie de Rouen, représentée sur cette feuille par des sables et grès, avec *Ammonites Rothomagensis, Trigonia crenulata*, etc.

J^3 Calcaire corallien à *Hemicidaris crenularis* et *Glypticus*.

J^2 Marne et calcaire oxfordiens, pierre de taille de la Vacherie, près Écommoy, avec *Ammonites plicatilis* et *Belemnites hastatus*.

Les derniers terrains : J^1 Marne et calcaire calloviens, J_{II} Grande oolithe, et J_{IV} Oolithe inférieure, ne sont visibles que dans la carrière de Teloché, entre Le Mans et Écommoy. Leur apparition en ce point est due à une faille.

Les relevés géologiques sur la feuille du Mans ont été exécutés par M. Guillier, conducteur des ponts et chaussées en résidence dans cette ville.

FRAGMENT DE LA CARTE GÉOLOGIQUE
DE LA SARTHE AU $\frac{1}{40,000}$.

La carte géologique de la Sarthe à l'échelle du $\frac{1}{40,000}$ se composera de quinze feuilles. Les quatre feuilles exposées (n°s 8, 9, 11 et 12) comprennent le Centre et le S. E. du département.

Les terrains tertiaires et le terrain crétacé dominent dans ces régions. Une ligne d'accidents géologiques très-intéressants, dirigée sensiblement du N. O. au S. O., traverse l'ensemble, en passant près de Connerré, Parigné-l'Évêque, Teloché, Saint-Ouen-en-Belin; sur ce parcours on voit apparaître, par suite de failles et de plissements, différents étages du terrain jurassique.

A l'Est de cette ligne existe un plateau assez élevé, formé de sables et d'argiles avec silex de la craie, et fortement raviné. Dans les vallées qui le sillonnent, différentes couches du terrain crétacé sont mises à jour.

A l'Ouest de la même ligne, la composition du sol est beaucoup plus complexe : les sables du terrain crétacé couvrent de grands espaces; mais, les couches se relevant vers le N. O., on voit affleurer dans cette direction les étages jurassiques sous-jacents. La Sarthe et son affluent l'Huisne coulent dans des vallées d'érosion, en partie couvertes par les alluvions. On remarque sur le flanc de ces vallées des témoins des formations sous-jacentes, offrant une composition analogue à celle du plateau qui est à l'Est de la ligne d'accidents. La ville du Mans se trouve à l'extrémité d'un des plus importants de ces témoins.

CARTE DE LA SARTHE.

Les terrains représentés sur ces quatre feuilles sont :

TERRAINS SUPERFICIELS ET TERRAINS DE TRANSPORT. — 1 A Alluvions modernes. 2 A Tourbe. 3 A Alluvions anciennes des vallées. 4 A Limon des plateaux.

TERRAIN TERTIAIRE INFÉRIEUR. — $6P_1$ Sables avec meulière remaniée. $6P_2$ Argile avec meulière en place. 7 P Calcaire lacustre à *Cerithium lapidum*. $8P_1$ Sables et grès à *Sabalites Andegavensis*. $8P_2$ Conglomérats. $9P_1$ Sables avec silex de la craie. $9P_2$ Argile avec silex de la craie.

TERRAIN CRÉTACÉ. — 11 S Craie à *Spondylus truncatus* et *Ostrea auricularis*. 12 T Craie à *Terebratella Bourgeoisii*. 13 T Craie à *Inoceramus problematicus*. 14 T Craie à *Terebratella Carentonensis*. 15 C Marne à *Ostrea biauriculata*. 16 C Sables à *Rhynchonella compressa*. 17 C Sables et grès, ou craie à *Scaphites æqualis*. 18 C Argile et minerai de fer, ou craie à *Pecten asper*.

TERRAIN JURASSIQUE. — 20 Co Calcaire oolithique (corallien). 21 Ox. Marne et calcaire de la Vacherie (oxfordien). 22 Kw Calcaire ferrugineux à *Ammonites coronatus* (callovien supér.). 23 Kw Marne et calcaire à *Ammonites macrocephalus* (callovien infér.). 24 B Calcaire à *Montlivaultia Sarthacensis* (bathonien). 25 B Marne à *Terebratula cardium* (bathonien). 26 B Oolithe à *Ostrea costata* (bathonien). 28 B Oolithe inférieure à *Ammonites Parkinsoni*. 29 B Oolithe inférieure à *Terebratula perovalis*. 30 L Marne et calcaire à *Ammonites bifrons* (toarcien).

La carte géologique de la Sarthe au $\frac{1}{40,000}$ a été exécutée par M. l'ingénieur TRIGER. Elle a été revue et complétée par M. GUILLIER, conducteur des ponts et chaussées, au Mans, attaché comme collaborateur au Service de la carte géologique de la France.

FEUILLE DE GIVET AU $\frac{1}{40,000}$.

Le fragment de la feuille de Givet au $\frac{1}{40,000}$ qui est exposé comprend la partie de cette feuille depuis la frontière de Belgique au Nord jusqu'à Fumay au Sud. On y rencontre les terrains suivants, qui sont présentés dans l'ordre descendant, savoir :

A. LIMON RÉCENT ET CAILLOUX ROULÉS DE LA VALLÉE.

p LIMON ET CAILLOUX DES TERRASSES ET DES PLATEAUX. — Le limon est employé pour faire des briques. Il renferme souvent, à la base, des débris irréguliers de roches anciennes (*argile à blocaux* de M. Dupont).

c' Cailloux roulés de quartz blanc, blocs de grès siliceux perforés (terrain crétacé inférieur? remanié à l'époque diluvienne).

c Sable remplissant une poche dans le calcaire dévonien (crétacé inférieur).

d^6 PSAMMITES ET SCHISTES D'EPPE-SAUVAGE. — Sur la feuille de Givet, on n'a encore reconnu que la zone inférieure de cette assise, c'est-à-dire les *schistes de Famenne* de d'Omalius d'Halloy. On peut y distinguer deux niveaux :

L'inférieur, caractérisé par *Rhynchonella Omaliusi*, constitue la colline du fort des Vignes; il renferme des nodules calcaires où abondent les Orthocères et les Goniatites;

Le supérieur, caractérisé par *Rhynchonella Dumonti*, se voit sur les bords du Schloup.

d^5 CALCAIRE DE FERQUES. — Se divise en deux zones :

d^5_4 Schistes à *Cardium palmatum*. — Schistes noirs très-fissiles, caractérisés par *Cardiola retrostriata* (*Cardium palmatum*), *Goniatites retrorsus*, *Bactrites*. Ils contiennent des masses nodulaires de marbre rouge ($d^5{}_{br}$);

$d^5{}_a$ Schistes à *Rhynchonella cuboïdes*. — Schistes gris-verdâtres avec bancs intercalés de calcaire bleu ($d^5{}_{ac}$) qui, sur le terrain, constituent une légère ligne saillante. Comme l'assise précédente, ces schistes contiennent des masses nodulaires de marbre rouge ($d^5{}_{ar}$), disposées égalememement sous forme de pitons isolés. Telles sont celles du Fort-Condé et celle qui est exploitée à Frommelennes. — Principaux fossiles : *Rhynchonella cuboïdes*, *Rhynchonella semilœvis*, *Pentamerus brevirostris*, *Camarophoria megistana*, *Camarophoria formosa*, *Spirifer Verneuilli*, *Spirifer euryglossus*, *Spirifer nudus*, *Spirifer Urii*, *Spirigera concentrica*, *Atrypa reticularis*. Vers la base, il y a un banc de schistes rempli de *Receptaculites Neptuni*, et, en contact avec l'assise suivante, des calcaires schisteux avec *Spirifer Orbelianus*, *Atrypa reticularis* très-volumineuse, *Orthis striatula*, *Favosites Boloniensis*, *Alveolites subæqualis*, *Cyathophyllum cæspitosum*. Au Bois-le-Duc à Foische, il y a un rocher de calcaire dolomitique avec filon de fluorine et de galène.

d^4 CALCAIRE DE GIVET, à *Strigocephalus Burtini*. — Calcaire noir ou bleuâtre caractérisé par *Strigocephalus Burtini*, *Spirifer mediotextus*, *Cyathophyllum quadrigeminum*; exploité comme pierre de taille aux Trois-Fontaines, comme marbre à Aubrive vis-à-vis Vaucelles et à Rancennes, comme pierre à chaux aux Trois-Fontaines, à Givet-Notre-Dame et à Frommelennes.

d^3 SCHISTES DE RANCENNES. — Schistes gris avec bancs calcaires ($d^3{}_c$) intercalés. Nombreux fossiles : *Calceola sandalina*, *Rhynchonella angulosa*, *Pentamerus galeatus*, *Orthis eifeliensis*, *Spirifer speciosus*, *Cystiphyllum lamellosum*.

d^2 GRÈS ET SCHISTES DE VIREUX. — Se divisent en quatre zones :

$d^2{}_d$ *Schistes grossiers de Hierges.* — On peut y distinguer deux niveaux :

1° Le supérieur, caractérisé par *Spirifer cultrijugatus* et *Rhynchonella Orbignyana*, contient encore des bancs calcaires;

2° L'inférieur, caractérisé par *Spirifer Arduennensis, Rhynchonella pila, Rhynch. daleidensis, Chonetes plebeia, Pleurodyctium problematicum, Leptœna Murchisoni, Grammysia Hamiltonensis*, présente à sa base quelques bancs de grès noir-verdâtre exploité pour pavés près de Vireux et sur le bois de Chenet.

$d^2{}_c$ *Schistes rouges de Chooz.* — Schistes et grès rouges sans fossiles. On y reconnaît, sur certains bancs, des empreintes de *Ripplemarks* et de gouttes de pluie.

$d^2{}_b$ *Grès noir de Vireux.* — Grès très-quartzeux, noir ou vert foncé. Fournit d'excellents pavés. Fossiles rares. *Pleurodyctium problematicum, Leptœna Murchisoni, Chonetes plebeia.*

$d^2{}_a$ *Schistes grossiers de Montigny.* — Les fossiles y sont très-abondants : *Spirifer paradoxus, Rhynchonella daleidensis, Leptœna Murchisoni, Chonetes plebeia, Pleurodyctium problematicum, Grammysia Hamiltonensis.*

d^1 Grès d'Anor. — Grès gris de fumée, sans fossiles (sur la feuille de Givet); exploité dans le village de Montigny.

d_1 Schistes de Mondrepuis. — Se divisent en quatre zones :

d_{1a} *Schistes bigarrés.* — Rouges ou verts; les couleurs forment des zones en zigzag différentes de la schistosité. On y trouve intercalés des bancs de quartzite; l'un d'eux (moulin de Fétrogne) contient de petits cristaux de feldspath altéré.

d_{1b} *Schistes fossilifères.* — Schistes d'un vert sombre, caractérisés par *Primitia Jonesii, Beyrichia Richteri, Tentaculites grandis, Orthis Verneuilli.*

d_{1c} *Arkose.* — Grès à très-gros grains remplis de matières feldspathiques kaolinisées alternant avec des bancs de schistes verdâtres exploités comme moellons.

d_{1d} *Poudingue de Fépin.* — Poudingue à galets très-volumineux et à ciment schisteux. Dépôt local et irrégulier.

s Schistes et quartzites de Revin. — Silurien inférieur (cambrien).

s_{I} *Schistes violets et verts à Dyctionema,* exploités comme ardoises à Fumay et à Haybes. Contiennent des bancs de quartzite blanc.

s_{II} *Schistes et quartzites noirs.* — Schistes noirs avec nombreux bancs de quartzites souvent pyritifères. Vers la base, il y a un banc d'ardoises noires exploité à Fumay (route de Rocroi) et à Haybes.

L'étude géologique détaillée de la feuille de Givet a été exécutée par M. Gosselet, professeur de géologie à la faculté des sciences de Lille.

FEUILLE DE NANCY.

La feuille de Nancy donne une coupe complète du TERRAIN JU-
RASSIQUE dans l'Est de la France; le terrain crétacé n'est représenté
que par des *sables ferrugineux* (c_r) avec minerai de fer géodique
qui remplissent des poches irrégulières creusées dans les calcaires
portlandiens.

Le portlandien supérieur (j^7), représenté par l'*oolithe vacuolaire*,
n'affleure qu'en un petit nombre de points à l'Ouest de la feuille.
Au-dessous, on voit apparaître successivement les *calcaires du Barrois* (j^6) ou portlandien inférieur et les *argiles à Exogyra virgula*
(j^5). A ces argiles succèdent des alternances répétées de calcaires
compactes ou lithographiques, de calcaires marneux et de calcaires
oolithiques à faciès corallien : à la partie supérieure, on voit affleurer des calcaires compactes en lits minces qui renferment la
faune de brachiopodes caractéristique du *calcaire à astartes* proprement dit (j^4_c); au-dessous apparaissent des calcaires oolithiques
alternant avec des calcaires compactes et limités à leur partie inférieure par une couche d'argile caractérisée par l'*Ostrea deltoidea;*
cette couche se prolonge au Nord dans les Ardennes, puis dans le
Boulonnais et enfin jusqu'à la falaise de Kimméridge, où elle
forme la base du terrain kimméridgien; tout cet ensemble de
couches constitue ce que M. Buvignier a appelé depuis longtemps
le *calcaire à astartes inférieur* (j^4_{ba}).

Le *corallien* proprement dit (j^3) est représenté par des calcaires
crayeux, oolithiques par place, prolongement des couches à *Di-
ceras* de Saint-Mihiel; à la base de ces calcaires on observe des récifs
de polypiers synchroniques des calcaires compactes de Creue. Ces

deux niveaux correspondent par leur faune aux couches de Châtel-Censoir et de Druyes, dans l'Yonne.

L'*oxfordien* (j^2) se compose des argiles à chailles, et, à la base, des argiles à petites ammonites pyriteuses.

Le *kellovien* (j^1) est représenté par une couche peu épaisse de calcaire marneux renfermant la faune de céphalopodes qui caractérise cet étage.

La *grande oolithe* présente une composition variable : dans le Nord de la feuille, près de Toul, la partie supérieure ($j_{\prime}$) est constituée par des marnes et calcaires marneux caractérisés par une petite huître plissée et de nombreux brachiopodes. Au-dessous, on voit affleurer un puissant système de calcaires oolithiques avec minces couches argileuses, dont la partie supérieure, remarquable par sa couleur blanche, représente le prolongement des couches à *Rh. decorata* de l'Aisne et des Ardennes, et des couches également blanches et oolithiques du Boulonnais à *Rh. Hopkinsi*; c'est la *grande oolithe* proprement dite ($j_{\prime\prime}$). Les couches inférieures, également oolithiques, mais d'une teinte plus jaune, représentent la *terre à foulon* ($j_{\prime\prime\prime}$). Vers le Sud de la feuille, l'élément argileux est remplacé progressivement par le calcaire : à la partie tout à fait supérieure ($j_{\prime}$), on voit se développer la dalle nacrée; au-dessous, les marnes à brachiopodes se transforment en un calcaire dur et fin se débitant facilement en plaquettes, employées pour la couverture des maisons; les calcaires blancs oolithiques de la grande oolithe ($j_{\prime\prime}$) sont remplacés par des calcaires blancs compactes bien développés à Neufchâteau; les calcaires oolithiques jaunes inférieurs ($j_{\prime\prime\prime}$) conservent leurs caractères habituels.

L'*oolithe inférieure* ($j_{\prime\prime\prime\prime}$) est représentée par le calcaire à entroques et par le calcaire à polypiers; vers le Sud, on voit s'intercaler, à la partie inférieure, des couches sableuses qui prennent quelquefois une assez grande importance.

Le *lias supérieur* (l^4) est principalement argileux et présente à sa partie supérieure un niveau important de minerai de fer bien développé aux environs de Nancy.

Le *lias moyen* (l^3), constitué par des argiles à ovoïdes calcaires ou ferrugineux, débute à sa partie supérieure par une couche plus ou moins régulière de calcaire gréseux, riche en *plicatules*.

Le *lias inférieur* (l^2) est représenté par des calcaires bleuâtres renfermant comme toujours de nombreuses gryphées.

Le *grès infraliasique* (l^1) représente la zone à *Avicula contorta*; il offre à sa partie supérieure une couche d'argile rouge d'un constance remarquable.

Les *marnes irisées supérieures* (t^3) sont composées de couches minces d'argiles versicolores renfermant quelques lits de dolomie.

Les *marnes irisées moyennes* (t^2) présentent à leur partie supérieure une couche assez puissante de dolomie en plaquettes, à laquelle succède une couche de grès que M. Levallois a assimilée au grès de Stuttgart.

Les *marnes irisées inférieures* (t^1) n'affleurent pas sur la feuille, mais les dépôts de sel gemme qu'elles renferment ont été atteints par des sondages dans la vallée de la Meurthe et y sont exploités par puits (Chapelle Sainte-Valdrée).

Les explorations et les tracés géologiques ont été faits, en 1876-1877, par M. Douvillé, ingénieur des mines.

CARTE DU MORVAN AU $\frac{1}{40,000}$.

Cette carte comprend la région montagneuse du Morvan, principalement composée de roches éruptives et de lambeaux disloqués de terrain carbonifère. Sur les bords, apparaît une ceinture de terrains jurassiques et triasiques, généralement séparés des formations anciennes par de grandes failles à éléments rectilignes.

Le S. E. du panneau comprend le bassin houiller et permien d'Autun et une petite fraction de celui du Creusot.

Le principal effort des explorations a eu pour objet :

1° Une séparation rationnelle des roches éruptives basée sur leur âge réciproque et corroborée par leur étude suivant les nouvelles méthodes d'analyse microscopique;

2° Une spécification de l'âge des couches inférieures du permien d'Autun qui ont pu être assimilées à celle du Grand-Moloy, et qui se trouvent redressées et encaissées par failles dans les terrains porphyriques des environs de La Selle et d'Igornay;

3° Une délimitation exacte des failles de toute la contrée, tant de celles qui limitent les terrains anciens que des fractures qui intéressent le permien.

Voici la liste des roches éruptives qui ont pu être séparées les unes des autres :

Le GNEISS gris, à mica noir, constitue la base de tous les terrains du Morvan; il forme une vaste enclave au Sud et à l'Est d'Avallon, et reparaît en lambeaux très-disloqués au Sud d'Autun.

Il contient des filons interstratifiés d'AMPHIBOLITE, d'ÉCLOGITE et de SERPENTINE, ainsi que des minéraux accidentels, le graphite, le sphène, etc.

Le GRANITE PORPHYROÏDE (orthose, oligoclase, mica noir, quartz), qui a percé et disloqué les gneiss, forme de vastes coulées aux environs de Lormes et d'Autun. On ne le connaît pas en filons minces. Il prend un aspect rubané *gneissique* à Saulieu.

La GRANULITE (orthose, microcline, oligoclase, mica noir, quartz, mica blanc) constitue la roche le plus abondamment répartie dans les montagnes du Morvan, dont elle forme les sommets culminants (Folin); par action métamorphique et injection mécanique, elle transforme le gneiss gris en LEPTYNITE (gneiss rouge). On la trouve en innombrables filons dans les roches précédentes, et aussi en vastes coulées qui leur sont superposées (Saint-Brisson, La Pierre-qui-Vire, Autun). Quelques-unes de ces veines ont pénétré jusque dans les schistes qui accompagnent les lambeaux de calcaire carbonifère de Cussy-en-Morvan, de L'Huis-Prunelle près Planchez et de Champrobert. On peut distinguer des granulites grenues, des pegmatites graphiques, des variétés porphyroïdes à la façon des elvans, enfin des roches métallifères (wolfram, mispickel) du type des greisens. La granulite contient de nombreux minéraux accidentels : tourmaline, grenat, émeraude, etc., dont les principaux gisements ont été indiqués sur la carte.

Les PORPHYRES NOIRS se développent en puissantes coulées, le long des lambeaux N. E. S. O. de schistes carbonifères qui traversent le Morvan de Saint-Honoré à Épinac. On distingue à leur base des TUFS PORPHYRITIQUES à ciment calcédonieux, riches en oligoclase et en mica noir. Puis vient une série de roches noires qui sont les équivalents anciens des trachytes et des andésites tertiaires : leur passage à des types plus acides se fait par des *porphyres syénitiques* analogues aux porphyres bruns des Vosges et par des *kersantons* micro-granulitiques, rappelant certains porphyres granitoïdes de la Loire; les roches les plus basiques de la série sont des *porphyrites* à hornblende et à augite, passant à des types vitreux et perlitiques. On y trouve exceptionnellement associées quelques diorites grenues, riches en fer oxydulé (Senavelle). La composition minéralogique de tout ce groupe peut se résumer ainsi : oligoclase (plus rarement orthose ou labrador) et mica, hornblende ou augite; la structure est en gros micro-granulitique pour les passages à des roches acides, microlithique pour les termes les plus basiques. Les porphyres noirs ont disloqué le carbonifère et injecté de fines veinules les roches encaissantes antérieures.

Aux porphyres noirs ont succédé des éruptions de roches acides : des MICRO-GRANULITES, puis des PYROMÉRIDES GLOBULAIRES, dans lesquelles les globules sont imprégnés de quartz cristallisé dans une orientation unique ; enfin, de vrais PORPHYRES QUARTZIFÈRES à pâte pétrosiliceuse, présentant souvent déjà les sphérolithes à croix noire si fréquents dans les porphyres quartzifères permiens. Ce dernier type, le plus récent de tous dans le Morvan, paraît se rapporter à la base du terrain houiller supérieur.

Les explorations récentes ont démontré que les roches appelées précédemment minettes dans le Morvan y sont relativement très-abondantes; elles constituent de nombreux filons N. O. S. E. et se rattachent pétrographiquement soit aux MÉLAPHYRES, soit à de véritables BASALTES dont le Drevin présente un exemple connu sur la bordure S. E. du Morvan. Leur type le plus fréquent se compose de microlithes d'oligoclase et de mica noir, avec grands cristaux de pyroxène ou de péridot, épigénisés en serpentine ou en calcite. Mais on trouve aussi des variétés franchement basaltiques, se reliant aux précédentes dans lesquelles le pyroxène à l'état microlithique se développe à côté de l'oligoclase et du labrador, de moins en moins abondants, et s'associe à des grains intacts d'olivine. Tels sont les pointements récemment découverts du Buet près Épinac, de Maugun et de La Chaume près Igornay, des Pelletiers, de Mehre, de L'Huis-Prunelle, des Petites-Chaintres près Fétigny, entre Ardilly et Corancy, etc. L'examen direct sur le terrain a permis de constater que ces roches sont postérieures tout au moins aux couches inférieures du permien d'Autun, sur lesquelles elles ont coulé (ru de La Chaume, près Igornay).

Les filons de quartz de l'âge des arkoses triasiques et liasiques, puissants et abondants dans le Morvan, ont été soigneusement suivis et marqués; ils constituent de grandes failles N. O. S. E ou N. E. S. O. C'est cette dernière direction que suivent les filons métallifères de Champrobert (pyrites), dont le prolongement vers le Nord correspond aux failles qui ont relevé le permien à La Selle, aux Pelletiers et à Colonge. C'est aussi à ces filons qu'il convient de rapporter les micas d'urane (chalcolithe, autunite) de Saint-Symphorien-de-Marmagne.

La carte du Morvan a été obtenue par agrandissement photographique au $\frac{1}{40,000}$ des feuilles de l'État-Major : Avallon, Château-Chinon et Autun. Les explorations pour les relevés géologiques ont été faites, en 1876 et 1877, par M. Michel Lévy, ingénieur des mines, pour les roches éruptives et carbonifères; par M. Vélain, maître de conférences à l'École des hautes études, pour les terrains triasiques et jurassiques; par M. Delafond, ingénieur des mines, pour les terrains stratifiés des environs d'Autun.

L'étude des failles, sur les feuilles d'Avallon et de Château-Chinon, a été faite en collaboration par MM. Vélain et Michel Lévy. Celle du terrain permien et des failles de la feuille d'Autun a été faite en collaboration par MM. Michel Lévy et Delafond.

FEUILLE DE CHALON-SUR-SAÔNE.

La feuille de Chalon-sur-Saône présente à l'Est une vaste plaine faisant partie de la grande vallée de la Bresse; à l'Ouest, de hautes collines jurassiques, disloquées par de nombreuses failles, viennent s'adosser à une région de roches éruptives encaissant dans leurs plis et leurs failles des lambeaux de terrain houiller supérieur et de terrain permien (Montchanin, Forges).

Les terrains sédimentaires observés sur la feuille de Chalon-sur-Saône sont les suivants :

1° Quartzites houillers, correspondant à un seul lambeau;

2° Terrain houiller supérieur, constituant les gîtes exploités à Saint-Bérain, Longpendu et Montchanin, dans le bassin dit de Blanzy et du Creusot, et le gîte de Forges, qui dépend d'un petit bassin isolé;

3° Grès rouges (permien supérieur), puissante formation recouvrant la majeure partie du terrain houiller du bassin de Blanzy et du Creusot;

4° Trias comprenant, à sa partie inférieure, des grès silicifiés (arkoses de Bourgogne) ou des grès sablonneux; à sa partie moyenne, une alternance de grès et de calcaire répondant probablement au muschelkalk; et enfin, à sa partie supérieure, des marnes irisées associées à du plâtre et à des calcaires magnésiens; le plâtre est exploité dans de nombreuses carrières, principalement dans la vallée de la Dheune;

5° Lias avec ses caractères habituels;

6° Terrain oolithique inférieur, bien développé et comprenant :

le calcaire à entroques, la terre à foulon, la grande oolithe et la dalle nacrée;

7° Callovien peu puissant, mais très-fossilifère;

8° Oxfordien : cette formation est marneuse à la base et calcaire à la partie supérieure;

9° Corallien offrant deux étages oolithiques et un étage intermédiaire constitué par des calcaires compactes lithographiques;

10° Kimméridgien et portlandien, représentés faiblement par des calcaires compactes ou suboolithiques;

11° Néocomien, visible seulement en deux points (Fontaines et Germolles);

12° Gault, apparaissant en un point seulement (Fontaines);

13° Argile à silex très-développée, principalement dans la région Sud de la feuille de Chalon;

14° Terrain pliocène, occupant soit la grande vallée de la Bresse, soit des vallées latérales, et constitué par des graviers, des sables et des marnes; à une altitude élevée, on rencontre sur les plateaux des alluvions à gros éléments qui sont également pliocènes;

15° Alluvions anciennes des vallées, peu développées et généralement masquées;

16° Alluvions récentes, constituant principalement les grandes prairies des bords de la Saône;

17° Éboulis sur les pentes.

Failles. — Les failles sont très-nombreuses et ont occasionné des rejets souvent considérables.

Elles affectent trois directions principales :

1° N. 10° à 20° E.;

2° N. 50° E.;

3° N. 160° à 165° E.

Les roches éruptives qui paraissent sur la feuille de Chalon-sur-Saône sont :

1° Le *gneiss gris* à mica noir;

2° Les *amphibolites* accompagnées d'*éclogites* et de *serpentines* avec bastite (Lagandré);

3° Le *granite porphyroïde*, qui englobe sur ses bords de nombreux débris de gneiss gris;

4° La *granulite*, avec toutes ses variétés, contenant fréquemment de la tourmaline et, près de Gourdon, du rutile, et transformant sur ses bords en *leptynite* (gneiss rouge) le gneiss gris ancien;

5° Enfin, quelques variétés de porphyre noir.

Les explorations pour les tracés géologiques ont été faites, en 1876 et 1877, par M. Delafond, ingénieur des mines, pour les terrains stratifiés, et par M. Michel Lévy, ingénieur des mines, pour les roches éruptives.

MASSIF DU CANTAL AU $\frac{1}{40,000}$.

La partie volcanique centrale du Cantal repose soit directement sur le gneiss et le micaschiste, soit sur des assises plus ou moins épaisses de terrain tertiaire stratifié.

Les dépôts sédimentaires tertiaires sont représentés par des conglomérats et des argiles éocènes, surmontés de marnes et de calcaires miocènes fossilifères.

Deux bassins tertiaires principaux sont visibles dans la partie Sud du massif du Cantal : ce sont ceux d'Aurillac et de Mur-de-Barrez. D'autres bassins moins importants se voient à Laveissière, à Dienne et près de Saint-Flour.

Le terrain pliocène n'est représenté parmi les dépôts purement sédimentaires que par quelques brèches d'étendue insignifiante, mais où l'on a trouvé des ossements de grands mammifères, ce qui a permis de déterminer l'âge des dépôts en question.

Les produits éruptifs sont bien plus importants. Ils se rattachent à trois catégories de roches : 1° aux basaltes (roches volcaniques basiques ; 2° aux trachytes plagioclasiques (roches volcaniques acides ou intermédiaires, à feldspaths tricliniques) ; 3° aux phonolithes (roches à feldspath monoclinique, pyroxène et néphéline). Dans le Cantal central, il n'y a point de trachyte proprement dit, c'est-à-dire de roche volcanique avec prédominance du feldspath monoclinique.

Les trachytes plagioclasiques sont tous à base de labrador, c'est pourquoi on peut les désigner sous le nom de labradorites.

Les plus anciens affectent souvent la structure domitique ; ils renferment de la sanidine en assez forte proportion, sont presque toujours riches en sphène et surtout en biotite; ils fournissent quelques obsidiennes et passent au trachyte proprement dit. On les observe particulièrement au fond du cul-de-sac des vallées de la Cère, de la Jordane et de l'Allagnon, c'est-à-dire près du cœur du volcan.

Les labradorites d'âge moyen constituent les brèches épaisses, visibles dans toutes les vallées qui divergent du plomb du Cantal. Le labrador s'y montre à peu près seul à l'état de feldspath en grands cristaux. Les minéraux qui lui sont associés sont l'hornblende, le pyroxène, l'apatite, la néphéline, le fer oxydulé. Comme dans les labradorites inférieurs, le feldspath qui domine à l'état de microlithes est l'oligoclase. Dans un grand nombre de ces roches, le pyroxène est très-prédominant par rapport à l'amphibole.

Les labradorites les plus récents constituent les sommités de la plupart des puys les plus élevés du Cantal : Chavaroche, Puy-Mary, Pierre-Arse, Cantalon, etc. Chacune de ces roches est représentée par des bancs compactes, des coulées bréchiformes et aussi par des produits de projections.

Les basaltes appartiennent également à trois formations distinctes. Le basalte inférieur s'est épanché immédiatement sur le calcaire miocène. Il est à grains fins, riche en pyroxène, en olivine, contient des microlithes de labrador, de pyroxène et de fer oxydulé. Il possède aussi du labrador et de l'anorthite à l'état de grands cristaux; dans certaines localités, les feldspaths y disparaissant, il passe à des péridotites. On l'observe principalement près d'Aurillac et dans le haut de la vallée de l'Allagnon.

Le basalte moyen est une roche à grands cristaux, visibles à l'œil nu; toujours il est riche en feldspaths. On l'observe aux environs de Thiézac et de Lascelle, entre la vallée de la Cère et celle de la Jordane. Il apparaît au milieu des phonolithes au pied du puy Grioux.

Le basalte supérieur recouvre les hauts plateaux du pays. Il est identique comme roche au basalte inférieur.

Le phonolithe est riche en feldspath monoclinique; il contient des microlithes de pyroxène, et presque toujours, en grands cristaux, de l'hornblende, du pyroxène, du sphène, de la biotite, de l'haüyne; elle est plus ou moins abondamment pourvue de néphéline et passe à des roches où ce minéral fait complétement défaut. Il constitue les puys de Grioux, Griounaux, l'Usclade, Roche-Taillade, et fournit en outre plusieurs filons.

Au milieu de la série de ces dépôts divers, apparaît une assise de cendres remarquable par les débris végétaux et les empreintes de plantes qu'on y observe. Ces plantes appartiennent à la flore miocène inférieure. Le dépôt qui les renferme sépare nettement les assises basaltiques et labradoriques moyennes des assises supérieures formées par les mêmes roches. Les principaux dépôts se voient à Vic-sur-Cère, à la Peyre-del-Cros, à Saint-Vincent, à Cheylade et en deux points différents de la vallée de Fontanges.

Le panneau exposé comprenant le massif du Cantal a été obtenu par agrandissement photographique au $\frac{1}{40,000}$ des quatre feuilles de la carte du Dépôt de la guerre : Mauriac, Brioude, Aurillac et Saint-Flour. Les explorations pour les relevés géologiques ont été faites, en 1876 et 1877, par M. Fouqué, professeur de géologie au Collége de France.

ÉTUDE GÉOLOGIQUE

DU MASSIF DU MONT-DORE.

Cette étude a été entreprise sur la demande et pour le compte du conseil général du département du Puy-de-Dôme. Le Service de la carte géologique détaillée de la France s'est chargé de la publier, avec une subvention du département.

Le travail exposé comprend : 1° une carte géologique; 2° une feuille de coupes et de profils. Toutes les deux sont à l'échelle de $\frac{1}{40,000}$ et sont coloriées à l'aide des mêmes teintes conventionnelles.

La carte embrasse la partie centrale du massif du Mont-Dore, c'est-à-dire toute la région élevée de ce massif, et le haut des vallées qui en descendent. La topographie est la reproduction des minutes de la carte de l'État-Major; on y a seulement ajouté plusieurs routes exécutées après que celle-ci eut été levée. Le relief du sol est représenté par des courbes de niveau, espacées de 10 mètres suivant la verticale, ou, quand la pente est trop grande, de 20 mètres; tous les 40 mètres, la courbe est figurée par un trait plus fort.

La feuille de coupes et de profils comprend quatre projections, deux sur un plan N. S., deux sur un plan E. O. Pour tracer chacune d'elles, on a considéré un cylindre vertical dont les génératrices suivent le thalweg de deux vallées de sens opposé, dirigées à peu près N. S. ou E. O., et traversent le col ou l'arête qui les sépare; on a projeté la section ainsi obtenue sur un plan vertical N. S. ou E. O., puis on a rapporté sur le même plan les lignes de contour apparent de la contrée qui se trouvent d'un même côté du cylindre. Sur ces projections, on a figuré les affleurements des nappes de roches dures qui sont vues; les tufs, qui forment la plus grande partie de la masse, n'ont été teintés que dans les parties coupées. L'échelle des hauteurs est la même que celle des longueurs.

Les tufs et conglomérats trachytiques forment, on vient de le dire, de beaucoup la plus grande partie de la masse des terrains volcaniques du Mont-Dore. Au milieu d'eux sont intercalées des nappes solides, présentant une série de roches dont l'ordre de superposition est toujours le même partout où l'on peut le constater. Ce sont, en allant de bas en haut :

1° Une roche intermédiaire entre le basalte et le trachyte ou même le phonolithe, et passant à l'un et à l'autre, à laquelle on a conservé le nom de *greystone* que lui donne Poulett Scrope (densité 2,58 à 2,70);

2° Un basalte franc (densité 2,87 à 3,08), passant quelquefois à des porphyres pyroxéniques ou à des waekes basaltiques;

3° Un trachyte gris, un peu ponceux, avec quelques grands cristaux de sanidine (densité 2,71 à 2,82), devenant souvent très-bulleux;

4° Un trachyte porphyroïde, à pâte le plus souvent verdâtre ou violette, quelquefois blanche, et à cristaux de sanidine très-abondants (densité 2,42 à 2,60);

5° Du phonolithe (densité 2,47 à 2,56), nettement postérieur, au moins au trachyte gris.

Les tufs sont souvent traversés par des dykes formés de ces diverses roches. A ces dykes se rattachent les gîtes d'alunite des ravins de la Craie et du Roc-Barbu.

Une même nappe présente souvent des roches assez différentes aux divers points de son parcours; le basalte passe à la dolérite.

le trachyte gris au basalte d'un côté, au trachyte porphyroïde de l'autre, etc.

Si l'on sort de la partie centrale du massif, on trouve d'autres coulées basaltiques plus modernes que les trachytes; quelques-unes d'entre elles proviennent de cônes de scories et paraissent à peu près aussi récentes que les laves des volcans de la chaîne des Puys.

Il est donc impossible de continuer à distinguer dans les roches volcaniques du Centre de la France trois séries d'éruptions bien distinctes, caractérisées respectivement par les trachytes, les basaltes et les laves modernes; et il faut admettre que les basaltes, les trachytes, les phonolithes et des roches formant une série continue qui rattache l'un à l'autre les deux types extrêmes, se sont produits alternativement depuis les éruptions les plus anciennes de la contrée jusqu'aux plus récentes.

Il ne semble pas, d'un autre côté, qu'on trouve au Mont-Dore de vestiges d'un cratère unique et central d'où seraient sorties toutes les roches qui constituent le massif volcanique. Il paraît plus probable qu'elles se sont fait jour par un certain nombre de fissures et d'orifices disséminés, souvent méconnaissables aujourd'hui.

Le massif volcanique du Mont-Dore repose sur le granite; celui-ci est à gros grains dans la région occidentale, à grains plus fins au Nord et à l'Est; on ne le voit pas au Sud; de ce côté, des plateaux basaltiques s'étendent jusqu'au pied du Cantal. Dans la vallée de la Dordogne, le granite est séparé du tuf, à La Bourboule, par une grande faille E. 28° N., qui paraît se prolonger, en tournant un peu, sur le flanc du Puy-Gros. Deux autres failles de sens inverse accompagnent la première. A l'Est de ces failles, dans la vallée de la Dordogne, le granite s'arrête à la cote 700, tandis qu'il s'élève jusqu'à la cote 1,100 dans les vallées situées au Nord et à l'Est. Ces différences de niveau sont dues sans doute à d'autres grands accidents, postérieurs également à la venue au jour des roches volcaniques du Mont-Dore et qui ont pu contribuer pour une assez large part au relief actuel du massif.

L'étude du massif du Mont-Dore est due à M. Amiot, ingénieur ordinaire des mines, en résidence à Clermont-Ferrand, attaché au Service de la carte géologique détaillée de la France et à celui des topographies souterraines.

CARTE DU GÉVAUDAN AU $\frac{1}{20,000}$.

TOPOGRAPHIE DU GÉVAUDAN.

Le Gévaudan est cette région montagneuse, âpre et sauvage dont le centre est la ville de Mende (Lozère) et dont le sol tourmenté constitue le relief le plus saillant du plateau central de la France.

Trois vastes protubérances granitiques s'élèvent au milieu d'une région essentiellement schisteuse et déterminent les traits primordiaux de l'orographie du pays; ce sont les massifs montagneux de :

 1. L'Aubrac......................... 1,483 mètres.
 3. La Margeride..................... 1,554
 5. La Lozère....................... 1,702

Trois régions schisteuses aux gorges profondes et déchirées relient les grandes montagnes et en forment les contre-forts; ce sont :

 2. La Boulaine...................... 1,297 mètres.
 4. Le Goulet....................... 1,477
 6. Le Bougès....................... 1,424

Ces six massifs cristallins, alternativement granitiques et schisteux, sont disposés sous forme d'un vaste fer à cheval de 50 kilomètres de diamètre. Ils constituent ainsi une ceinture continue de montagnes, ouverte seulement au S. O., qui domine et enserre une région de plateaux calcaires jurassiques.

Ces plateaux élevés atteignent 1,100 mètres d'altitude au N. E.

de Mende et s'abaissent lentement sur le département de l'Aveyron, où ils ne se tiennent plus qu'à la cote 900 mètres. Leur ensemble forme une remarquable région naturelle dite des *Causses*, qui imprime à cette partie de la France un caractère de grandeur austère et de sauvage mélancolie.

Les Causses, bordés de tous côtés par des escarpements verticaux et ruiniformes de dolomie, sont traversés dans toute leur longueur par une gorge étroite de 600 mètres de profondeur, au fond de laquelle coule le Tarn. Ils sont séparés des montagnes cristallines par une bande de terrain liasique qui constitue les régions mamelonnées et fertiles de Marvejols, Mende et Florac.

MODE D'EXÉCUTION DE LA CARTE.

Avec un relief aussi tourmenté que celui du Gévaudan et avec une constitution géologique aussi complexe, l'insuffisance de l'échelle des cartes d'État-Major est frappante. Pour représenter d'une façon suffisante les nombreux étages géologiques qui affleurent sur les pentes escarpées des Causses, il a fallu employer l'échelle de $\frac{1}{20,000}$, ce qui a conduit à donner à la carte une hauteur de $2^m,24$ sur une largeur de $2^m,35$.

Les contours géologiques ont été relevés sur le terrain, tantôt au moyen des minutes de l'État-Major, tantôt au moyen des plans d'assemblage du cadastre à $\frac{1}{20,000}$. L'absence complète de tout limon quaternaire, et souvent même de toute terre végétale, a permis d'apporter dans le tracé des contours une très-grande précision; du reste, le temps n'a pas été épargné à ce travail, puisque l'auteur l'avait commencé dès 1867, c'est-à-dire il y a onze ans.

La série jurassique du Gévaudan a près de 1,000 mètres d'épaisseur dans la partie centrale du bassin; elle est absolument concordante depuis les arkoses infraliasiques de la base jusqu'aux dolomies supraoxfordiennes qui couronnent les Causses. Aussi cette épaisseur considérable des sédiments, jointe à l'extrême

CARTE DU GÉVAUDAN.

variété de leur composition lithologique ont conduit l'auteur à distinguer de nombreux sous-étages.

Le tableau suivant fait connaître ces subdivisions et sert de légende à la carte.

TABLEAU DES TERRAINS.

Légende.

TERRAINS.	ÉTAGES.		SOUS-ÉTAGES.	ÉPAISSEUR MOYENNE (en mètres).
	NOMS.	SYNONYMIE.		
Moderne.....	Contemporain.	....	Alluvions, déjections des torrents............	"
Quaternaire.	Post-glaciaire.	....	Tuf et travertin.........	"
		....	Anciens cônes de déjection.	"
	2ᵉ époque glʳᵉ.	....	Graviers calcaires sur les pentes............	"
Tertiaire moyen.	Miocène infʳ..	Tongrien ..	Cailloux roulés quartzeux des plateaux.........	"
Oolithique moyen.	Oxfordien supʳ.	Argovien...	Dolomie.............	200
			Calcaire lithographique...	100
	Oxfordien mᵉⁿ.	Oxfordien..	Couches noduleuses à glauconie............	1
	Oxfordien infʳ.	Callovien ..	Calcaire à oursins.......	15
Oolithique inférieur.	Grande oolithe.	Bathonien..	Dolomie grise..........	80
			Calcaires blancs	100
	Oolithe infʳᵉ..	Bajocien...	Dolomie caverneuse......	50
			Calcaire à entroques	30
			Calcaire à fucoïdes	70
Du lias.....	Lias supérieur.	Toarcien...	Marnes à *Ammonites radians*	70
			Schistes bitumineux	10
	Lias moyen...	Liasien....	Marnes à *Ammonites margaritatus*............	40
			Calcaire à *Ammonites fimbriatus*............	25
			Calcaire à *Gryphæa cymbium*...............	20

TERRAINS.	ÉTAGES.		SOUS-ÉTAGES.	ÉPAISSEUR MOYENNE (en mètres).
	NOMS.	SYNONYMIE.		
Du lias.....	Lias inférieur.	Sinémurien.	Calcaire encrinitique.....	10
De l'infralias.	Infralias sup^r..	Hettangien.	Calcaires jaunes et cargneules............	100
	Infralias m^{en}..	....	Calcaire capucin........	20
			Zone à *Am. planorbis*.....	*"*
	Infralias inf^r..	Rhétien ...	Arkose...............	5
Cristallins...	Pegmatites et granulites.	....	Pegmatite ordinaire.....	*"*
		....	Granulite............	*"*
	Granite porphyroïde.	....	Granite porphyroïde ordinaire............	*"*
		....	Granite porphyroïde rose..	*"*
Cristallophylliens.	Schistes cristallins.	....	Schiste amphibolique....	*"*
		....	Micaschiste...........	*"*
		....	Schiste talqueux........	*"*
Filons pierreux.	....	....	Quartz...............	*"*
	....	....	Fraidronite............	*"*
	....	....	Porphyre quartzifère.....	*"*
	....	....	Eurite verte quartzifère...	*"*
	....	....	Porphyre granitoïde.....	*"*
Filons métallifères.	....	....	Bauxite..............	*"*
	....	....	Alquifoux............	*"*

PRINCIPAUX FAITS GÉOLOGIQUES.

Les principaux faits que met en lumière la carte du Gévaudan sont :

1° L'allure des dômes de *granite porphyroïde* nettement éruptifs à travers les micaschistes relevés et plissés ;

2° La constance de la direction N. S. pour les filons de *Fraidronite* ;

3° La direction 116° affectée par les *filons barytiques* avec alquifoux ;

4° L'indépendance de la série jurassique d'avec le terrain *permien* de l'Aveyron ;

5° L'existence, à la base de l'infralias, de *grès arkoses*, parfois minéralisés (barytine, galène), tantôt puissants (20 mètres), tantôt réduits à un simple lit de cailloux roulés ;

6° L'absence de l'horizon à *gryphée arquée* ;

7° Les épaisseurs considérables des sédiments du *lias* sur la bordure Nord du bassin, et leur amincissement extrême vers le S. E. ;

8° L'importance stratigraphique de l'horizon du *calcaire à fucoïdes*, due à son extrême uniformité ;

9° L'existence bien constatée d'un étage *bathonien* très-puissant, dont les strates, tantôt calcaires et oolithiques, tantôt dolomitiques et massives, atteignent, au centre des Causses, plus de 200 mètres de puissance ;

10° La persistance très-remarquable de la faune *callovienne* malgré l'épaisseur réduite des sédiments ;

11° L'importance et la multiplicité des horizons de dolomie dans l'*infralias*, l'*oolithe inférieure*, la *grande oolithe* et l'*oxfordien* ;

12° La subordination des émissions basaltiques aux grandes failles du système des *Pyrénées*.

GRANDES FAILLES. LEUR DIRECTION.

L'intérêt géologique offert par la série jurassique du Gévaudan s'accroît encore quand on étudie les dislocations qu'elle a éprouvées et ses relations actuelles avec les massifs cristallins environnants.

Les phénomènes de dislocation ont respecté les traits principaux du relief formé par les trois massifs granitiques, mais ont accentué davantage ce relief en produisant de grandes failles linéaires. Ces fractures, souvent accompagnées de dénivellations considérables, dont l'amplitude dépasse parfois 700 mètres, ont eu pour principal effet des soulèvements ou des affaissements d'ensemble qui n'ont pas sensiblement altéré l'horizontalité des assises sédimentaires.

Cette disposition particulière, jointe à la netteté des cassures, a permis d'apporter dans le tracé des failles une extrême précision et de suivre ces accidents topographiques sur des longueurs considérables.

C'est ainsi que la carte du Gévaudan donne le tracé exact de quarante-deux grandes failles orographiques, dont la longueur varie entre 1 et 55 kilomètres. Ces fractures intéressantes ont provoqué, d'un côté, le vigoureux relief du mont Lozère (1702^m), de l'autre, ceux moins accentués de la Margeride (1,543 mètres) et de l'Aubrac (1,483 mètres).

Tout le réseau des failles, assez complexe au premier abord, se simplifie quand on remarque que la plupart des accidents linéaires peuvent se grouper naturellement sous quatre directions différentes :

1. N. N. O. ou exactement 167° (système du mont Viso).
2. N. N. E. — 24° (système des Alpes occidentales).
3. N. E. — 46° (système de la Côte-d'Or).
4. E. O. — 106° (système des Pyrénées).

Le premier groupe (167°) est caractérisé partout par des émissions de *bauxite*, de *minerai de fer* et de *sables granitiques* à travers les calcaires. Il contribue presque seul au soulèvement de la chaîne de la Margeride.

Le second groupe (24°) s'accuse principalement par les grandes failles de la Boulaine et du Valdonnès, qui toutes deux font buter la série sédimentaire contre les roches cristallines.

Le troisième groupe (46°) est relativement peu important et ne comprend que les deux failles de Bahours et Bagnols, qui font buter l'infralias contre les schistes.

Le quatrième groupe (106°) joue dans la région un rôle prépondérant; il se traduit par un système de cassures légèrement ondulées et qui se poursuivent sur de grandes longueurs. Le mont Lozère et la montagne d'Aubrac doivent leur orientation et leur relief à ces grandes failles qui traversent tout le bassin des Causses.

Les points de croisement des failles ont été tout particulièrement étudiés afin de déterminer le sens et la direction des rejets. Entre tous, le col de Montmirat s'offre comme un point singulier, d'où rayonnent des fractures diverses en forme d'étoilement.

FILONS MÉTALLIFÈRES.

Les mouvements qui ont si profondément affecté le sol du Gévaudan ont produit également dans les schistes des fractures très-multipliées et étendues. Une partie de ces cassures est minéralisée; la carte indique les filons les plus puissants et ceux dont les affleurements se suivent sur la plus grande longueur; ce sont, en général, des filons à gangue quartzo-barytique, minéralisés en alquifoux et orientés 116°.

Certains de ces champs de fractures ont fait l'objet de concessions (Bahours, Ispagnac, Cocurés); d'autres n'ont été que superficiellement explorés. L'échelle réduite de la carte n'a pas permis d'indiquer le plus grand nombre des filons ni même les plus intéressants par leur minéralisation.

Le panneau exposé comprenant la plus grande partie du Gévaudan a été obtenu par agrandissement photographique au $\frac{1}{20,000}$ des quatre feuilles de la carte du Dépôt de la guerre : Mende, Largentière, Séverac et Alais.

Les explorations ont été faites, de 1866 à 1877, par M. G. FABRE, sous-inspecteur des forêts, à Alais.

ALPES FRANÇAISES.

FEUILLES DE GRENOBLE, VIZILLE, SAINT-JEAN-DE-MAURIENNE ET BRIANÇON.

L'ensemble des quatre feuilles de Grenoble, Vizille, Saint-Jean de-Maurienne et Briançon comprend un spécimen à peu près complet de la constitution géologique des Alpes françaises. La surface représentée par ces quatre feuilles se partage entre trois régions naturelles : 1° la région des plaines et plateaux du bas Dauphiné; 2° la région des chaînes subalpines; 3° la région des chaînes alpines.

I. La région des *plaines et plateaux du bas Dauphiné*, dont un quart environ se trouve compris dans la partie N. O. de la feuille de Grenoble, est très-uniforme dans sa constitution : elle est formée principalement par les assises moyennes et supérieures de la *molasse marine*, à l'état de grès tendre, à ciment calcaire ou de poudingues à cailloux parfaitement arrondis; leurs couches sont ondulées en grand, avec des inclinaisons généralement insensibles à l'œil. A la partie supérieure de ce groupe, se trouve intercalé un dépôt d'eau douce, celui des *argiles à lignites* de la Tour-du-Pin, formant un horizon stratigraphique assez bien caractérisé sur un grand nombre de points; puis reviennent des sables et des poudingues identiques à ceux de dessous et alternant avec des marnes d'eau douce. Ces alternances de dépôts variés, succédant à la molasse marine, correspondent à une période d'exhaussement progressif, à un régime de lagunes et d'étangs littoraux qui a été suivi d'une émersion générale. Les dépôts marins à fossiles *pliocènes* ne paraissent pas avoir pénétré dans les limites de la feuille de Grenoble, bien qu'ils soient aujourd'hui reconnus sur quelques points qui en sont peu distants du côté de l'Ouest. Cette région du bas Dauphiné est aussi remarquable par le grand développement des *alluvions anciennes* (vallées de la Côte-Saint-André et de Saint-Marcellin) et par celui des *dépôts glaciaires* qui ont couvert toute la région basse du département de l'Isère, à l'exception des plateaux de Bonnevaux et de Chambaran, situés au Nord et au Sud de la grande vallée de la Côte-Saint-André.

II. La région des *chaînes subalpines* comprend, dans les feuilles de Grenoble et de Vizille, les massifs calcaires de la Chartreuse, de Lans, du Royans, du Vercors, etc., limités à l'Est par le cours de l'Isère et celui du Drac, en amont de leur confluent à Grenoble.

Ces massifs sont formés principalement par un grand développement des étages inférieurs du *terrain crétacé* : l'étage *urgonien*, représenté par une grande masse de calcaire compacte, qui constitue tous les traits orographiques les plus saillants; — l'étage *néocomien* (*néocomien* proprement dit et *valanginien*); — et un étage inférieur, non moins puissant, qu'on pourrait appeler *infra-néocomien*, comprenant les marnes à *Bolemnites latus* et les couches à ciment de la Porte-de-France de Grenoble, qui correspondent aux couches de Berrias (Ardèche). L'ensemble de ces trois étages présente, en général, une épaisseur de 1,000 à 1,200 mètres. Le reste de la série crétacée est moins complétement développé : les *marnes aptiennes* n'apparaissent que sur quelques points de l'extrême Sud de la feuille de Vizille, mais deviennent plus importantes un peu plus au Midi, dans la feuille de Die, où elles semblent prendre la place du calcaire *urgonien*. Le *gault* est un horizon assez constant, mais toujours très-mince. Les étages inférieurs et moyens de la *craie* sont irrégulièrement développés et manquent souvent, de sorte que la *craie blanche*, représentée par des calcaires sableux (*lauzes*) et des calcaires à rognons de silex, repose souvent directement sur le gault.

En dessous de la série crétacée ainsi constituée, le *terrain jurassique* offre aussi des caractères particuliers.

Dans les chaînons les plus occidentaux du massif de la Chartreuse, qui sont, en réalité, la continuation des dernières chaînes du Jura, on voit encore affleurer quelques indices des étages jurassiques supérieurs, tels qu'ils sont dans le Jura, et la dernière trace de cet état de choses est représentée par l'affleurement *corallien* de l'Échaillon, au coude de l'Isère, à 16 kilomètres N. O. de Grenoble. Mais partout ailleurs, dans les vraies chaînes subalpines, l'assise incontestablement *jurassique* la plus élevée que l'on puisse reconnaître consiste en une grande masse de calcaires compactes, d'un brun noir, à filets spathiques, désignés souvent sous le nom de calcaires de la Porte-de-France de Grenoble et dont la constance de caractères est bien connue sur toute la longueur des Alpes et dans les contrées méditerranéennes. Par leurs fossiles, ces calcaires correspondent à la zone à *Ammonites tenuilobatus* du Jura oriental et méridional; et l'ensemble des faits reconnus conduit de plus en plus à les considérer comme un équivalent synchronique d'une partie de l'étage *corallien*, auquel ils avaient été déjà anciennement attribués.

Entre ces calcaires et les assises crétacées les plus inférieures, — les couches de Berrias ou à ciment de la Porte-de-France, — il existe encore une zone de calcaires que leurs caractères pétrographiques ne distingueraient pas de la masse inférieure, mais qui contiennent un ensemble de fossiles propres (*Terebratula janitor, Ammonites ptychoïcus, A. Liebigi, etc.*). Leur classification, très-discutée, ne paraît pouvoir s'adapter à aucune des divisions admises dans la série des formations du Jura ou du Nord de la France. Tout ce que l'on peut dire sûrement, c'est que, avec les assises *infra-néocomiennes* qui les recouvrent, ils doivent trouver place dans quelque partie de l'immense intervalle qui existe, dans le Jura, entre l'étage *corallien* et l'assise *valanginienne*, base de l'étage *néocomien* proprement dit.

En dessous des escarpements formés par les calcaires jurassiques de la Porte-de-France, on trouve les calcaires argileux et les marnes de l'étage *oxfordien* bien caractérisé et une assise de schistes noirs qui représente le sous-étage *kellovien*. Il est assez rare, dans la région des chaînes subalpines, que l'on puisse apercevoir des assises plus basses : dans les deux feuilles de Grenoble et de Vizille, l'étage *bathonien* n'est représenté que sur la limite orientale de la région, par des calcaires noirs très-pauvres en fossiles et de caractères douteux.

La vallée de l'Isère, de Grenoble à Moirans, coupe transversalement la région des chaînes subalpines. Sur la rive droite, le massif de la Chartreuse doit principalement son relief à de grandes *failles*, toutes orientées de même, déterminant autant de gradins de plus en plus élevés, de l'Ouest à l'Est : entre ces failles très-rapprochées, les plissements n'ont pu s'opérer qu'incomplétement et sont toujours irréguliers. Sur la rive gauche, l'ensemble des massifs de Lans, du Royans et du Vercors montre la continuation d'une partie des mêmes failles, mais moins nombreuses et plus distantes, entre lesquelles se développent largement des voûtes régulières et des vallées de plissement, des formes orographiques analogues à celle des chaînes du haut Jura.

Des lambeaux de *molasse marine*, partageant toutes les dislocations des terrains crétacés, se retrouvent dans les replis de ces divers massifs, jusqu'à des altitudes de 1,500 mètres, et témoignent que les failles et les plissements qui ont façonné ces chaînes subalpines datent de la période même du dépôt de la molasse.

III. *Région des chaînes alpines.* — Les parties des feuilles de

Grenoble et de Vizille situées sur la rive gauche de l'Isère et la rive droite du Drac appartiennent à la région des *chaînes alpines*, ainsi que toute l'étendue des feuilles de Saint-Jean-de-Maurienne et de Briançon.

Cette région se distingue de la précédente par l'absence complète de la *molasse* et des terrains *crétacés;* et même, dans les limites de nos quatre feuilles, le terrain *jurassique* n'est représenté que par des étages inférieurs à ceux que nous avons énumérés dans la région des chaînes subalpines. L'existence de l'étage *bajocien* n'y est même attestée que par un très-petit nombre de gisements fossilifères, tandis que le *lias* y est très-développé, et les fossiles, bien que rares et souvent mal conservés, tendent à y indiquer l'existence de tous les divers étages de ce groupe. Le *trias*, rudimentaire sur sa lisière occidentale, y devient ailleurs très-puissant, en revêtant des caractères spéciaux. Le *grès houiller* y est représenté par l'important étage des *grès à anthracite*. Enfin, les *terrains cristallins azoïques* y forment des massifs considérables qui comprennent les traits les plus continus et les plus saillants du relief.

Cette région peut être divisée longitudinalement en quatre zones, de largeur et d'importance inégales, délimitées par de grandes lignes de fracture ou *failles* avec lesquelles la distribution et les variations des divers terrains sont en rapport intime.

1re zone alpine. — Cette zone, la plus importante sur le versant français, comprend les divers massifs cristallins de ce versant : la chaîne de Belledonne ou des Alpes occidentales, s'étendant depuis Valbonnais (feuille de Vizille) jusqu'à Beaufort (feuille d'Albertville), suivant la direction N. 26° E.; — la chaîne des Grandes-Rousses, en Oisans, sur le prolongement de laquelle apparaît le petit massif de Rocheray, près de Saint-Jean-de-Maurienne; — et enfin le grand massif du Pelvoux (feuille de Briançon). C'est à cette même zone alpine qu'appartiennent, plus au Nord, le mont

Blanc et les Aiguilles-Rouges, les Alpes bernoises et le Saint-Gothard; et au Sud, le massif des grandes Alpes maritimes.

Le caractère général de tous ces massifs est d'être formés de *schistes cristallins*, de *gneiss* et de roches granitoïdes offrant toujours un délit bien prononcé, parallèlement à la stratification des gneiss, avec lesquels elles alternent régulièrement et se lient par transitions insensibles. Les roches granitoïdes en filons y sont rares et très-peu étendues. La stratification de ces roches anciennes de la première zone alpine est toujours très-fortement inclinée : elles peuvent être considérées comme formant, dans leur ensemble, deux grands plis en forme d'A, rompus à leurs sommets et occupant chacun une largeur d'environ 25 kilomètres. La chaîne de Belledonne représente la pente *Ouest* du premier pli, à la pente *Est* duquel appartiendraient les Grandes-Rousses, le Rocheray et probablement aussi le mont Blanc. Le deuxième pli serait visible seulement dans le massif du Pelvoux.

Dans l'axe de chacun de ces massifs, on voit affleurer, comme roches fondamentales, des *gneiss granitoïdes* à feldspath orthose blanc et à mica noir brillant, passant à des gneiss feuilletés, puis à des *micaschistes*, avec couches de *calcaires saccharoïdes*, tandis que les pentes extérieures sont formées par un grand système de *talcschistes chloriteux*, qui renferme, comme roches subordonnées plus ou moins développées, des *schistes* et *gneiss amphiboliques* et des *protogines granitoïdes*, alternant avec les *gneiss chloriteux*. Les protogines du Pelvoux, aussi bien que celles du mont Blanc, sont ainsi en dehors de l'axe du massif et ne sont, comme l'a dit Cordier, que de puissantes assises stratiformes, intercalées dans le grand étage des talcschistes.

Les *grès à anthracite*, représentant le *terrain houiller*, sont quelquefois en discordance bien sensible avec les schistes cristallins; mais le plus souvent leurs couches partagent exactement l'inclinaison de ces schistes et les dislocations qui les ont placés dans leur situation verticale ou très-inclinée. Des bandes de *grès à anthracite* se trouvent ainsi pincées dans les replis des *schistes cristallins*, en alternance apparente avec eux. Ainsi les dislocations qui ont redressé les schistes cristallins des massifs de la première zone alpine sont généralement postérieures au *terrain houiller*.

Au contraire, les terrains secondaires se montrent souvent en couches horizontales, posées sur les tranches du *grès houiller* ou des *schistes cristallins*. Le *trias* est rudimentaire et manque souvent, par exemple dans la plus grande partie de l'Oisans; quand il existe, il comprend des *grès durs*, *blancs* ou *bigarrés* (dits *quartzites*), des *dolomies* et des amas d'*anhydrite* et de *gypse*. Le *lias* est très-puissant et principalement à l'état de schistes argilo-calcaires devenant souvent de véritables ardoises.

Les dépôts du *trias* et du *lias* ont eu lieu en couches horizontales, sur les tranches des *schistes cristallins* et du *grès houiller* déjà redressées à peu près comme nous les voyons aujourd'hui. Les mouvements ultérieurs ont consisté dans un exhaussement général et une dislocation du sol ancien par des *failles* suivant lesquelles les couches du *lias* et du *trias*, flexibles, se sont affaissées et se sont adaptées, en se plissant, aux nouvelles formes de leur base disloquée : de telle sorte que ce n'est que sur quelques sommets et sur les plateaux étagés que l'on trouve encore ces terrains secondaires en couches horizontales, tandis que, sur les flancs des vallées, ils sont toujours extrêmement plissés et bouleversés.

2ᵉ zone alpine. — Une *faille* parfaitement continue sur plus de 150 kilomètres de longueur, passant par Saint-Jean-de-Maurienne et par les cols de la Madeleine, au Nord, et du Lautaret, au Sud, montre les couches du *lias* de la première zone butant, en général, contre un affleurement de *trias* qui appartient à notre deuxième zone. Celle-ci, qui n'a qu'une faible largeur de 5 à 12 kilomètres, est formée principalement de *trias* et de *lias* très-bouleversés, sous lesquels n'apparaissent que de rares lambeaux de *grès houiller* ou de *schistes cristallins*. Vers la limite Nord de la feuille de Saint-Jean-de-Maurienne, aux environs de Moutiers, on commence à voir apparaître dans l'étage supérieur du *trias* le type des *schistes gris lustrés*, qui se développe énormément dans la continuation de cette zone à travers la Tarentaise, la vallée d'Aoste et le Valais. Le *lias* tend à passer à l'état de calcaire compacte, plus ou moins magnésien; la transition se montre nettement dans le massif des Encombres, entre Saint-Jean et Saint-Michel, et la transformation est complète dans son prolongement au Sud, par Valloires et le col du Galibier. Enfin, c'est encore à la deuxième zone qu'appartient la terminaison de terrain *nummulitique* qui s'avance depuis le littoral méditerranéen jusqu'au versant S. E. du massif du Pelvoux et continue encore en une bande étroite, finissant entre Saint-Jean-de-Maurienne et Moutiers, au pic du Cheval-Noir.

Ces divers terrains de la deuxième zone alpine ont été très-bouleversés et sont généralement repliés et renversés sur eux-mêmes, au bord d'une autre grande *faille* qui les sépare de la troisième zone, en passant par Saint-Martin-de-Belleville, Saint-Michel et le Monestier-de-Briançon.

3ᵉ zone alpine. — Cette zone est formée principalement par les *grès à anthracite* : c'est la grande bande de grès qui s'étend à travers le Briançonnais, la Maurienne, la Tarentaise, le haut de la vallée d'Aoste, et finit, en se rétrécissant, dans le Valais, aux environs de Sion. Sa plus grande largeur est de 18 kilomètres, entre Saint-Michel et Modane. Le *terrain houiller* y atteint une épaisseur de plus de 2,000 mètres; il supporte des lambeaux plus ou moins étendus de *trias* et de *lias*, et on peut le voir sur quelques points, particulièrement à Modane, reposer sur des *schistes cristallins*. Contrairement à ce que nous avons constaté dans la première zone alpine, tout cet ensemble de terrains se montre en stratification sensiblement parallèle. Il en est ainsi déjà dans les rares affleurements, de *grès houiller* ou de *schistes cristallins*, de la deuxième zone;

et de même aussi dans la quatrième zone, les terrains secondaires reposent toujours en stratification sensiblement parallèle sur les schistes anciens.

A Modane et sur plusieurs autres points, les *grès à anthracite* sont nettement limités, à l'Est, par une *faille* contre laquelle butent les couches du *trias* et du *lias* de la quatrième zone. Celle-ci est donc affaissée par rapport à la troisième zone, comme la seconde l'est elle-même à l'Ouest. Ainsi la zone des *grès à anthracite* représente réellement la clef de voûte de l'ensemble de nos Alpes, de part et d'autre de laquelle les autres zones sont placées en gradins descendants, vers l'Italie comme du côté de la France.

4ᵉ zone alpine. — Cette zone est la plus large de toutes : elle a environ 60 kilomètres de largeur moyenne. Sa limite occidentale passe par Briançon, Modane et Bozel. Elle ne paraît jusqu'à présent contenir aucun gisement bien caractérisé de *grès à anthracite* appartenant au *terrain houiller*. Les *schistes cristallins* y sont recouverts directement et parallèlement par le *trias*, énormément développé, avec le facies de *schistes gris lustrés* qu'il présente dans la deuxième zone, en Tarentaise : tels sont les *schistes lustrés* du Queyras, de Bardonnèche, de la haute Maurienne, à partir de Modane, etc., renfermant de nombreux amas de *gypse* et superposés à des *dolomies* et à des *quartzites*, comme ceux du *trias* des autres zones. Le *lias* est représenté par une grande masse de calcaires compactes, continuation de ceux des Encombres et du Galibier (*calcaires du Briançonnais*). Des massifs de schistes cristallins percent dans les déchirures de ces terrains, à la manière des voûtes centrales dans les chaînes du Jura : par exemple, le massif du mont Viso, certaines parties du massif de la Vanoise, le mont Pourri, etc. La majeure partie du versant italien est formée par une large bande de *schistes cristallins*, sur la pente Ouest desquels le *trias* repose en stratification parallèle et qui, d'autre part, bordent immédiatement la plaine, depuis Saluces jusqu'au lac Majeur.

Les relevés géologiques sur les feuilles de Grenoble, Saint-Jean-de-Maurienne, Vizille et Briançon, qui comprennent les Alpes du Dauphiné et de la Savoie, ont été exécutés par M. Lory, professeur de géologie, doyen de la faculté des sciences de Grenoble, membre correspondant de l'Institut et attaché au Service de la carte géologique de la France.

FEUILLE D'ANTIBES.

La feuille d'Antibes comprend toute la région montagneuse connue sous le nom de l'Estérel; le massif cristallin des Maures vient s'y perdre dans la mer au S. O., tandis que les hauts plateaux calcaires du N. O. se rattachent déjà aux Alpes; à l'Est, enfin, les terrains tertiaires les plus récents se présentent avec les caractères qu'ils possèdent dans le comté de Nice et dans les collines subapennines; on rencontre dans cette feuille, malgré son peu d'étendue, le plus grand nombre des terrains sédimentaires et une grande variété de roches éruptives.

TERRAINS SÉDIMENTAIRES.

Les *schistes micacés,* ou plus exactement les schistes à séricite, sont le terrain le plus ancien. Ils forment bordure autour du bassin houiller du Reyran. La roche est tendre, facilement altérable par les agents atmosphériques, qui lui donnent une teinte verdâtre; le quartz y est rare et le développement de la séricite très-variable; aussi passent-ils par place à de véritables phyllades ou schistes argileux; ce passage est très-net dans les Maures, où cette formation présente une plus grande étendue. Au voisinage des gneiss, on peut suivre une bande où la séricite est développée en très-grande quantité et accompagnée de minéraux : grenats, staurotide, disthène, postérieurs à la formation de la roche. On y rencontre encore, à proximité des nombreux filons de pegmatite qui les traversent, de la tourmaline et des noyaux feldspathiques.

Le *terrain houiller* les recouvre dans les vallées du Reyran, du Biancon et des Vernatèles; la partie septentrionale du bassin ne paraît contenir qu'une seule couche de houille maigre, dont les affleurements sont toujours voisins de la limite inférieure du terrain houiller, et encore ces affleurements ne sont-ils connus que sur la lisière orientale du bassin, où les couches sont fortement redressées; au-dessus de la couche de houille sont des grès fins, feuilletés et noirâtres, renfermant de rares bancs de grès plus grossiers, de couleur claire. La même couche est exploitée à la mine des Vaux, où son épaisseur moyenne est de 2 mètres; le système schisteux et à grain fin qui surmonte la couche est recouvert par une masse considérable de poudingues à gros éléments, qui occupe la plus grande partie de la surface où affleure le terrain houiller. Dans la partie méridionale du bassin, on retrouve sous le poudingue le système schisteux, qui contient à sa partie supérieure une couche épaisse de schistes bitumineux exploités sur les bords du Reyran, dans la partie la plus méridionale du bassin.

Au Nord du grand éperon cristallin qui rétrécit le bassin houiller, on trouve, au même niveau, des affleurements de schistes mélangés de filets de houille, qui n'ont pas encore été étudiés en profondeur. Enfin, au-dessus des poudingues, sur la lisière orientale du bassin, on retrouve un système de grès et de schistes contenant plusieurs couches de houille maréchale.

Ce petit bassin houiller est traversé par plusieurs accidents importants. Une faille, ou un système de failles parallèles et rapprochées, le parcourt du Nord au Sud; cette faille limite le bassin sur une partie de sa lisière orientale et fait buter contre les schistes cristallins les couches les plus élevées de la série; la couche de houille maigre n'est connue jusqu'ici que dans un lambeau épargné par la faille qui, dans le vallon des Vaux, s'écarte de la lisière pour pénétrer dans le terrain houiller. La plus grande partie du terrain houiller se trouve à l'Ouest de cette faille principale et est accidentée par un système de failles dirigées vers le N. O., perpendiculaires à la direction générale des couches et accompagnées de rejets importants tous de même sens, le prolongement méridional des couches étant reporté à l'Est.

Le terrain houiller a de plus été traversé par une roche éruptive dont les dykes ont épousé les deux directions des fractures qui viennent d'être signalées. Cette roche a altéré, en les chargeant de silice et de carbonate de chaux, les grès et la houille elle-même; elle est essentiellement composée d'un feldspath triclinique, dont la nature n'a pu être déterminée, et de quartz cristallisé. Son âge est aussi difficile à fixer; aucun galet de la roche n'a été trouvé jusqu'ici dans les poudingues inférieurs au muschelkalk.

Le terrain permien est intimement lié aux porphyres, dont les débris joints à ceux des gneiss, le constituent presque entièrement; au milieu de ces assises arénacées, on peut suivre une masse de schistes rouges presque sans interruption depuis les environs de Cuers jusqu'à Agay. On voit nettement, à l'Ouest de Vidauban, ces schistes reposer sur les grès à cailloux gneissiques et porphyriques de la colline de Sainte-Brigitte; tout porte à penser que les conglomérats qui forment le massif puissant de la montagne de Roquebrune sont également inférieurs à ces schistes. Dans le ravin du Gargalong, entre Saint-Raphaël et Agay, on trouve de même des galets porphyriques à la base des schistes, et, en se rapprochant de l'Estérel, ceux-ci surmontent des conglomérats et des tufs également porphyriques. Ces schistes sont généralement assez durs vers la base pour fournir des dalles, tandis que la partie supérieure est riche en blocs calcaires, assez volumineux et assez nombreux pour avoir donné lieu à quelques exploitations au pied de l'Estérel.

La présence de cette assise schisteuse permet de distinguer dans le terrain permien une série inférieure aux schistes et une série supérieure; c'est au milieu des conglomérats inférieurs que se trouvent intercalés des grès et des psammites avec empreintes végétales, parmi lesquelles dominent les Walchia; des fragments de bois silicifiés s'y rencontrent également. En quelques points, près des Adrets et au voisinage du Blavet, à l'Ouest de Bagnols, les conglomérats paraissent dépourvus de porphyre; mais ce caractère négatif est sans valeur, car on peut, dans les masses de Roquebrune et de Vidauban, certainement postérieures aux porphyres, rencontrer des bancs qui en sont dépourvus; au contact de ces conglomérats, les terrains sous-jacents, gneiss, micaschistes ou terrain houiller sont toujours fortement attaqués et rougis; les feldspaths sont kaolinisés et les micas perdent leur éclat et leur transparence.

Dans la série supérieure, il n'existe pas de conglomérats ni de brèches, mais seulement des poudingues, qui contiennent des fragments de gneiss, de micaschiste, de porphyre, et, en certains points, de mélaphyre. C'est dans la plaine de Fréjus, sur le littoral entre Saint-Raphaël et le Darmont, que cette série est bien développée; les poudingues y sont séparés par quelques bancs argileux et micacés, généralement rouges.

Le *trias* est, comme partout, subdivisé en trois étages : le grès bigarré, le muschelkalk et les marnes irisées. Le *muschelkalk* est essentiellement calcaire et dolomitique; c'est dans la partie supérieure, constituée par de petits bancs calcaires noirs flambés de jaune, que se rencontre la lumachelle à *Terebratula vulgaris* et *Encrinites liliiformis*; cette partie calcaire est très-généralement exploitée pour la fabrication de la chaux; vers le bas, le muschelkalk devient dolomitique et repose sur de véritables cargneules.

Au-dessous de celles-ci, se trouvent quelques lits marneux, verts, jaunes et violets, alternant avec des dolomies suffisamment épaisses pour donner naissance à un niveau d'eau, et enfin une faible épaisseur de grès bigarré de rouge et de blanc et contenant beaucoup de gravier quartzeux. Ce système recouvre immédiatement d'autres grès à noyaux porphyriques et des grès argileux qui appartiennent au terrain permien, ou bien les schistes rouges, ou même directement le gneiss dans les environs de Bagnols.

Au-dessus des calcaires du muschelkalk, se développe un système de *cargneules* et de *marnes irisées* avec amas gypseux qu'on peut suivre au pied de la longue terrasse qui court de Tourrettes par Grasse jusqu'aux environs de Cannes, bien qu'il soit souvent masqué par les éboulis de l'infralias ou par des travertins; un gros banc calcaire surmonte le système gypseux et supporte des grès, contenant des indices de combustibles, reconnus partout au-dessus des gypses et associés à des nodules ferrugineux.

Des marnes vertes et noires, des calcaires en plaquettes, surmontés par une lumachelle, leur succèdent immédiatement; c'est la zone à *Avicula contorta*, de laquelle sortent toutes les grandes sources de la région; au-dessous de la lumachelle, se trouvent des assises calcaires, puis des dolomies de couleurs variées et enfin de gros bancs de calcaire très-siliceux, assez résistants pour avoir été exploités comme pierres à meule; leur caractère minéralogique constant en fait un horizon précieux : ils renferment quelques empreintes de bivalves qui doivent les faire rapporter, comme les assises inférieures, à l'infralias.

Un petit lit d'argile rose et verte sépare l'infralias de l'oolithe inférieure; celle-ci est formée de dolomies à larges facettes, que surmontent des calcaires à gros silex branchus; les polypiers, les baguettes d'oursins, les pentacrinites, y sont fréquents; mais les fossiles déterminables n'y ont été rencontrés qu'en dehors des limites de la feuille. La dolomie occupe quelquefois toute l'épaisseur de la formation : les silex paraissent alors profondément altérés, et même dissous.

La *grande oolithe* débute par des argiles noires, avec bois fossiles, pyrites et gypses; ces argiles prennent, aux affleurements, des couleurs qui rappellent celles des marnes irisées; soit seules, soit mélangées aux argiles pliocènes, elles alimentent d'importantes fabriques de poteries; des calcaires marneux remplis d'une *Ostrea*, voisine de la *costata*, de *Pecten*, *Hinnites*, *Pholadomye* et *Trichites*, les surmontent; ils passent insensiblement à des calcaires plus purs d'un blanc jaunâtre avec points spathiques, renfermant la *Rhynchonella decorata* et qui fournissent des pierres de taille et de la pierre à chaux; puis le calcaire devient dolomitique, gris et vacuolaire.

Les dolomies supportent directement, dans les environs de Biot, un calcaire blanc, avec nérinées et coraux, qu'on rapporte au corallien et qui sont le dernier terme de la série jurassique.

Le *terrain crétacé* manque complétement.

Le *terrain tertiaire* est représenté par deux étages, l'un éocène, l'autre pliocène, ces deux étages discordants entre eux et avec les terrains sous-jacents, qui ont été profondément ravinés avant le dépôt du terrain tertiaire. L'éocène est fossilifère : il contient, avec *Nummulites striata*, *Orbitoïdes sella*, *Rotulina spirulœa*, des *Schizaster* et *Echinocyamus*, dans des grès composés de grains de quartz cimentés par du calcaire; celui-ci est plus abondant dans les parties marneuses et schistoïdes du haut de l'étage, où abondent spécialement la rotuline et les orbitoïdes. Sous les grès à nummulites, sont des sables grossiers, quartzeux, bariolés de blanc et de rouge, cimentés par du kaolin et contenant par place d'assez grandes quantités de mica qui décèlent leur origine granitique; d'épais conglomérats à gros éléments jurassiques et crétacés sont intercalés dans ces sables, surtout vers leur base, tandis qu'au sommet, sous les grès nummulitiques, se rencontrent des bancs de calcaire siliceux, d'eau douce probablement.

Le *terrain pliocène* est constitué par les marnes bleues renfermant la faune bien connue de Biot, surmontées de calcaires marneux à *Amphystegina Haueri* et de lumachelles à *Ostrea cochlear*, *Pecten dubius*, formant de véritables faluns. Au-dessus de ces calcaires, qui forment les contre-forts des coteaux à l'Ouest de la route d'Antibes à Biot, on rencontre quelques lambeaux de cailloux roulés, qui semblent des résidus de la formation des poudingues qui recouvrent les marnes subapennines vers Villeneuve et Cagnes. On a assimilé au terrain pliocène des amas d'argiles blanches qui remplissent des fentes dans le terrain jurassique au N. E. de Cannes et qui renferment, avec des blocs jurassiques, des galets de calcaire tertiaire et de grès nummulitique. Le terrain quaternaire peut être décomposé en deux assises : l'une inférieure, composée de cailloux roulés, de sables et d'argiles sableuses; l'autre, beaucoup plus étendue, renferme des cailloux à peine émoussés et couvre toutes les plaines, tandis que l'assise inférieure n'existe que dans les vallées. Les argiles passent latéralement à des travertins, dans les vallées de la Siagne, de l'Argens et du Riou.

Vers l'embouchure de la Siagne et dans le bassin de la Brague, des sables fins, micacés, superposés aux marnes pliocènes dont ils sont séparés par un lit de cailloux roulés, et surmontés de lits de galets, paraissent également quaternaires. A cette période appartiennent enfin les brèches osseuses du phare de la Garoupe.

TERRAINS ÉRUPTIFS.

Le *gneiss* de Cannes forme plusieurs massifs séparés par des terrains plus récents : l'un comprend les collines qui dominent Cannes et les montagnes de Tanneron; un second, les environs de Bagnols, vers Saint-Paul, à l'Ouest, et le Reyran à l'Est; un troisième enfin dépend du massif des Maures. La roche est composée de mica bronzé formant des feuillets presque continus, séparés par un magma grenu d'orthose, d'oligoclase et de quartz; les feuillets de mica ne sont point rigoureusement parallèles, mais s'anastomosent de manière à laisser entre eux des lentilles où les cristaux acquièrent une plus grande taille; leur espacement est également irrégulier, et ils disparaissent parfois complétement, particulièrement sur les bords du massif, de manière à passer à de véritables leptynites; sous cette forme, la roche constitue aussi des filons minces dans les schistes.

Le gneiss est percé dans le massif des Maures par de nombreux filons d'amphibolite, parfois schisteuse, et, dans toute la région, par des filons de pegmatite (tourmaline fréquente); ces roches percent également les schistes, l'amphibolite paraissant plus récente que la pegmatite.

Le *porphyre rouge quartzifère,* avec nombreux cristaux d'orthose, rouge ou blanc, adulaire ou chatoyant, perce tous les terrains, y compris les couches les plus inférieures du terrain permien, qui sont cependant composées en partie de ses débris; on peut trouver, enveloppés dans les porphyres, des schistes qui, à peu de distance, sont superposés à des conglomérats porphyriques.

Ces porphyres sont caractérisés par l'abondance des cristaux qu'ils renferment; la pâte est très-variable comme couleur (quoique généralement rouge) et comme ténacité : tantôt elle paraît formée de cristaux microscopiques, tantôt elle est amorphe, avec rares sphérolites.

La *pyroméride* est postérieure aux schistes rouges et aux porphyres; on voit nettement, dans la région qui s'étend entre le Theoulé et la route d'Italie, la pyroméride reposer sur les conglomérats et les grès porphyriques dans lesquels sont intercalés les schistes à empreintes de Walchia, qu'on voit également coupés par des filons de cette roche, et la même superposition s'observe en gravissant les pentes Sud de l'Estérel; là un épais système de grès, plus ou moins schisteux, avec galets porphyriques et plongeant au Sud, s'appuie sur le porphyre des sommets pour passer sous la pyroméride qui s'étend à la base du massif; celle-ci coupe en plusieurs points les schistes rouges dans la plaine.

Sous ce nom de pyroméride est désignée une roche toujours rubanée en grand, ne contenant que de rares cristaux de quartz, et dont le rubanement est produit par l'alignement de globules dont la grosseur varie depuis 1 centimètre jusqu'à une fraction très-petite de millimètre; les plus gros globules se trouvent dans le voisinage des pechsteins du col de Grane, pechsteins qui ne sont qu'un accident de la pyroméride.

En filons minces, le caractère globuleux de la roche disparaît, mais la texture rubanée reste toujours visible.

Le *mélaphyre*, si l'on désigne provisoirement sous ce nom toutes les roches pyroxéniques qui traversent le terrain permien de l'Estérel, y est abondamment répandu sous forme de filons et de nappes; les grès de la plaine de Fréjus et du littoral, à l'Est de Saint-Raphaël, sont traversés par des filons de roche, tantôt compacte, tantôt spilitique; le grain de la roche est quelquefois égal, ou bien elle prend le caractère porphyroïde par le développement de cristaux de labrador; mais, en même temps, ces grès renferment des galets de mélaphyre, avec les porphyres et les gneiss; l'âge de ces mélaphyres est donc bien déterminé. Il n'en est pas de même de ceux qui forment des filons soit dans la pyroméride, soit dans les schistes rouges et les conglomérats porphyriques, et qui forment au-dessus de ces derniers des mamelons ou des nappes qui ne paraissent point avoir été recouverts.

Le *porphyre bleu* des Romains fait partie d'une masse éruptive de faible étendue, au voisinage du Darmont, et dont l'aspect est variable: dans l'Ouest du massif, où est située la carrière des Romains, de gros cristaux d'oligoclase et de quartz bipyramidé sont disséminés dans une pâte bleuâtre; à l'Est, la roche est entièrement cristalline, l'amphibole y forme des cristaux aussi développés que le feldspath, et le quartz devient plus rare; cette variété granitoïde est spécialement exploitée pour pavés; bien qu'en plusieurs points la roche paraisse supporter les grès permiens, des coupes nettes montrent qu'elle coupe tantôt les grès, tantôt les schistes, tantôt les mélaphyres; l'analogie de ces roches et des dacites tend à leur faire attribuer un âge tertiaire.

Enfin, dans les environs de Biot et au cap d'Antibes, on rencontre en filons et en conglomérats une andésite, qui a percé le terrain nummulitique sur lequel ses conglomérats se sont épanchés, mais qui se trouve en fragments roulés dans la molasse.

On connaît des filons de spath-fluor dans les conglomérats porphyriques, les porphyres et les gneiss; on ne les connaît métallifères que dans ceux-ci; ils renferment alors de la galène et de la blende; des filons de sulfate de baryte, également métallifères, et des filons de bioxyde de manganèse ou simplement ferrifères dans les environs de Biot et d'Antibes; un gisement de fer oligiste et de pyrite a été l'objet de recherches près d'Agay; les dacites du Darmont contiennent du fer oligiste et des mouches de cuivre.

Les explorations géologiques sur la feuille d'Antibes ont été faites, en 1875, 1876 et 1877, par M. POTIER, ingénieur des mines.

RÉGION DES ALPES-MARITIMES

À L'EST DU VAR ET DE LA VÉSUBIE.

La carte géologique exposée comprend la portion du département des Alpes-Maritimes située entre le Var et la Vésubie à l'Ouest, la frontière italienne au Nord et à l'Est, et la mer au Sud; elle est à l'échelle du $\frac{1}{50,000}$.

Les terrains que l'on rencontre dans cette portion du département des Alpes-Maritimes appartiennent aux périodes :

Quaternaire,
Tertiaire,
Secondaire,
Primaire,

et à différentes roches éruptives et cristallines.

Terrains quaternaires. — Les terrains quaternaires comprennent, outre les alluvions récentes qui remplissent les lits des torrents et forment les plages, des brèches plus ou moins compactes qui se rencontrent en nombre de points dans les fissures que présentent les roches jurassiques.

Ces brèches sont en général formées de débris des roches en contact, cimentés par des concrétions calcaires ou par un ciment ferrugineux, plus ou moins rouge. Sur le flanc Ouest du mont Boron, les éléments de cette brèche sont des galets très-arrondis.

En beaucoup d'endroits, ces brèches renferment des ossements et des coquilles terrestres, souvent mélangées avec des coquilles marines.

On peut citer comme présentant des exemples de ces brèches

les rochers profondément fissurés qui se trouvent à l'Ouest du port de Nice et le versant Sud et Ouest du mont Boron.

Terrains tertiaires. — Les terrains appartenant à l'époque tertiaire peuvent être séparés, dans la contrée dont nous nous occupons, en deux groupes bien distincts et que nous n'avons jamais rencontrés en rapport immédiat.

Le premier de ces groupes se compose, en partant des couches supérieures :

1° De bancs d'argile sableuse d'une couleur grisâtre ou de bancs de sable jaune, fossilifères, intercalés, sur certains points, dans des bancs de poudingues;

2° De bancs de poudingues ou de sable compacte alternant avec des bancs de sable fin ou graviers plus friables, sans fossiles;

3° De bancs de sable fin ou d'argiles bleuâtres très-fossilifères.

Des types de ces terrains peuvent être signalés :

Pour les premiers, sur la route de Nice à Aspremont, vis-à-vis de la chapelle Saint-Pancrace, sur le chemin d'Aspremont à Tourette, sur le flanc Ouest du mont Boron;

Pour les seconds, dans la vallée du Magnan et à Roquebrune;

Pour les troisièmes, au confluent du Laghet et du Paillon, et dans les vallons de la Mantega et de la Madeleine, près de Nice.

D'après les fossiles recueillis dans ces couches et leur superposition, elles paraissent devoir être classées dans le pliocène, celles de la troisième série étant plus particulièrement assimilables aux couches subapennines.

Le deuxième groupe des terrains tertiaires comprend :

1° Des bancs de grès souvent schisteux alternant avec des bancs de sable plus ou moins grossier, sans fossiles;

2° Des bancs de calcaire très-argileux d'une couleur gris bleuâtre et très-délités à la surface, sans fossiles;

3° Des bancs de calcaire gris fer siliceux ou légèrement argileux, avec nombreux fossiles.

La série des types de ces terrains se rencontre le long de la route de Nice à Turin, entre le pont de Fuont-de-Jarrier et l'Escarène.

Aucun fossile n'ayant été trouvé par nous dans les couches comprises sous les n°s 1 et 2, il nous est par là même impossible d'établir entre elles et les divisions admises une assimilation certaine.

Cependant il semble, d'après leur position, que l'on pourrait les considérer comme faisant partie de l'éocène moyen supérieur.

Quant aux couches comprises sous le n° 3, d'après les fossiles que l'on y rencontre, elles paraissent correspondre au calcaire grossier parisien.

Terrains secondaires. — Les terrains secondaires de la région considérée se rapportent aux époques crétacée et jurassique.

Au point de vue du faciès, les couches crétacées peuvent être réparties comme suit :

1° Assises épaisses d'un calcaire argileux souvent dur, jaunâtre à la surface et d'un gris plus ou moins foncé intérieurement, séparées par des lits argileux;

2° Assises de faible épaisseur formées de rognons d'un calcaire argileux gris foncé intérieurement, mais présentant à l'extérieur une coloration jaune clair tranchant fortement sur les couches argileuses plus puissantes et d'un gris foncé qui alternent avec elles;

3° Couches schisteuses grises, souvent très-glauconieuses au point d'en paraître noires et de devenir tout à fait sableuses, reposant sur des bancs d'un calcaire très-dur, d'un aspect jaunâtre ou verdâtre suivant l'état d'oxydation des grains de glauconie dont il est criblé. Sous ces couches calcaires se présentent des bancs d'un calcaire légèrement argileux, d'un gris bleu foncé.

Comme série à peu près complète de ces couches, on peut indiquer la montée du col de Braus, en partant de la Roche-Taillée, près de la chapelle de Saint-Laurent.

Dans toutes ces couches l'on rencontre des fossiles, mais principalement dans les couches inférieures.

D'après les fossiles que nous avons recueillis, les assises supérieures correspondent à la craie blanche et à la craie marneuse, les assises moyennes plus particulièrement à la craie de Rouen, enfin les assises inférieures au gault et au néocomien.

Également au point de vue des caractères physiques, les couches jurassiques peuvent être réparties comme suit :

1° Bancs minces d'un calcaire dur, jaune clair ou gris rosé;

2° Bancs épais d'un calcaire blanc ou gris clair, généralement dolomitique et passant à la dolomie fragmentaire et même sableuse dans le voisinage des failles et fractures;

3° Bancs minces de calcaires jaune clair séparés par des lits argileux très-minces.

Ces colorations, qui peuvent être considérées comme celles des assises jurassiques dans le voisinage du littoral, passent au noir lorsque l'on marche vers le Nord, c'est-à-dire vers la grande ligne de faîte des Alpes maritimes.

Les fossiles sont peu nombreux dans les couches jurassiques, et par là même leur assimilation aux étages admis est difficile.

Il semble toutefois, d'après les fossiles recueillis, que les couches désignées sous les n°s 1 et 2 peuvent être rangées dans le corallien et les autres dans l'oxfordien.

Des types de ces couches peuvent être signalés sur la route de Nice à Levens, entre Saint-André et Tourettes, et sur la route de Nice à Turin, au pied de la montée du col de Braus à la Roche-Taillée.

Terrains primaires. — Le permien, en suivant la même marche que précédemment, peut, d'après le facies de ses couches, être partagé comme suit :

1° Couches de grès dur à coloration variant entre le blanc, le gris, le vert et le rose;

2° Couches d'un schiste lustré d'un rouge lie de vin avec veines verdâtres;

3° Couches de grès rouge grossier à grains souvent très-volumineux.

Nous n'avons jamais trouvé de fossiles dans ces terrains; mais, d'après les études faites par M. Potier, ingénieur des mines, sur les versants de l'Estérel, ces assises paraissent devoir être rangées dans le permien.

Un des meilleurs points pour étudier ces terrains est le parcours de la route de Nice à Turin entre Fontan et la frontière.

Roches éruptives et terrains cristallins. — Les roches éruptives et les terrains cristallins se présentent, dans la région que nous considérons, pour les premières à l'état de trachytes à la pointe d'Aggio et dans le voisinage, et pour les seconds à l'état de gneiss et micaschistes traversés par des filons de granite au-dessus de Berthemont et de Saint-Martin-de-Lantosque.

Matières minérales. — Parmi les matières minérales plus ou moins facilement exploitables, nous nous contenterons de signaler quelques lignites (probablement crétacés) au col de Villefranche, au mont Agel, etc., quelques filons de cuivre natif et carbonaté dans le permien au-dessus de Roquebillière, d'orpiment dans le crétacé près Luceran, enfin de gypse, au sujet duquel nous croyons devoir entrer dans quelques détails, vu l'importance des gisements.

Ces gisements se trouvant toujours situés sur des lignes de dislocation des terrains et recouverts de conglomérats, leur position par rapport aux roches environnantes est par là même des plus difficiles à déterminer.

Toutefois cette circonstance, jointe à ce fait de l'existence, au milieu du gypse, de fragments des roches voisines présentant tous les degrés de passage de la roche pure au gypse pur, nous a fait penser que ces gypses avaient été formés sur place au détriment des roches disloquées, et quel que soit leur âge, par des éruptions d'eaux minérales et peut-être de gaz qui se firent jour suivant ces lignes de fracture.

Cette manière de voir explique pourquoi, comme sur la route de Cimies, par exemple, la roche jurassique paraît être la base du gypse, tandis que sur la route de Sospel à Menton, au-dessous de la chapelle Saint-Pancrace, c'est au contraire aux dépens de la roche crétacée que le gypse est formé.

Ce phénomène de transformation des roches calcaires en gypse suivant les directions des dislocations du sol explique également pourquoi, dans le voisinage des failles et fractures, les roches jurassiques sont généralement surdolomitisées, au point que le calcaire a complétement disparu et que la roche se présente fréquemment à l'état sableux.

Lignes de faîte, de thalweg et de soulèvement. — La portion du département des Alpes-Maritimes dont nous nous occupons présente de nombreuses lignes de dislocation et de failles bien accusées.

Voici, à titre d'exemples, quelques-unes de celles que nous avons observées.

En premier lieu, nous signalerons les failles constituant trois gradins principaux plongeant vers le Nord et qui s'étendent depuis le rocher du château de Nice jusqu'au cap Martin.

Si à ces failles on rattache celles qui déterminent la vallée de Saint-André et celle de la Vésubie jusqu'à Saint-Jean-de-la-Rivière, puis celle du Paillon entre Peille et l'Escarène, on constitue ainsi un vaste promontoire dont les bords sont formés par les à-pic jurassiques, et que le terrain crétacé puis le terrain nummulitique surmontent en superposition presque régulière.

Le même phénomène se reproduit sur une moins vaste échelle autour du col de Braus.

Bien qu'au premier abord les contours de ces failles ne paraissent pas, par la variété des directions qu'elles affectent, obéir à des lois bien caractérisées, on ne tarde pas cependant, en les examinant de près, à reconnaître que certaines directions y sont accusées avec une persistance remarquable, et que ces mêmes directions ont une relation nettement marquée avec les diverses lignes de thalweg et les lignes de faîte.

C'est ainsi, par exemple :

1° Que si du cap d'Aggio, où le trachyte est venu au jour, on mène une ligne jusqu'à la pointe de la Corne-de-Bouc (2,460 mètres), placée sur la frontière Nord, cette ligne passe par la Tête-de-Chien (250 mètres), par le mont Agel (1,148 mètres), par le mont Baudone (1,263 mètres), par la vallée de Castillon à Sospel, par la crête qui s'étend du Beolet (1,133 mètres) à la cime de la Gonella (1,844 mètres) et aboutit à la cime de l'Abisso, sur la grande chaîne;

2° Que si, par le château de Villeneuve-Loubet, où existe également une éruption de trachyte, on mène une parallèle à la première de ces lignes, on la voit passer par des points non moins remarquables, à savoir :

L'à-pic de la Gaude, derrière Saint-Jeannet (834 mètres), la Cime (833 mètres) près Bonson, l'embouchure de la Tinée, le contre-fort qui de la Tour s'étend jusqu'au col de Monei (1,470 mètres), le mont Cianorias (1,998 mètres), la Balme de la Frema (2,255 mètres), enfin les cimes de Frema-Morta, sur la grande chaîne;

3° Que la ligne de faîte de la chaîne principale des Alpes maritimes, entre les deux lignes que nous venons de signaler, est dirigée suivant une perpendiculaire à leur direction, et qu'il en est de même pour la vallée du Var dans son parcours de l'Ouest à l'Est;

4° Que ces deux directions se retrouvent, ainsi que l'on peut le voir sur la carte, dans les failles situées le long de la route de la Corniche, le long du massif du mont Agel, etc.

A côté de ce premier groupe de directions, nous devons en signaler un autre nettement déterminé : 1° par la ligne qui suit le Bévera de la frontière à Sospel et va border les à-pic du plateau qui s'étend derrière Grasse et Saint-Jeannet; 2° par la ligne qui, partant du mont Panaglia, enfile la vallée de Saint-André et une partie de celle de la Tinée.

Le premier de ces groupes semble pouvoir être rattaché au système de l'Hécla; quant au second, il paraît être en concordance avec le système du Vercors.

En sus de ces deux groupes de directions, nous en avons reconnu un certain nombre d'autres en relation avec le système de la Corse, des Alpes occidentales et du Morbihan, relation dont on peut se rendre compte en comparant les directions des vallées, des lignes de faîte et des limites des terrains avec les directions indiquées sur le diagramme placé au bas de la carte.

Les tracés géologiques ont été faits par M. Caméré, ingénieur des ponts et chaussées. La collection des roches et des fossiles recueillis, au nombre d'environ deux mille, a été donnée à l'École des mines.

FRAGMENTS DES FEUILLES DE MONTAUBAN
ET DE CAHORS.

Les fragments des feuilles de Montauban et de Cahors qui sont exposés comprennent toute la partie orientale du département de Tarn-et-Garonne.

Dans l'ordre de superposition, les terrains qui y sont représentés, sont les suivants :

TERRAIN TRIASIQUE.

On a rapporté à cette formation toutes les couches comprises entre les terrains primitifs et le terrain jurassique. Ainsi entendu, le *trias* est constitué dans le Tarn-et-Garonne par des psammites rouges, des marnes feuilletées, des bancs généralement minces de calcaire dolomitique, des grès blancs à pâte fine, à ciment feldspathique et enfin des grès grossiers siliceux, alternant avec des marnes violettes, rouges ou vertes. Les couches triasiques occupent les parties les plus élevées de la région et se redressent fortement vers la ligne de faîte, ainsi du reste que l'ensemble de la formation jurassique qui les surmonte.

TERRAIN JURASSIQUE.

Au-dessus du banc puissant de grès à éléments quartzeux roulés assez volumineux qui marque la limite du *trias* de la façon la plus constante et la plus nette, on trouve :

L'*Infralias*, représenté par des calcaires dolomitiques se délitant en petits cubes ou en dalles minces, alternant avec des marnes vertes, blanches ou violettes;

Le *Sinémurien* (*Lias inférieur*), grand étage de 200 mètres de puissance, entièrement formé par des dolomies caverneuses (cargneules) et des calcaires compactes, lithographiques par place;

Le *Liasien* (*Lias moyen*), qui commence par des calcaires gréseux avec quelques lits marneux (zone à *Terebratula punctata*), se continue par des calcaires bleuâtres surmontés de calcaires marneux en bancs minces et bien réglés se délitant en blocs cubiques analogues à des pavés (zone à *Ammonites margaritatus* et *Belemnites clavatus*), et se termine par de grands calcaires gris cristallins et lumachelliques (zone à *Pecten œquivalvis*);

Le *Toarcien* (*Lias supérieur*), constitué par des calcaires marneux (zone à *Ammonites serpentinus*), des marnes grises (zone à *Ammonites bifrons*) et des marnes noires schisteuses (zone à *Leda rostralis*);

Le *Bajocien*, qui présente à sa base une couche noire, rouge ou grise, souvent imprégnée de minerai de fer (zone à *Ostrea sublobata* et *Rhynchonella cynocephala*), remarquable par la constance de sa position et la fixité de ses caractères, et, à son sommet, un calcaire bleu à échinides;

Le *Bathonien*, qui est constitué par des calcaires dolomitiques caverneux formant les escarpements les plus pittoresques de la région;

Enfin, les *Étages oolithiques moyen et supérieur*, représentés par de puissantes couches de calcaires blancs et gris plus ou moins cristallins ou sublithographiques, au milieu desquels l'absence de fossiles déterminables ne permet pas de tracer la moindre division. On rencontre toutefois, à la partie supérieure de cet ensemble, des bancs calcaires qui peuvent être rapportés au *Corallien supérieur*, et même un petit îlot de calcaires marneux avec quelques fossiles qui le font classer dans le *Kimméridgien*, si développé plus au Nord, dans les environs de Cahors.

Deux failles accidentent la région jurassique. L'une, dirigée selon N. 85° O., s'étend le long de la vallée de l'Aveyron, de Lexos à Saint-Antonin. L'autre, dirigée selon N. 28° O., traverse la vallée de la Vère, de Saint-Martin à Saint-Pierre. Ces deux failles sont accompagnées de nombreux plissements dont les lignes synclinales et anticlinales courent parallèlement ou perpendiculairement à leur direction.

TERRAINS TERTIAIRES.

Les plus anciens dépôts, traces des rivages des lacs tertiaires, consistent en brèches ou poudingues composés d'éléments empruntés aux falaises jurassiques, en argiles rouges et jaunes contenant du minerai de fer pisolithique ou des phosphorites, et en calcaires marneux bariolés. Ces dépôts peuvent être rapportés à l'*Éocène supérieur* et au *Miocène inférieur*, ainsi que l'indiquent les fossiles et les ossements de mammifères qu'ils renferment. C'est pour cela qu'on les a rangés dans l'*Étage miocène*, aussi bien que la grande formation d'eau douce qui les surmonte. Cette formation est une alternance d'argiles sableuses, de sables calcaires et de marnes au milieu desquelles viennent s'intercaler des bancs de grès molasse ou des lentilles calcaires qui s'épaississent à l'Ouest et atteignent une puissance considérable. Ces mêmes calcaires forment, à la surface des grands plateaux oolithiques du Quercy (Causses), des îlots au voisinage et au-dessous desquels se trouvent les nombreux gisements de phosphate de chaux découverts en 1870.

TERRAINS QUATERNAIRES.

Les *terrains quaternaires* sont représentés par des limons argilo-sableux, bariolés de jaune et de gris, superposés à une couche plus ou moins puissante de cailloux roulés. Ces formations diluviennes, développées presque exclusivement au Sud de l'Aveyron, s'étendent en nappe continue sur toute la surface de la région tertiaire et s'élèvent depuis les bas plateaux compris entre l'Aveyron, le Tarn et la Garonne jusqu'aux points culminants de la Lomagne, ne présentant d'autre différence dans leur composition que celle qui résulte de la grosseur de leurs cailloux, dont le volume diminue à mesure que l'altitude augmente. Il faut rapporter aussi aux terrains quaternaires les dépôts argilo-sableux qui, dans les vallées de la région tertiaire, recouvrent les versants en pente douce exposés au Nord et à l'Est, tandis que le terrain tertiaire se montre à nu sur les versants en pente roide tournés vers le Sud et l'Ouest. Ces dépôts meubles des pentes qui masquent les couches tertiaires sous-jacentes donnent naissance à des sols siliceux (*boulbènes*), contrastant par leur aspect et leur végétation avec les sols marneux ou calcaires (terres fortes) des versants opposés.

ALLUVIONS RÉCENTES.

Les trois grandes vallées de l'Aveyron, du Tarn et de la Garonne sont occupées par des limons, rougeâtres dans les deux premières, gris dans la dernière, superposés à des dépôts caillouteux irréguliers, dont les éléments sont identiques à ceux que ces cours d'eau roulent actuellement.

Les relevés géologiques sur les feuilles exposées ont été faits par MM. Paul Doumerc, ingénieur civil, et Jean Doumerc, ingénieur civil des mines, attachés au Service de la carte géologique détaillée de la France, avec le concours de M. Alphonse Péron, sous-intendant militaire, membre de la Société géologique de France.

ÉTUDE DES GÎTES SIDÉROLITHIQUES

DU BASSIN DE LA CHAPELLE-SAINT-URSIN, PRÈS BOURGES

(CHER).

L'étude des gîtes sidérolithiques de la Chapelle-Saint-Ursin comprend deux feuilles de la dimension de celles de la carte du Dépôt de la guerre et un mémoire descriptif. La première est une carte géologique d'ensemble du bassin à l'échelle de $\frac{1}{10,000}$. On y a figuré, au moyen de teintes et de signes conventionnels, les limites des terrains et celles des gîtes, le mode d'exploitation dont ces derniers sont l'objet et la profondeur des travaux. Les étages représentés sur cette feuille sont les suivants :

Diluvium, P ;

Calcaire lacustre, e^5 ;

Terrain sidérolithique, e^3 ;

Calcaire à astartes, j^4 ;

Calcaire corallien, j^3.

Sur la seconde feuille, qui est à l'échelle de $\frac{5}{1,000}$ on a représenté une des parties du bassin qui est bien propre à mettre en pleine lumière l'allure en filons de ces sortes de gisements : c'est une exploitation à ciel ouvert entreprise dans le bois de l'Éguillé sur des fissures du dépôt sidérolithique remarquablement rectilignes et parallèles. On a également fait figurer sur cette feuille un certain nombre de coupes théoriques destinées à rappeler les principales circonstances de gisement du dépôt, et notamment les altérations produites dans les roches encaissantes.

Le mémoire descriptif développe ce que les plans et coupes ne font qu'indiquer. En le réduisant à ce qu'il a d'essentiel, on en a extrait la notice suivante :.

Les gisements de minerais de fer en grains du Berry appartiennent au terrain éocène et sont contemporains des gypses de Montmartre (e^3); ils sont subordonnés à des dépôts argileux souvent très-puissants et très-étendus.

Les argiles qui constituent ces dépôts présentent des caractères très-variables : tantôt pures, tantôt sableuses et mêlées de graviers quartzeux, de silex roulés et de poudingues provenant de la formation des argiles à silex (e_v); tantôt plastiques, onctueuses, douces au toucher; tantôt dures, sèches, à retrait prismatique : leur couleur est blanche, grise, verte, ocreuse ou rouge de sang; elles sont souvent bariolées.

Ces argiles renferment, par place, des amas de gypse, de quartz opalin ou d'opale blanche.

Le minerai présente des faciès variables : le plus généralement, il est en pisolithes bien réguliers, à couches concentriques, à structure concrétionnée; mais on le rencontre encore fréquemment en nodules et en rognons à structure massive.

Les minerais de fer en grains constituent des gisements essentiellement irréguliers et discontinus dont les dimensions et les formes varient à l'infini.

Fréquemment ce sont des amas superficiels logés dans des cavités du calcaire jurassique et affectant la forme d'entonnoirs ou de bassins en fond de bateau.

En dehors de ces gisements superficiels, désignés sous le nom de poches, on rencontre, entre le calcaire jurassique et le calcaire lacustre (e^5), des gisements de minerai de formes très-diverses, formant tantôt de vastes dépôts lenticulaires, tantôt des amas allongés dans un seul sens et ressemblant à des boyaux sinueux auxquels les mineurs donnent le nom de filons.

Au voisinage des gisements, les calcaires jurassiques sont profondément altérés et modifiés; ils sont transformés en calcaires cristallins à texture saccharoïde, en calcaires grossiers avec veinules cristallines, en marnes granuleuses ou farineuses, au milieu desquels on rencontre quelques rognons non altérés de calcaire jurassique; cette altération des calcaires jurassiques est le résultat d'un métamorphisme dû aux eaux thermales qui ont circulé dans leurs fissures.

Les gisements présentent les caractères suivants :

Les parois des cavités qu'ils occupent dans les calcaires jurassiques sont crevassées et dégradées, et attestent l'action d'agents corrosifs qui ont irrégulièrement rongé les roches encaissantes.

Ces cavités se prolongent inférieurement par des fentes étroites qui représentent les canaux ayant servi à l'arrivée des matières sidérolithiques.

Ces cavités résultent donc de l'agrandissement par corrosion de fentes et de fractures des calcaires jurassiques.

Ces gisements se coordonnent généralement le long de lignes de fractures orientées suivant la direction N. S. ou la direction perpendiculaire, ou du moins suivant des directions très-voisines de celles-ci; en outre, les gisements présentent fréquemment une forme allongée dans ces mêmes dimensions.

Ces gisements se rattachent donc à la grande faille de Sancerre: l'étude stratigraphique des terrains tertiaires montre, en effet, que cette faille est postérieure aux argiles à silex et antérieure aux argiles à minerai de fer.

A ces généralités il convient d'ajouter quelques renseignements spéciaux au bassin de la Chapelle-Saint-Ursin, pris pour type des gîtes sidérolithiques du Berry.

Les amas de minerai exploités à la Chapelle appartiennent aux gisements dits en filons.

Le calcaire jurassique métamorphisé forme, au-dessous du calcaire lacustre, une zone presque continue d'un calcaire blanc, grossier, avec taches ocreuses, dans laquelle sont épars quelques noyaux de calcaire jurassique non altéré.

Les filons, orientés à peu près suivant le méridien magnétique, présentent une structure en chapelet bien caractérisée; ils sont complétement encaissés dans la roche métamorphique. A la partie supérieure aussi bien qu'à la partie inférieure, ils se prolongent par des fentes étroites remplies de minerai : on voit donc que les amas exploités consistent dans un renflement local de fissures du calcaire jurassique.

Les planches qui représentent les parties exploitées font ressortir l'allure filonienne de ces gisements : leur inspection permet de reconnaître que les amas se coordonnent suivant les directions que nous avons signalées (exemple : exploitation de Pissevieille).

Ces phénomènes d'alignement apparaissent encore plus nettement dans la planche qui représente les exploitations du bois de l'Éguillé et qui offre une analogie frappante avec les plans des filons de mines métalliques.

L'exploitation du bois de l'Éguillé a porté sur le remplissage des fentes prolongeant inférieurement les filons proprement dits, qui forment seuls l'objet de l'exploitation souterraine : ces fentes ont été mises en évidence par une érosion qui a enlevé le calcaire lacustre et la zone de calcaire jurassique métamorphisé.

L'étude des gîtes sidérolithiques du Berry a fait l'objet d'un service spécial institué par le Ministère des travaux publics sous le titre de *Topographie des minières du Cher*. Ce service a été supprimé comme n'ayant donné que des résultats incomplets et peu satisfaisants. — L'intérêt qui s'attache à l'étude de ces sortes de gisements, notamment au point de vue des alignements qu'ils présentent, a engagé le Service de la carte géologique détaillée à la reprendre et à la confier à M. DE GROSSOUVRE, ingénieur des mines, chargé du sous-arrondissement minéralogique de Bourges. C'est à cet ingénieur que l'on doit les feuilles exposées et le mémoire manuscrit qui y est joint.

TERRAIN SIDÉROLITHIQUE

DES ENVIRONS DE DUN-LE-ROI (CHER).

On a figuré sur cette carte, à l'échelle de $\frac{1}{40,000}$, les contours des différentes assises des terrains sédimentaires, de manière à montrer les relations des gisements de minerai avec les roches sous-jacentes : leur association exclusive avec les roches calcaires, et notamment avec celles de l'étage *corallien*, ressort de l'examen de la carte.

Le *terrain sidérolithique* se compose :

1° D'argiles à minerai de fer pisolithique logées dans des cavités du calcaire jurassique ou étalées à sa surface; les amas ferrifères constituent, suivant leur extension, des poches, des filons ou des amas lenticulaires; sur certains points (bassin de Dun-le-Roi), ces amas sont recouverts par des couches de calcaire lacustre dont la puissance atteint parfois 20 et même 30 mètres. On a indiqué par des signes conventionnels les régions exploitées et le mode d'exploitation, et par des chiffres en rouge la profondeur moyenne des travaux.

2° De nappes d'argiles, tantôt pures, tantôt sableuses et mêlées de graviers des terrains anciens et de silex des terrains jurassiques : ces nappes d'argiles commencent à prendre une grande extension dans le Sud de la feuille, où elles forment, sur les plateaux, un manteau continu; elles se développent de plus en plus lorsqu'on les poursuit vers le Sud : on les voit, dans cette direction, déborder les terrains sédimentaires et recouvrir les terrains cristallins des bords du plateau central. Ces argiles, dont les caractères sont excessivement variables, présentent néanmoins, dans leur ensemble, un facies tout particulier qui révèle leur origine éruptive et geysérienne : le fer s'y trouve répandu à l'état d'oxyde et isolé par place en rognons, ou disséminé dans la masse qu'il marbre de couleurs rouges souvent fort vives; la silice n'est pas moins abondante sous forme d'opales de couleurs variées; enfin, le gypse y constitue, sur certains points, des amas importants exploités dans le bois de *Meillant* et près du village de *Verneuil*.

Cette carte a été dressée par M. DE GROSSOUVRE, ingénieur des mines, chargé du sous-arrondissement minéralogique de Bourges.

NOTICE VII.

TOPOGRAPHIES SOUTERRAINES.

Les topographies souterraines des bassins houillers ne sont autre chose qu'une étude géologique détaillée des gîtes de cette nature, avec une représentation graphique spéciale. L'intérêt qu'elles présentent est incontestable, soit qu'elles aient pour objet d'évaluer aussi exactement que possible les ressources présumées renfermées dans chaque mine, soit qu'elles se proposent de résoudre les questions qui se rattachent à l'extension du bassin sous les morts-terrains ou à la conduite des travaux d'exploitation.

L'utilité de pareilles études ne pouvait être méconnue par l'Administration des travaux publics. En 1845, après avoir pris l'avis du Conseil général des mines, elle a tracé un programme relatif à la confection des topographies souterraines. L'exécution en a été généralement confiée aux ingénieurs des arrondissements minéralogiques dans lesquels les terrains à explorer se trouvaient compris.

Les topographies souterraines ont donné lieu à un certain nombre de publications faites sous les auspices de l'Administration des mines. Ce sont, par ordre de dates :

1° Étude des gîtes houillers et métallifères du Bocage vendéen faite, en 1834 et 1835, par Henri Fournel (1836);

2° Étude du bassin houiller de Graissessac (Hérault), par Garella (1843);

3° Mémoire sur les bassins houillers de Saône-et-Loire, par M. Manès (1844);

4° Description historique, géologique et topographique du bassin houiller de Brassac (Puy-de-Dôme et Haute-Loire), par Baudin (1849);

5° Description du bassin houiller de Decize (Nièvre), par Boulanger (1849);

6° Notice sur les gîtes de houille et les terrains des environs de Forges et de la Chapelle-sous-Dun et sur les gîtes de manganèse et les terrains des environs de Romanèche, par Drouot (1857);

7° Topographie souterraine du bassin houiller de Valenciennes, par M. Dormoy (1867);

8° Étude des bassins houillers de la Creuse, par M. Grüner (1868).

Quelques travaux se rattachant aux topographies souterraines sont restés inédits. Parmi ces derniers, il convient de citer, à raison de son importance, l'étude détaillée du bassin houiller de la Loire dont M. l'inspecteur général Grüner a pris l'initiative, il y a plus de trente ans. Il n'en a été donné jusqu'ici qu'un résumé où se trouvent posées les bases de la classification des couches de ce bassin (Carte du bassin houiller de la Loire avec texte explicatif, Saint-Étienne, 1847; notice complémentaire, 1866).

En dehors de quelques missions spéciales, les topographies souterraines ont été en général rattachées aux services ordinaires des mines dont elles formaient une dépendance. Dans ces derniers temps, l'attention de l'Administration a été appelée sur les défauts inhérents à cette organisation; on a recherché les résultats qu'elle avait produits, et on a reconnu qu'ils étaient insignifiants.

Pour remédier à la situation et pour donner en même temps aux études topographiques l'unité de direction et l'esprit de suite indispensables à la conduite de tout travail scientifique, l'Administration des travaux publics a jugé à propos de confier ce service à l'inspecteur général directeur de la carte géologique de la France. Les deux services, manifestement connexes, ont été ainsi centralisés entre les mêmes mains. Sur la demande du directeur, M. l'ingénieur Potier a été attaché comme adjoint au Service spécial des topographies souterraines.

La décision ministérielle relative à la nouvelle organisation est du 23 mai 1877. Elle devait avoir son effet à partir du 1er juin; mais, par suite de l'absence des titulaires, elle n'a été en réalité mise à exécution que dans le courant du mois de juillet.

Les ingénieurs ordinaires précédemment chargés des topographies souterraines ont été maintenus dans leurs fonctions. Le service a été, en conséquence, constitué de la manière suivante, pour les années 1877 et 1878 :

MM. Jacquot, inspecteur général de 2e classe, directeur;
    Potier, ingénieur ordinaire de 1re classe, adjoint à la direction.

Bassins houillers de Valenciennes (Nord)
et du département du Pas-de-Calais :

MM. Olry, ingénieur ordinaire de 2e classe, à Valenciennes;
    Duporcq, ingénieur ordinaire de 1re classe, à Arras.

Bassin houiller d'Aubin (Aveyron) :

M. Vital, ingénieur ordinaire de 2e classe, à Rodez.

Bassin houiller d'Alais (Gard) :

M. Aguillon, ingénieur ordinaire de 2e classe, à Alais.

Bassin houiller de Brassac (Puy-de-Dôme) :

M. Amiot, ingénieur ordinaire de 2e classe, à Clermont.

Bassin houiller de la Loire :

M. Henry, ingénieur ordinaire de 2e classe, à Rive-de-Gier.

Terrain d'anthracite de Sarthe et Mayenne :

M. Julien, ingénieur ordinaire de 1re classe, au Mans.

Dans la pensée de la nouvelle direction, tous les bassins houillers devront être successivement étudiés au triple point de vue de leur structure, de leurs richesses et de leur extension souterraine. Il y aura donc lieu d'apporter des modifications dans la composition du Service au fur et à mesure des besoins, pour le mettre en état d'y satisfaire.

Malgré le court intervalle qui séparait de l'ouverture de l'Exposition universelle la nouvelle organisation donnée au Service, des mesures ont été adoptées pour que celui-ci y prît une part active. On peut remarquer qu'à l'exception des deux bassins d'Alais et d'Aubin, tous ceux sur lesquels portent les études actuelles y sont représentés par des travaux d'une certaine importance. On y voit même figurer deux études qui ne sont point comprises dans la nomenclature officielle du service. Elles concernent, d'une part, les bassins réunis de Champagnac, de Bourg-Lastic et de la haute Dordogne, compris dans l'intérieur du plateau central, sur les confins du Puy-de-Dôme et du Cantal, et, de l'autre, le petit bassin de Langeac (Haute-Loire). Ces études sont dues à M. l'ingénieur Amiot, qui en pris a l'initiative. La dernière est composée d'une carte et d'une feuille de coupes qui sont livrées à la publicité. Ces résultats témoignent de l'impulsion qui a été imprimée au Service dans les dix derniers mois et du zèle apporté par les ingénieurs à remplir les instructions qui leur ont été données.

L'exécution des travaux graphiques exposés a été surveillée par M. le garde-mines Thomas, chargé de la direction de l'atelier de coloriage de la carte géologique.

Le plan et les coupes du bassin de Langeac ont été gravés dans l'atelier de M. Wührer, rue de l'Abbé-de-l'Épée, 4, et tirés en couleurs par le procédé chromolithographique dans celui de MM. Lemercier et Cie, rue de Seine, 57.

BASSIN HOUILLER DU NORD ET DU PAS-DE-CALAIS.

BASSIN HOUILLER DU PAS-DE-CALAIS.

La topographie souterraine du bassin houiller du Pas-de-Calais comprend :

1° Une carte d'ensemble, à l'échelle de $\frac{1}{80,000}$, portant les indications exactes des limites des concessions houillères, les fosses, les voies de communication, la coupe des couches de houille par un plan horizontal passant à 200 mètres au-dessous du niveau de la mer. Pour motiver l'adoption de ce plan, il suffit de rappeler que le bassin houiller du Pas-de-Calais est recouvert par les terrains crétacés, lesquels constituent une sorte de manteau dont l'épaisseur varie de 100 à 150 mètres; que la base des terrains crétacés en contact avec le bassin houiller est formée généralement par un poudingue cimenté par des marnes et connu sous le nom de tourtia; que la surface inférieure du tourtia n'est pas horizontale, et que les exploitations des veines de charbon sont loin d'avoir été poussées partout jusqu'au tourtia, en sorte que le tracé de ces veines au tourtia ne peut souvent qu'être hypothétique : c'est pourquoi il a paru nécessaire d'opérer le tracé des veines de charbon, d'abord sur un plan horizontal, ensuite sur un plan correspondant le mieux possible à la moyenne des exploitations actuelles et permettant un tracé absolument réel; le plan horizontal, passant à 200 mètres au-dessous du niveau de la mer a été choisi à cet effet.

Cette première carte d'ensemble est terminée; autant que l'a permis la petite échelle employée, laquelle ne comporte point de détails pour un tracé aussi compliqué que celui des couches de charbon très-accidentées du Pas-de-Calais, on a fait figurer les principales failles.

2° Une carte d'ensemble, également à l'échelle de $\frac{1}{80,000}$, portant, comme la première, les indications exactes des limites des concessions, les fosses et les voies de communication, mais représentant au tourtia la surface du terrain houiller et celle des terrains l'encaissant. Telle doit être en quelque sorte la carte géologique du bassin, en supposant que le manteau de terrains crétacés qui recouvre ce bassin soit enlevé. Tous les sondages exécutés pour la découverte et l'étude du terrain houiller seront figurés, et un registre de ces sondages sera annexé à la carte. Les divers faisceaux de charbon (maigre, demi-gras, gras, très-gras à longue flamme, sec à longue flamme) seront indiqués par des teintes spéciales, en même temps que les couches seront représentées par leur affleurement au tourtia, tracé rigoureux quand celle-ci sera connue, hypothétique quand les exploitations n'auront pas remonté jusqu'au tourtia.

L'exécution de cette seconde carte d'ensemble n'est pas achevée, parce qu'elle est subordonnée à la confection du registre des sondages, lequel nécessitera un travail assez long.

3° Une grande carte de détail, à l'échelle de $\frac{1}{10,000}$, sur laquelle sont figurées les lignes d'affleurement des couches de houille au tourtia représentées par des traits verts et la coupe des mêmes couches par un plan horizontal au-dessous du niveau de la mer, cette coupe étant représentée par des traits noirs. Les failles et grands brouillages sont également indiqués par leurs traces au tourtia et sur le plan à 200 mètres. Il est décidé que dans l'avenir on dessinera la trace des veines sur des plans horizontaux espacés de 150 en 150 mètres; présentement les exploitations du Pas-de-Calais n'atteignent qu'en de très-rares points le niveau de 350 mètres au-dessous du niveau de la mer; aussi la carte est-elle à peine commencée à ce niveau.

La représentation de la surface a été faite d'une manière toute spéciale et avec les plus grands soins; les voies de communication, les fosses, les grandes cités ouvrières des mineurs, les limites précises des diverses concessions houillères, tous les sondages exécutés pour la découverte et l'étude du bassin, sont reportés sur cette carte, dont l'achèvement complet est encore tout récent.

4° Des coupes des travaux, également à l'échelle de $\frac{1}{10.000}$, par plans verticaux se rapprochant le plus possible de la direction moyenne des travers bancs. Une coupe est dressée pour chaque fosse.

5° La grande carte au 10 000ᵉ est dans son ensemble très-précieuse, mais elle est, par ses trop grandes dimensions, pénible à manier et peu facile à consulter couramment; en outre, les coupes sont nécessairement dessinées sur des feuilles séparées et ne se trouvent pas en regard des plans. Pour que cette carte et les coupes rendent les services qu'on doit en attendre, il a été dressé, sur des dimensions uniformes, des planches extraites de la carte détaillée au 10.000ᵉ; il sera tiré autant de planches qu'il sera nécessaire pour que celles-ci renferment absolument l'indication de toutes les exploitations existantes, et la collection de ces planches constituera un album commode pour l'étude. Chaque planche porte la trace des méridiens et parallèles portés sur la grande carte de cinq en cinq minutes de grade, avec repère de l'un d'eux par rapport au beffroi de Douai.

Au bas de chaque planche est dessinée la coupe au 10 000ᵉ des travaux; le plan et la coupe étant alors très-rapprochés, la lecture de l'un est facilitée par l'examen de l'autre.

Sur les côtés de chaque planche sont représentées les couches de charbon existant dans les exploitations qui forment l'objet de la planche. La composition physique des couches est indiquée, en même temps qu'est inscrite en regard de chacune sa teneur en matières volatiles.

ALLURE GÉNÉRALE DES COUCHES.

Le bassin houiller du Pas-de-Calais est le prolongement de celui du Nord; comme lui, il renferme un nombre assez considérable de couches minces, variant en puissance utile de $0^m,50$ à $1^m,50$ et présentant leur pendage vers le Sud; on connaît peu de couches d'une puissance plus élevée : à Lens seulement on en a trouvé atteignant $2^m,50$ à 3 mètres, et à Auchy-au-Bois une variant de 3 mètres à 5 mètres.

La coude brusque vers le N. O. que fait vers Douai le terrain houiller a, malgré d'anciennes et nombreuses recherches entre Douai et Arras, retardé très-longtemps la découverte du prolongement du bassin du Nord, lequel est cependant connu depuis plus de cent ans; cette découverte a été due aux constatations d'un forage exécuté en 1846 dans le parc de madame de Clercq, à Oignies, pour la recherche d'eaux jaillissantes, à celles des sondages entrepris peu de temps après par la Société de la Scarpe aux environs de Douai, et, en majeure partie, aux précieuses indications fournies par les études géologiques de M. Du Souich, qui, en traçant d'une manière sûre la direction des affleurements du terrain dévonien de Douai vers le Boulonnais, a marqué la limite méridionale du bassin. Des recherches par sondages, exécutées avec une extrême rapidité à partir de 1850, amenèrent promptement la trace de l'affleurement du terrain houiller sous le tourtia et l'institution des dix-huit concessions suivantes : Dourges, Courrières, Lens, Grenay, Nœux, Bruay, Marles, Ferfay, Cauchy-à-la-Tour, Auchy-au-Bois, Fléchinelle, Liévin, Vendin, Meurchin, Carvin, Ostricourt, Douvrin, Annœulin; des recherches subséquentes ont amené des extensions diverses à quelques-unes de ces concessions et ont motivé récemment l'institution d'une nouvelle concession à Courcelles-lès-Lens. L'ensemble de ces dix-neuf concessions représente une superficie de 55,432 hectares; la bande houillère a dans le Pas-de-Calais une longueur de 56 kilomètres et une largeur moyenne maxima d'environ 13 kilomètres. La direction générale du bassin est vers l'O. N. O.

Dans la direction même de l'axe du bassin, et séparés de lui par une distance de 40 kilomètres, apparaissent quelques lambeaux de terrain houiller dans le Boulonnais; trois concessions y ont été instituées bien antérieurement à la découverte du bassin du Pas-de-Calais, savoir Hardinghen, Fiennes et Ferques. En ces dernières années, quatre sociétés ont fait d'importantes recherches pour essayer de rattacher le bassin du Boulonnais à celui du Pas-de-Calais, mais leurs travaux sont restés sans résultats et ne permettent nullement de conclure, comme on l'avait présumé, que, dans l'intervalle inconnu de 40 kilomètres, le terrain houiller existe à une profondeur utile.

Lors de la dernière Exposition, en 1867, cette direction générale du bassin houiller O. N. O. était bien connue; sa constitution en couches minces, pendant presque toujours au Sud, était également établie; on avait aussi à cette époque constaté que le bassin était encaissé, sur toute sa lisière Nord, par des calcaires carbonifères en masses puissantes, et que, sur toute sa lisière Sud, apparaissaient peu de calcaires carbonifères, surtout des schistes et grès dévoniens. On admettait que le bassin était limité, comme surface horizontale à exploiter, à celle de son affleurement au tourtia, et on ignorait encore comment se comportaient les roches encaissantes par rapport au terrain houiller.

L'avancement des exploitations souterraines a montré, dans ces dix dernières années, que si au Nord le terrain repose en place sur les calcaires, en sorte que le bassin est bien limité dans cette région par son affleurement au tourtia, il existe au Sud un renversement des couches, et, en même temps, des failles ayant produit un abaissement au Midi des terrains renversés, en sorte que le bassin n'est pas limité en cette région par son affleurement au tourtia.

On observe en effet d'une manière générale le phénomène de renversement de la partie méridionale du bassin; pendant que la partie septentrionale est presque uniquement constituée par des plateures, la partie méridionale l'est par une série bien accentuée de dressants et de plateures. A en juger par le parallélisme des dressants et des plateures, il faut même conclure que ce premier phénomène de renversement a été très-considérable. Tout au Midi du bassin, et même parfois au-dessous des terrains anciens (schistes ou grès rouges dévoniens, calcschistes bleus appartenant au dévonien supérieur, parfois des calcaires carbonifères) existe une grande faille qui, après le renversement, a produit un notable abaissement au Sud des terrains renversés, et il est naturel que les exploitations au Midi de cette faille soient plus tourmentées, par suite d'une certaine irrégularité apportée dans l'allure par le double bouleversement du renversement et de l'abaissement; cette faille est souvent nommée dans le pays faille de retour, parce qu'elle a produit quelque chose d'analogue au cran de retour du Nord. Enfin, et c'est là l'accident géologique qui a le plus d'importance pour le bassin au point de vue de l'augmentation de ses richesses et de l'extension possible de ses exploitations au Midi, une faille très-peu inclinée au Sud (de 16 à 22°) a ramené sur le bassin en les abaissant les terrains anciens, dévonien supérieur et carbonifère; cette faille, limite du bassin, a été bien constatée par les exploitations de Cauchy-à-la-Tour, puis de Courcelles-lès-Lens, ensuite d'Auchy-au-Bois, et par les récents sondages exécutés à travers les terrains anciens, à Bully, à Aix, à Méricourt et à Drocourt. Tout cet ensemble est enfin arrêté au Sud par une grande faille qui a amené jusqu'au jour les terrains dévoniens inférieurs.

Dans les plateures de la branche septentrionale, il existe en outre une série de failles paraissant avoir successivement abaissé le fond du bassin.

Au fur et à mesure qu'on s'éloigne vers le Couchant, on constate deux faits qui diminuent la largeur du bassin. Le premier est le relèvement progressif vers l'Ouest du fond du bassin, non-seulement parce que ce relèvement se sera produit plus ou moins par les grandes failles successives qui coupent obliquement les couches dans la direction N. O. S. E., mais encore parce qu'il existait au moment du dépôt des terrains houillers; ce premier fait explique la disparition des houilles maigres à partir de Vendin, celle des houilles demi-grasses et grasses à partir de Nœux et de Bruay; les houilles des formations plus récentes se sont seules déposées sur le fond de calcaire carbonifère à partir de Bruay. Le second fait consiste en ce que la faille limite du bassin et peu inclinée mord de plus en plus vers l'Ouest sur le terrain houiller existant, en sorte qu'elle arrive à recouvrir et à couper la faille de retour, et que, la trace de son affleurement au tourtia se rapprochant peu à peu de l'affleurement du calcaire du Nord, l'affleurement du terrain houiller au tourtia diminue progressivement de largeur.

Si telle est, dans son allure générale, la physionomie du bassin houiller du Pas-de-Calais, autant qu'on peut la concevoir d'après les travaux souterrains actuels, il est nécessaire de dire qu'une quantité considérable de failles et cassures secondaires modifie singulièrement l'aspect simple de la coupe théorique, complique les exploitations, en rendant parfois les veines plus ou moins irrégulières et quelquefois inexploitables, et apporte une entrave très-sérieuse à la reconnaissance des faisceaux entre deux concessions distinctes, et même souvent entre les fosses d'une même concession. Il n'y a encore, comme veines reconnues et rattachées entre elles, que celles qui sont comprises dans les trois concessions de

Courrières, Lens et Liévin, celles de la concession de Marles et la fosse n° 1 de Ferfay.

STATISTIQUE.

Fosses. — Le Pas-de-Calais renferme soixante-quatre fosses en activité ou en fonçage, formant cinquante-six siéges d'exploitation distincts. En outre, quatre siéges et quatre fosses sont en chômage. Les puits sont, en moyenne, ouverts au diamètre utile de 4 mètres; le dernier puits creusé à Lens (le n° 5) a été ouvert au diamètre utile de 5 mètres. Ils sont revêtus d'un cuvelage en bois ou en fonte dans la partie des morts-terrains qui renferme beaucoup d'eau, et ils sont muraillés sur le reste de leur hauteur; ils sont tous guidés sur longrines; l'extraction est opérée par des cages en fer renfermant ordinairement quatre wagons de cinq hectolitres chacun, au moyen de machines d'extraction dont la puissance a été beaucoup augmentée sur un grand nombre de points et atteint 250 et 300 chevaux de force.

Dans ces dernières années, neuf puits ont été foncés à niveau plein par le système Kind-Chaudron; pour ces puits, le diamètre utile, en dedans du cuvelage en fonte, est de $3^m,65$.

Production. — La production a plus que doublé depuis la dernière Exposition. Elle était, en effet, pour 1867, de 1,614,399 tonnes; elle vient d'atteindre, pour 1877, 3,435,138 tonnes, c'est-à-dire presque le cinquième de la production de toute la France. Les charbons maigres figurent pour 9 à 10 p. o/o dans l'extraction.

Débouchés. — Les deux départements du Pas-de-Calais et du Nord, si importants par leur population et par leurs industries diverses, absorbent à eux seuls environ 60 p. o/o de la production, dont 29 p. o/o pour le Pas-de-Calais et 31 p. o/o pour le Nord. Le reste, soit 40 p. o/o de la production, est consommé dans les départements suivants : Seine, Seine-et-Marne, Seine-et-Oise, Seine-Inférieure, Oise, Somme, Aisne, Marne, Ardennes et Haute-Marne. Dans le total des expéditions, les ventes au comptant figurent approximativement pour 7 p. o/o, celles par bateaux pour 28 p. o/o, et celles par chemins de fer pour 65 p. o/o. L'écart trop considérable entre les expéditions par eau et celles par voies ferrées montre combien il est utile d'améliorer les voies navigables qui desservent le Pas-de-Calais, et, en prévision de la continuation dans l'accroissement de la production du bassin, combien il importe que la sollicitude du Gouvernement soit appelée sur cette question.

Population ouvrière. — Les ouvriers des mines du Pas-de-Calais sont au nombre de 23,400. La plupart sont logés dans des cités ouvrières (corons) qui ont été spécialement construites par les compagnies houillères et dont les plus remarquables sont celles de Courrières, Lens, Liévin, Grenay, Nœux, Bruay et Marles. L'ouvrier mineur proprement dit est payé à la tâche ; son salaire, variable suivant son habileté et suivant ses forces, est de 5 à 7 francs par jour. Le salaire moyen de l'ensemble des ouvriers, toutes catégories comprises, est de 3 fr. 50 cent. par jour.

La production moyenne par ouvrier de fond est ordinairement de 200 tonnes par an.

Nombre de veines reconnues par concession. — Dans le tableau qui suit on a indiqué le nombre des veines qui ont été reconnues dans chaque concession, ainsi que l'épaisseur totale de ces veines en charbon et leur teneur moyenne en matières volatiles. Il importe de remarquer que le nombre et la puissance totale des veines reconnues ne sont pas un indice certain de la richesse de la concession, car celle-ci doit se mesurer principalement à la régularité des couches rencontrées.

Abstraction faite de cette question si capitale de la régularité des couches, les éléments de la puissance consistent matériellement, pour chaque compagnie, dans le nombre de ses fosses, dans sa population ouvrière et dans la quantité de veines; ces éléments sont résumés par concession dans les deux tableaux suivants :

NOMS DES CONCESSIONS.	SIÈGES D'EXPLOITATION.	FOSSES EN ACTIVITÉ.	FOSSES EN FONÇAGE.	FOSSES EN CHOMAGE.	TOTAL.	NOMBRE des OUVRIERS.
Dourges................	4	3	1	"	4	1,100
Courrières.............	6	5	1	"	6	2,200
Lens...................	5	5	"	"	5	3,500
Grenay.................	6	6	"	"	6	2,800
Nœux...................	5	6	1	"	7	2,500
Bruay..................	4	2	2	1	5	1,750
Marles.................	3	5	"	"	5	2,170
Ferfay.................	3	3	"	"	3	1,450
Cauchy-à-la-Tour.......	1	"	"	1	1	"
Auchy-au-Bois..........	4	2	2	"	4	430
Fléchinelle............	1	1	"	"	1	440
Liévin.................	3	5	"	"	5	1,200
Vendin.................	2	2	"	1	2	450
Meurchin...............	3	3	"	"	4	600
Carvin.................	3	3	"	"	3	980
Ostricourt.............	2	1	"	1	2	300
Douvrin................	1	1	"	"	1	300
Annœulin...............	1	1	"	"	1	150
Courcelles-lès-Lens....	1	1	"	"	1	50
Hardinghen.............	2	2	"	"	2	1,000
Fiennes................	"	"	"	"	"	20
Ferques................	"	"	"	"	"	10
Totaux............	60	57	7	4	68	23,400

NOMS DES CONCESSIONS.	VEINES RECONNUES.		
	NOMBRE.	PUISSANCE totale en charbon.	TENEUR en matières volatiles.
Dourges..................	40	27^m,10	19 à 32 o/o.
Courrières...............	40	36 ,26	10 veines de 7 à 20 o/o. 20 veines de 20 à 35 o/o.
Lens......................	27	26 ,90	28 à 33 o/o.
Grenay....................	60	43 ,22	5 veines de 16 à 20 o/o. 55 veines de 20 à 40 o/o.
Nœux.....................	45	32 ,00	8 de 10 à 20 o/o. 37 de 20 à 40 o/o.
Bruay.....................	28	27 ,61	36 à 44 o/o.
Marles....................	24	19 ,55	33 à 42 o/o.
Ferfay....................	22	17 ,52	21 à 37 o/o.
Cauchy-à-la-Tour..........	4	2 ,75	28 à 34 o/o.
Auchy-au-Bois.............	33	28 ,20	29 à 38 o/o.
Fléchinelle...............	8	7 ,75	28 à 32 o/o.
Liévin....................	27	30 ,56	33 à 38 o/o.
Vendin....................	13	8 ,90	9,50 à 12 o/o.
Meurchin..................	6	6 ,25	13 à 16 o/o.
Carvin....................	19	12 ,10	10 à 17 o/o.
Ostricourt................	6	4 ,48	9 à 13 o/o.
Douvrin...................	16	9 ,90	10 à 14 o/o.
Annœulin..................	1	0 ,60	12,40 o/o.
Courcelles-lès-Lens.......	7	5 ,25	30 à 35 o/o.
Hardinghen................	9	8 ,20	33 à 38 o/o.
Fiennes...................	"	"	"
Ferques...................	"	"	"

Institutions en faveur des ouvriers. — Les compagnies houillères ont fait généralement d'énormes sacrifices pour le bien-être matériel et moral des ouvriers. Elles ont bâti des cités ouvrières considérables, saines, confortables, et elles louent les maisons aux ouvriers à des prix qui sont loin de représenter l'intérêt des sommes engagées dans la construction (environ 2 p. 0/0); elles accordent le chauffage gratuit à tous les ouvriers et elles participent dans une très-notable proportion à l'entretien des caisses de secours. Beaucoup d'entre elles ont érigé des églises; presque toutes ont fondé des écoles, des bibliothèques, des musiques, des jeux, des sociétés coopératives pour l'alimentation, etc.

L'ensemble des sacrifices que s'imposent les compagnies en faveur des ouvriers est évalué très-approximativement à 10 p. 0/0 du salaire direct de ceux-ci.

Les plans exposés ont été exécutés sous la direction de M. Duporcq, ingénieur des mines, qui a rédigé la présente notice.

BASSIN HOUILLER DU NORD.

Un travail identique a été poursuivi sur le département du Nord par les soins de M. Olry, ingénieur des mines; de sorte que les plans exposés embrassent l'ensemble du bassin houiller du Nord de la France dans son état actuel; les faits généraux relatifs à la partie de ce bassin qui est située dans le département du Nord sont suffisamment connus depuis la publication de la topographie du bassin houiller de Valenciennes par M. Dormoy.

BASSIN HOUILLER DE LA LOIRE.

Le travail de M. l'inspecteur général des mines GRÜNER, qui a déjà figuré à l'Exposition de 1867, a été complété et mis au courant par les soins de M. l'ingénieur HENRY. Les feuilles exposées, qui comprennent tout le bassin de Rive-de-Gier, figurent par des lignes de niveau, espacées de 10 en 10 mètres, l'allure de la grande couche; les couches inférieures, sensiblement parallèles à celle-ci n'ont été figurées que dans les régions où la première n'existe pas; les coupes jointes aux plans indiquent d'ailleurs très-nettement l'allure des couches dans tout le bassin.

TOPOGRAPHIE SOUTERRAINE

DU BASSIN HOUILLER DE SAINT-PIERRE-LA-COUR

(MAYENNE).

La topographie souterraine du bassin de Saint-Pierre-la-Cour comprend :

1° Un plan d'ensemble à l'échelle de $\frac{1}{10,000}$;

2° Quatre coupes à l'échelle de $\frac{4}{10,000}$;

3° Un mémoire explicatif.

Le bassin houiller de Saint-Pierre-la-Cour (station du chemin de fer de Paris à Brest, à 322 kilomètres de Paris) se trouve à la limite orientale du département de la Mayenne, sur les confins de celui d'Ille-et-Vilaine, dans lequel il pénètre sur quelques points.

La formation géologique connue sous ce nom se compose en réalité de deux bassins distincts, séparés par 1,500 mètres environ de terrains carbonifères et situés l'un au Nord, l'autre au Sud du bourg de Saint-Pierre-la-Cour.

Le premier, d'une superficie approximative de 10 kilomètres carrés, n'a donné lieu jusqu'à présent qu'à un faible développement de travaux; mais un puits en foncement de 170 mètres de profondeur va, selon toute probabilité, devenir le centre d'une nouvelle exploitation.

Le second, sur le point d'être épuisé, renferme au contraire un grand déploiement de travaux; sa surface totale ne dépasse pas 230 hectares et son épaisseur, comptée verticalement, est seulement de 250 mètres au maximum.

Une seule concession, d'une superficie de 906 hectares, donnée en 1830 et dont les limites ont été définitivement fixées par l'ordonnance du 26 décembre 1841, comprend tout le bassin Sud et la partie méridionale du bassin Nord.

La carte à l'échelle de $\frac{1}{10,000}$ présente les dimensions suffisantes pour que tout le bassin Sud ainsi que les quelques travaux et le nouveau puits du bassin Nord puissent y être figurés. Elle a été obtenue à l'aide des tableaux d'assemblage des communes et de la réduction au $\frac{1}{10,000}$ des plans souterrains de la mine, sur lesquels se trouvent un grand nombre d'indications diverses de la surface, formant autant de points de repère qui assurent l'exactitude du travail. Cette carte d'ensemble est complétée par quatre coupes transversales du bassin Sud, à une échelle quatre fois plus considérable, permettant de se rendre facilement compte de l'allure générale des couches qui y ont été reconnues ou exploitées.

Ces dernières sont au nombre de seize, désignées par des numéros d'ordre croissant à partir du toit, de richesse diverse, présentant des inclinaisons vers le Nord variant de 45 à 60 degrés avec l'horizontale et reposant, en stratification discordante, sur les couches du terrain carbonifère.

La flore très-nombreuse et très-remarquable de ce bassin permet de le rapporter nettement à l'étage supérieur de la formation houillère.

Le combustible qu'il fournit est une houille maigre à longue flamme, assez impure, servant presque exclusivement, comme les anthracites du bassin du Maine, à la fabrication de la chaux destinée à l'agriculture, qui constitue une industrie de premier ordre pour le département de la Mayenne. La quantité fabriquée en 1877 dans l'arrondissement de Laval a atteint le chiffre de 2,934,220 hectolitres, représentant une valeur de 3,423,257 fr.

La petite commune de Saint-Pierre-la-Cour renferme à elle seule trente-trois fours à chaux de grandes dimensions, dont vingt-huit ont été en activité pendant la dernière campagne. Les deux principaux établissements, comprenant l'un sept et l'autre huit fours, sont reliés par un embranchement au chemin de fer de l'Ouest, de sorte que la chaux se charge directement des fours dans les wagons qui la conduisent en Bretagne, où son emploi prend chaque jour un développement plus considérable.

La mine de Saint-Pierre-la-Cour a fourni jusqu'à ce jour une quantité totale de houille de 530,000 tonnes environ, représentant une extraction moyenne annuelle de 11,200 tonnes.

Cette houille peut donner du coke, mais de qualité inférieure, servant également à la fabrication de la chaux; mélangé avec l'anthracite, il active la marche des fours. Il en a été fabriqué environ 37,000 tonnes de 1862 à 1876.

La carte du bassin houiller de Saint-Pierre-la-Cour a été dressée par M. Julien, ingénieur des mines, chargé du sous-arrondissement minéralogique du Mans et attaché au Service des topographies souterraines, à l'aide des nombreux documents que possède le directeur de la mine, M. Saminn et d'après ses explorations récentes, faites soit seul, soit, le plus souvent, de concert avec ce dernier.

TOPOGRAPHIE SOUTERRAINE

DU BASSIN HOUILLER DE BRASSAC.

Le travail exposé comprend un plan d'ensemble à l'échelle de $\frac{1}{5,000}$ et une feuille de coupes à la même échelle.

Le plan est une réduction des plans parcellaires du cadastre; on y a tracé les chemins de fer construits postérieurement. L'allure des couches y est indiquée à l'aide de sections horizontales, par des plans espacés de 50 mètres, et qui sont les mêmes pour toute l'étendue du bassin; à chacun d'eux est affectée une couleur spéciale. Pour construire ces sections horizontales, on a commencé par réduire au $\frac{1}{5,000}$ les plans des travaux contenus dans l'atlas publié en 1851 par M. Baudin et ceux qui ont été dressés par les exploitants; puis on a tracé par interpolation les courbes correspondant aux plans sécants adoptés.

Le terrain houiller de Brassac s'étend sur 8 kilomètres, du Nord au Sud; mais il se prolonge très-probablement sous le terrain tertiaire de la plaine de Brioude; sa plus grande largeur est de 4 kilomètres. L'allure générale dessine un avant de bateau très-net; mais une série de plissements et d'accidents la compliquent dans les détails.

Les couches exploitées forment trois groupes.

Le groupe inférieur comprend les mines de la Combelle et de Charbonnier. A la Combelle, deux systèmes de couches ont été reconnus sur un développement de 1,500 mètres et une profondeur de 325 mètres; la couche la plus puissante atteint 4 à 5 mètres; l'inclinaison est de 50° à 60°. La houille est maigre. A

Charbonnier, les travaux s'étendent sur 1,000 mètres en direction et descendent à 233 mètres; la couche principale va de 2 mètres à 3 ou 4 mètres; l'inclinaison est de 35° à 40°. Le combustible est de l'anthracite.

Le groupe moyen comprend les mines de Grosménil, de Frugères, de Fondary et de la Taupe. Toutes ces mines donnent des houilles plus ou moins grasses. Au Grosménil, trois champs d'exploitation principaux ont été ouverts; on est descendu à une profondeur de 310 mètres. L'inclinaison va de 45° à 60° ou 70°. Dans les quartiers du Puits-Neuf et de Chamblève, on a exploité, sur une longueur de 1,000 mètres, une couche dont la puissance va jusqu'à 10 ou 12 mètres. Dans le quartier des Lacs, on a suivi sur 450 mètres une couche aussi épaisse, probablement une portion de la précédente. A Frugères, on a exploité, sur 150 mètres en direction et 130 mètres en profondeur, un lambeau presque vertical qui pourrait aussi appartenir à la même couche. C'est probablement encore un retour de celle-ci que l'on a exploité, sur 300 mètres en direction et 170 mètres en profondeur, dans la concession de Fondary. Enfin, à la Taupe, les travaux s'étendent sur 1,100 mètres environ et sont descendus à 226 mètres. Ils portent sur plusieurs masses lenticulaires, inclinées à 70° ou 75° et dont l'épaisseur va jusqu'à 35 ou 40 mètres.

Le groupe supérieur comprend les mines de Mégecoste et des Barthes; elles donnent un charbon plus gras encore que celles du groupe moyen. Les couches, au nombre de quatorze au moins et peu puissantes pour la plupart, forment un avant de bateau régulier; l'inclinaison est de 70° dans une branche, de 50° à 55° dans l'autre. Les travaux, qui se développent sur une longueur totale de 2,400 mètres, sont descendus à 270 mètres de profondeur.

En dehors des plissements indiqués plus haut, le terrain houiller de Brassac a été dérangé par un certain nombre d'accidents; mais ceux-ci sont généralement assez mal connus. Une grande faille dirigée S. 40° E., et qui a déterminé un rejet de 200 mètres environ, le limite au S. O. D'autres failles traversent la partie occidentale des travaux de la Combelle, le champ d'exploitation du Grosménil, celui des Barthes, etc.

La production annuelle du bassin de Brassac est d'environ 200,000 tonnes.

La topographie souterraine du bassin de Brassac a été mise au courant par M. Amiot, ingénieur ordinaire des mines, chargé du sous-arrondissement de Clermont, attaché au Service de la carte géologique détaillée de la France et à celui des topographies souterraines, avec le concours de M. Massin, garde-mines.

ÉTUDE GÉOLOGIQUE
DU BASSIN HOUILLER DE LANGEAC.

Les tracés sur le terrain ont été exécutés à l'aide de cartes au $\frac{1}{10,000}$, extraites des tableaux d'assemblage du cadastre. Le travail exposé comprend une carte géologique et une feuille de coupes. Toutes les deux sont à l'échelle de $\frac{1}{40,000}$ et sont coloriées avec les mêmes teintes conventionnelles.

La carte reproduit pour la topographie les minutes de la carte de l'État-Major; on y a seulement ajouté les chemins de fer exécutés depuis que celle-ci a été levée. Le relief du sol est représenté par des courbes de niveau espacées de 20 mètres suivant la verticale.

La feuille de coupes comprend une coupe en long, par une ligne brisée qui suit à peu près l'axe du terrain houiller, et une série de neuf coupes en travers.

Le terrain houiller de Langeac s'étend sur 8 kilomètres de longueur, du Nord au Sud; sa largeur maximum est de 2,200 mètres. Dans sa partie septentrionale, la formation houillère est cachée soit par les alluvions modernes de la plaine de l'Allier, soit par des roches volcaniques (des conglomérats basaltiques surmontés de nappes de basalte et de cônes de scories), soit par des dépôts meubles s'étendant à la base des pentes du terrain cristallin. Enfin, à l'extrémité N. O. du bassin, le terrain houiller est couvert, sur une surface d'environ 25 hectares, par un chapeau de gneiss qui semble un lambeau détaché de la montagne voisine et amené à cette place par un glissement.

Le terrain houiller est encaissé à l'Ouest et au N. O. dans le gneiss, au S. E. dans des micaschistes alternant avec des bancs épais de leptynite. Ces roches contiennent quelques filons de granulite et de quartz. En outre, le long de la limite S. E. du terrain houiller, on voit des filons de sulfure d'antimoine et de spath fluor; ces derniers présentent quelquefois du cuivre pyriteux et de la galène.

On peut diviser le terrain houiller en quatre étages, savoir, à partir de la base :

1° Une brèche à gros éléments;

2° Une puissante assise de schistes noirs, avec grès subordonnés;

3° Un poudingue commençant par une assise de grès qu'on exploite pour pierres de taille;

4° Des grès avec quelques lits de schiste subordonnés.

La brèche inférieure, très-mince dans la partie Nord du bassin, se renfle vers le Sud jusqu'à 150 mètres; les schistes noirs, qui peuvent avoir 400 mètres au Nord, diminuent vers le Sud et se réduisent à 100 mètres. L'épaisseur du poudingue moyen varie entre 150 et 300 mètres; enfin, le grès supérieur atteint 200 mètres. La puissance totale du terrain houiller, dans son plus grand développement, peut aller à 800 mètres.

Les schistes noirs de la base renferment une couche de houille exploitée à la Chalède sous le chapeau de gneiss indiqué plus haut; c'est aussi dans des grès meulières subordonnés à ces schistes qu'on a trouvé des fruits en grand nombre. Dans les grès supérieurs sont les deux couches exploitées à la mine de Marsanges et celle qui affleure sur la butte de Chana.

Dans sa partie Nord, le terrain houiller forme un fond de bateau parfaitement régulier, autant du moins qu'on peut en juger. Plus au Sud, la largeur du bassin diminue, et la ligne d'ennoyage vient passer très-près de la limite occidentale; celle-ci présente de brusques ressauts et est formée par une série de failles; vers l'Est au contraire, on retrouve la succession des assises énumérées plus haut. Enfin, à la pointe Sud du bassin, des failles limitent le terrain houiller.

Les accidents ont dû se produire à la suite des grands mouvements du sol qui ont plissé le terrain houiller en fond de bateau et l'ont amené dans sa partie Sud jusqu'à une altitude de 800 mètres. Le terrain, du reste, a sans aucun doute été déposé primitivement sur une surface beaucoup plus étendue que celle qu'il occupe aujourd'hui; après le relèvement qu'a subi toute la contrée, la dénudation a fait disparaître les parties qui manquent.

L'étude géologique du bassin houiller de Langeac a été exécutée par M. Amiot, ingénieur ordinaire des mines, chargé du sous-arrondissement de Clermont-Ferrand, attaché au Service de la carte géologique détaillée de la France et à celui des topographies souterraines.

ÉTUDE GÉOLOGIQUE

DES BASSINS HOUILLERS DE CHAMPAGNAC, DE BOURG-LASTIC ET DE LA HAUTE DORDOGNE.

Les tracés sur le terrain ont été exécutés à l'aide de cartes au $\frac{1}{10,000}$, extraites des tableaux d'assemblage du cadastre. Le travail exposé comprend une carte géologique et une feuille de coupes. Toutes les deux sont à l'échelle de $\frac{1}{40,000}$ et sont coloriées avec les mêmes teintes conventionnelles.

La carte embrasse toute l'étendue de la bande de terrain houiller qui va de la vallée de la Clidane, au Sud de Bourg-Lastic (Puy-de-Dôme), jusqu'aux plateaux au Sud de Jaleyrac (Cantal), sur une longueur de 42 kilomètres et une largeur maximum de 3,200 mètres. Elle est extraite, pour la planimétrie, des minutes de la carte de l'État-Major; le relief n'y est pas indiqué.

La feuille de coupes comprend une coupe en long, par une ligne brisée qui suit à peu près l'axe du terrain houiller, et une série de vingt-six coupes en travers.

La bande de terrain houiller est interrompue sur un intervalle de 700 mètres environ, vers le milieu de sa longueur, entre Maugues et Thynières. Partout ailleurs, elle ne présente que des lacunes apparentes, résultant de la superposition de roches plus récentes. Quelques-unes de ces roches sont volcaniques, telles que le basalte à Chanselle, à Bouilhon, à Banely, aux puys de Prodelles, de Forestier, de Charlus, le phonolithe aux Orgues de Bort. Les autres, d'origine sédimentaire, comprennent des argiles et des sables probablement tertiaires, disposés au sommet de quelques mamelons, souvent au-dessous du basalte, des alluvions anciennes d'origine glaciaire, entre Beaulieu et Siauve-Haute, enfin des alluvions modernes dans le fond des vallées.

Dans la partie de la bande située au Nord de Maugues, la direction générale est du N. 17° E. au S. 17° O.; la largeur varie de 400 à 1,200 mètres. Dans la partie située au Sud de Thynières, l'orientation est du N. 25° E. au S. 25° O.; la largeur est de 800 à 1,000 mètres au Nord de Madic. Elle augmente dans les concessions de la compagnie de Champagnac et atteint 3,200 mètres en face de Lempret, puis elle diminue jusqu'au pont de Vendes, sur la Sumène, où elle n'a plus que 800 mètres. A partir de là, le terrain houiller s'étrangle rapidement pour former une pointe très-étroite qui disparaît au Sud de Jaleyrac, sous le basalte du plateau de Mauriac. Sur la même direction générale, on trouve au Sud les petits lambeaux du pont d'Auze, près Mauriac, et des environs de Pleaux (Cantal). Du côté du Nord, on rencontre celui de Puy-Saint-Gulmier, puis la bande, longue de 28 kilomètres, qui va des environs de Miremont à Saint-Éloy (Puy-de-Dôme), enfin celle de la vallée de la Queune (Allier). Les points extrêmes sont distants de plus de 170 kilomètres.

Le terrain houiller des bassins de Bourg-Lastic et de Champagnac est encaissé dans les roches cristallines du plateau central. La lisière occidentale est formée par du granite à gros grains sur 34 kilomètres, depuis les Vialles, au Sud de la Clidane, jusqu'à Charlus, au Nord de la Sumène; au Nord des Vialles, c'est du micaschiste; au Sud de Charlus, c'est du gneiss ou une roche éruptive porphyrique. Des Vialles à Estréture, sur une longueur de 14 kilomètres, le granite forme une bande étroite dont la largeur ne dépasse pas 400 mètres et à l'Ouest de laquelle sont des micaschistes; cette bande se continue au Nord vers Bourg-Lastic; au Sud, elle s'élargit considérablement. Le granite, au contact du micaschiste et le long du terrain houiller, est souvent schisteux et fendillé (granite gneiss). La lisière orientale est formée par du micaschiste passant quelquefois au gneiss. Le granite de la limite occidentale renferme des filons de galène avec baryte à Joursat, Estréture, Ribeyrol, etc., des filons d'eurite quartzifère sur quelques autres points; tous ces filons paraissent orientés à peu près suivant la direction générale de la bande de terrain houiller. On trouve en outre des roches analogues à des minettes porphyriques et passant quelquefois à des eurites. Elles forment une grande masse le long de la limite du terrain houiller au Sud de Vendes; on les rencontre également en dikes isolés, dans une position analogue, à la Guinguette, aux Violes, au Fayt. Sur ce dernier point, elles percent un poudingue qui forme la base du terrain houiller.

Ce terrain comprend d'abord des schistes noirs, contenant de nombreuses empreintes d'alethopteris, avec grès subordonnés, commençant souvent par un poudingue et quelquefois (de Singles à Oustoulioux) par un conglomérat à grandes parties. Puis viennent des poudingues et des grès avec schistes subordonnés. A l'exception du conglomérat, ces diverses assises successives ne se distinguent point par des caractères assez tranchés ni assez constants pour qu'on puisse diviser l'ensemble de la formation en étages bien définis. La puissance la plus grande paraît être d'environ 600 mètres. Les principaux gîtes houillers qui ont été jusqu'ici l'objet de travaux de quelque importance occupent généralement un niveau assez bas dans la série des assises; ils affleurent près de la Clidane, aux environs de la Guinguette, de Varazennes, de Madic, de Lempret, de Prodelles, de Lagraille, de Vendes, etc. Le plus important d'entre eux est la belle couche reconnue dans les concessions de Lempret et de Prodelles, et que la compagnie de Champagnac se propose d'exploiter par une galerie d'écoulement de 1,000 mètres de longueur, débouchant près de l'Hôpital.

Vers son extrémité Nord, le terrain houiller forme un fond de bateau parfaitement net. Plus au Sud, de la Burande à Siauve-Haute, tous les bancs plongent uniformément vers l'Ouest, à 45° ou 50° en général. D'après la présence sur la limite occidentale du gros conglomérat de Singles et de la Burande, qui semble indiquer la base du terrain, cette apparence doit s'expliquer plutôt par un plissement avec renversement que par une faille. A partir d'Autraval, l'allure en fond de bateau reparaît; elle persiste jusqu'à l'étranglement du bassin, au Sud de Vendes. Dans la partie élargie, les bancs, au lieu d'un fond de bateau simple, présentent un double, un triple ou même un quadruple V. Les axes synclinaux et anticlinaux, dirigés à peu près N. S. et inclinés sur l'horizon, coupent obliquement l'axe général du bassin.

En dehors de ces plissements, le terrain houiller a été affecté par une série d'accidents transversaux dont quelques-uns ont une grande amplitude. Ainsi, au bord de la vallée de la Dordogne, une faille E. 30° N. le rejette de 150 à 200 mètres vers l'Ouest. La lacune comprise entre Maugues et Thynières paraît causée par un accident beaucoup plus important, qui aurait rejeté l'axe du bassin de 1 kilomètre environ vers l'Est; cette lacune est sur le prolongement d'une cassure N. 45° E., qui sépare le granite du gneiss à Pontvieux et limite à l'Est le lambeau de schistes et grès permiens ou triasiques de Saint-Sauves. Une faille qui paraît S. 40° E. a été rencontrée dans les travaux de la concession de Lempret. Enfin, à Vendes, le terrain houiller est rejeté de 200 mètres vers l'Est par un accident E. 20° S., qui suit la Sumène.

Il ne semble pas douteux que le terrain houiller ait été déposé d'une façon continue sur les 170 kilomètres jalonnés par les lambeaux indiqués plus haut, et en particulier par la bande qui comprend les bassins de Bourg-Lastic et de Champagnac. Il a dû occuper aussi, à l'origine, une largeur beaucoup plus grande qu'à présent, mais il est impossible de l'évaluer. Des mouvements postérieurs ont plissé les couches et les ont relevées, soit sur les bords du bassin primitif, soit dans les régions qui forment aujourd'hui lacune; puis la dénudation a fait disparaître tout ce qui dépassait le niveau actuel des plateaux.

L'étude géologique des bassins houillers de Champagnac, de Bourg-Lastic et de la haute Dordogne a été exécutée par M. Amiot, ingénieur ordinaire des mines, chargé du sous-arrondissement de Clermont-Ferrand, attaché au Service de la carte géologique détaillée de la France et à celui des topographies souterraines.

NOTICE VIII.

OCTOPLANISPHÈRE GNOMONIQUE.

Carte avec texte (panneau et portefeuille). — Octaèdre (modèle).

Carte du globe dressée en projection gnomonique sur les huit faces d'un octaèdre régulier circonscrit dont les huit triangles juxtaposés offrent le développement, avec l'indication des points principaux du réseau pentagonal qui jalonnent le tracé rectiligne de ce réseau, établie pour l'étude des alignements géographiques.

La détermination des alignements est la base de la partie de la stratigraphie que l'on peut appeler, en langage condensé, la *stratigraphie verticale*, parce qu'elle vise les surfaces de division de l'écorce terrestre voisines de la verticalité qui dépendent surtout des phénomènes éruptifs. Cette partie, traitant particulièrement des plans et des failles, est au moins aussi importante que la *stratigraphie horizontale*, c'est-à-dire l'étude des surfaces de division voisines de l'horizontalité qui dépendent plutôt des phénomènes sédimentaires, étude qui a été d'abord le principal objet des géologues.

Le globe auquel correspond l'octoplanisphère est la réduction du globe terrestre au $100\,000\,000^e$. L'un des axes de l'octaèdre a été mis en coïncidence avec l'axe des pôles, et deux des arêtes correspondent au méridien de l'île de Fer.

En vertu du principe gnomonique de la projection, les grands cercles d'alignements sont représentés par des droites, mais ces droites forment nécessairement dans le développement un polygone. Une planche annexe donne les moyens de construire le polygone déterminé par un premier côté ou par deux points appartenant à deux faces différentes, et les constructions ou les calculs à faire pour résoudre les deux questions sont expliqués dans une feuille de texte.

La planche annexe présente de plus le tracé du réseau pentagonal, et le texte, après avoir fait connaître les conditions d'exécution des deux planches et indiqué comment on peut y poursuivre les alignements en dehors de toute systématisation, offre aussi les données et les explications nécessaires pour l'étude et l'utilisation du réseau.

Le texte est complété par des renseignements bibliographiques et des *desiderata* concernant l'usage des cartes gnomoniques.

Le portefeuille de l'octoplanisphère est accompagné d'un octaèdre formé avec la planche du figuré géographique et pouvant tenir lieu de globe.

(Voir, pour les applications, V IIc.)

L'octoplanisphère a été établi par M. BÉGUYER DE CHANCOURTOIS, ingénieur en chef et professeur de géologie à l'École des mines, avec le concours de MM. PICARD, THOULET, JAVARY, DUJARDIN, CONSTANS, CHAPELLIER.

NOTICE IX.

I

CARTE AGRONOMIQUE
DU DÉPARTEMENT DE SEINE-ET-MARNE.

Le revenu net rapporté par une terre la caractérise beaucoup mieux que ne le pourrait faire l'analyse chimique la plus complète, en sorte qu'il est nécessaire d'en tenir compte pour l'établissement d'une carte agronomique; c'est ce qui a eu lieu pour la *Carte agronomique de Seine-et-Marne*.

Les terres arables, les prés, les bois, les vignes y sont représentés par une même couleur dont la nuance est d'autant plus foncée que la culture correspondante donne un revenu plus considérable.

Les chiffres exprimant, dans chaque commune, le revenu moyen ont d'ailleurs permis, en ayant égard à la nature physique et minéralogique du sol aussi bien qu'à son relief, de tracer les courbes limitant les terres pour lesquelles le revenu reste le même.

D'un autre côté, comme la composition minéralogique de la terre végétale exerce une grande influence sur sa fertilité, il fallait compléter les recherches précédentes par son étude.

Dans ce but, l'on a pris des échantillons de terre végétale sur toute l'étendue du département. Après les avoir fait dessécher, on en soumettait d'abord un poids déterminé à la lévigation.

Lorsque le résidu de la lévigation était sec, en l'examinant à la loupe, on pouvait facilement déterminer sa composition minéralogique; en outre, on le pesait, et la proportion trouvée était inscrite en centièmes, à l'endroit même d'où provenait la terre végétale.

On essayait aussi la terre végétale avec un acide, pour savoir si elle faisait effervescence et si elle contenait du carbonate de chaux. En multipliant convenablement cette opération, il devenait possible de séparer sur la carte les régions avec calcaire des régions sans calcaire.

Indiquons maintenant les principaux résultats auxquels ces recherches nous ont conduit pour le département de Seine-et-Marne.

Le calcaire manque généralement sur le haut des collines. Il manque aussi sur les terrasses qui bordent la Seine ou la Marne. Le terrain de transport qui recouvre le plateau de la Brie en contient, mais seulement lorsque le calcaire de Brie se rencontre lui-même à une petite profondeur. On en trouve dans la terre végétale qui s'étend sur les flancs des collines calcaires, notamment lorsque ces collines sont formées par de la craie et par des calcaires friables ou marneux.

L'argile, en y comprenant la silice impalpable, constitue la plus grande partie de la terre végétale dans le département de Seine-et-Marne. Il y en a beaucoup dans l'arrondissement de Meaux et sur tout le plateau de la Brie. Fréquemment, l'argile, l'humus et les parcelles microscopiques entraînées dans la lévigation représentent plus de 80 p. o/o de la terre végétale.

Le sable est habituellement l'élément dominant de la terre végétale vers le S. O. du département et dans toute la région occupée par les sables supérieurs ou de Fontainebleau. Il en est de même vers l'affleurement des sables moyens ou de Meaux.

En outre, le long de la Seine et de la Marne, soit dans le fond des vallées, soit surtout sur leurs flancs, la terre végétale devient sableuse ou même graveleuse.

Un coup d'œil jeté sur la carte montre tout de suite combien sont grandes les inégalités que présente la culture des terres dans l'étendue du département de Seine-et-Marne. Très-fertiles dans l'arrondissement de Meaux, aux environs de la Ferté-sous-Jouarre, de Brie-Comte-Robert, de Melun, de Provins et de Donnemarie, elles ne donnent qu'un faible revenu dans une partie de l'arrondissement de Fontainebleau.

Si l'on considère les terres arables, elles sont généralement meilleures sur les plateaux que dans les vallées. Il faut citer spécialement celles qui, étant limoneuses et d'une grande épaisseur, reposent sur un sous-sol facilement perméable. Telles sont les terres du Mesnil-Amelot, de Juilly, de Charny, qui sont superposées au calcaire lacustre du multien, lequel est perméable, en sorte que leur drainage s'opère spontanément. Bien que très-argileuses, puisque le résidu de leur lévigation est inférieur à 25 p. o/o, elles sont formées par un limon qui est assez poreux pour se laisser traverser facilement par les eaux, mais qui conserve toujours une humidité suffisante.

Généralement, les terres marneuses ou marno-sableuses sont de bonne qualité; celles de Vareddes, déposées près des bords de la Marne, ont même une fertilité exceptionnelle.

Lorsque les terres deviennent très-graveleuses ou très-sableuses, elles sont habituellement de qualité médiocre. Par exemple, on voit le revenu diminuer autour des collines de sable de Fontainebleau, et la lévigation des terres y donne souvent un résidu sableux qui dépasse 80 p. o/o. Une grande proportion de sable tend donc à diminuer la fertilité d'une terre, et les zones d'un faible revenu sont souvent en rapport avec les zones de sable.

Les terres qui contiennent du calcaire sont assez généralement de bonne qualité, mais des terres qui en sont dépourvues appartiennent cependant aux meilleures du département. Telles sont celles de Juilly et du Mesnil-Amelot, dans lesquelles ce défaut est du reste corrigé par le marnage pratiqué sur une grande échelle.

En résumé, la *Carte agronomique de Seine-et-Marne* permet de comparer le revenu des terres arables, des vignes, des prés, des bois, et elle montre comment la fertilité du sol varie dans toute l'étendue du département. Elle donne aussi des notions sur la terre végétale ; enfin, elle permet d'apprécier les rapports qui existent entre les caractères physiques ou chimiques de la terre végétale et la constitution géologique du sol.

II

HYDROLOGIE SOUTERRAINE DE LA BEAUCE.

Il suffit de jeter les yeux sur une carte géographique pour apprécier comment les eaux qui coulent dans la Seine d'une part, dans la Loire d'autre part, sont distribuées autour du plateau de la Beauce, qui sépare les deux fleuves entre Paris et Orléans. Mais, indépendamment des eaux superficielles, ces deux fleuves et leurs affluents respectifs reçoivent aussi des eaux souterraines, et nous nous sommes proposé de les étudier.

La méthode suivie est celle qui a été employée déjà pour connaître l'hydrologie souterraine des départements de la Seine et de Seine-et-Marne. On a commencé par déterminer la cote de l'eau dans un réseau de puits s'étendant sur le plateau de la Beauce et sur les régions avoisinantes qui se trouvent comprises entre la Seine et la Loire. Pour y parvenir, il fallait faire de nombreux nivellements, et ils ont pu être exécutés, grâce au concours bienveillant qui nous a été prêté par M. Mille et par MM. les ingénieurs en chef Francfort, Grille et Gojard, chargés du service des ponts et chaussées dans les trois départements d'Eure-et-Loir, de Seine-et-Oise et du Loiret.

Orographie de la craie. — Pour se rendre compte de la distribution et de la forme des nappes d'eau souterraines, il était nécessaire d'étudier d'abord la constitution géologique du sous-sol et particulièrement de connaître l'orographie de la craie qui existe dans toute la région explorée entre la Seine et la Loire. La craie, si nous désignons d'une manière générale sous ce nom le terrain crétacé supérieur, occupe, en effet, de grandes surfaces dans l'Ouest et dans le Nord; elle se montre sous le terrain tertiaire, sur le flanc des coteaux et dans le fond de certaines vallées. De plus, en descendant à une profondeur suffisante, par des puits ou par des sondages, on la rencontre partout. Dans la partie de la Beauce avoisinant Chartres, Voves, Châteaudun, les puits à eau s'alimentent même dans la nappe d'infiltration qui imbibe la craie.

Dans la région étudiée, la craie forme des collines arrondies et mamelonnées qui se relèvent fortement dans l'Ouest, vers les sources de l'Eure et de l'Huisne. D'un autre côté, elles se relèvent aussi légèrement au S. E., vers Nemours et Château-Landon, dans la vallée du Loing; tandis qu'elles s'abaissent au contraire très-fortement dans l'Est, c'est-à-dire vers la Seine et particulièrement au N. E., vers Paris. La pente moyenne de la craie atteint d'ailleurs $0^m,0038$ par mètre, entre Chartres et Étampes.

Nappes d'eau souterraines. — La carte jointe à la présente notice représente les nappes d'eau souterraines au moyen de courbes horizontales qui sont espacées de 10 mètres; en outre, des teintes bleues graduées, mises entre les courbes, sont d'autant plus foncées que leur altitude est moindre.

A l'aide de cette carte, on suit facilement le chemin, sous terre, que parcourt l'eau qui est tombée sur les plateaux du Perche, du Thimerais et de la Beauce; on voit comment un drainage naturel la déverse en partie dans la Seine et en partie dans la Loire.

Les nappes souterraines s'élèvent à une cote qui dépasse 200 mètres lorsqu'on remonte vers les sources de l'Eure; elles se maintiennent à la même altitude sur les plateaux du Thimerais et du Perche. Dans la Beauce, leur cote ne dépasse pas 150 mètres; elle est seulement de 120 mètres près de Chartres, de Voves, d'Orgères. Elle diminue encore lorsqu'on se dirige vers la Loire et surtout vers la Seine; car, tandis qu'elle est environ de 100 mètres près d'Orléans, elle se tient à la même hauteur près de Pithiviers, dans la vallée de l'Essonne; puis elle tombe à 80 mètres près de Malesherbes, et à 40 mètres près de Corbeil.

Le long du canal qui met Orléans en communication avec le Loing, c'est seulement près de Bellegarde et vers les sources du Cens et de la Bézonde qu'elle est supérieure à 110 mètres.

Sur le plateau qui sépare l'Yvette de la Vègre, la cote de l'eau souterraine dépasse 170 mètres; à Rambouillet et près de Montfort-l'Amaury, elle s'élève encore à 140 mètres, et elle est de 120 mètres près de Limours; mais elle diminue rapidement dans les vallées qui divergent autour de ce plateau. En particulier, à l'embouchure de la Maudre, qui se jette dans la Seine entre Meulan et Mantes, elle est inférieure à 20 mètres.

Sur les plateaux qui encaissent la Bièvre et vers les étangs qui s'alimentent à sa source, la cote de l'eau dépasse 160 mètres près de Saint-Cyr. Sur le plateau de Sèvres, elle se relève à plus de 170 mètres, tandis que sur celui de Saint-Germain elle n'est que de 140 mètres.

Si l'on considère spécialement la Beauce proprement dite, les nappes d'eau souterraines y sont à une cote habituellement comprise entre 130 et 100 mètres. D'un autre côté, la cote du sol y est en moyenne de 150 à 140 mètres et, en prenant ses limites extrêmes, elle varie de 180 à 120 mètres. Il résulte de là que les puits de la Beauce sont très-profonds, et, par suite, ils exigent une grande dépense de force et de temps pour remonter l'eau jusqu'à la surface. Lorsque leur fond se trouve dans la craie, ils peuvent même s'épuiser assez facilement; c'est surtout ce qui a lieu pendant l'été, saison dans laquelle les nappes souterraines sont basses et approchent de l'étiage.

NOTICE X.

CARTE GÉOLOGIQUE AGRONOMIQUE
DE L'ARRONDISSEMENT DE RETHEL (ARDENNES).

La carte géologique agronomique de l'arrondissement de Rethel a été conçue dans le même esprit que celle de l'arrondissement de Vouziers, antérieurement publiée. Elle est à l'échelle du 40 000ᵉ comme la précédente; seulement on a simplifié les moyens d'exécution en renonçant à l'emploi de la photographie à laquelle on avait cru devoir recourir pour amplifier au double la carte de l'État-Major au 80 000ᵉ dans le périmètre de l'arrondissement de Vouziers. On a eu ainsi un double intérêt, d'une part, en diminuant la dépense, et, en second lieu, en obtenant une plus grande rapidité d'exécution et une exactitude plus parfaite. En effet, les cartes cantonales de Vendol, qui ont servi de minutes, pouvaient différer un peu dans les détails de celle du Dépôt de la guerre, et le tracé des limites de terrains, toujours en rapport avec la topographie, devait être assez souvent modifié pour être transporté de la minute à la copie. En employant, au contraire, directement les minutes, on n'a eu qu'à en faire un calque qu'on a reporté sur la pierre. Il n'y a eu qu'une petite difficulté à surmonter pour faire raccorder entre elles les différentes cartes cantonales.

L'arrondissement de Vouziers comprenait huit cantons; celui de Rethel n'en renferme que six (Rethel, Juniville, Asfeld, Château-Porcien, Chaumont-Porcien et Novion).

La carte de Rethel porte à la marge une légende explicative un peu moins détaillée que celle de Vouziers. Elle est accompagnée, comme cette dernière, d'un volume de texte, moins étendu toutefois, mais calqué sur le même plan et où se trouvent consignés les résultats des explorations et des recherches de laboratoire.

Les grandes divisions géologiques ont été encore adoptées pour bases de la classification des terres.

La légende porte :

1° Terrains des alluvions modernes :

    A, argilo-sableux;

    Sa, sableux ou sablo-argileux;

    Gr, graveleux;

    Gl, glaiseux;

    M, marneux;

    T, tourbeux ou marécageux.

2° Terrains limoneux ou argilo-sableux des alluvions anciennes :

    A, argilo-sableux;

    Sa, sableux ou sablo-argileux.

3° Terrains graveleux, sableux ou glaiseux des alluvions anciennes (diluvium gris) :

    Gr, graveleux;

    Gl, glaiseux.

4° Terrains diluviens de diverses natures, formés sur place aux dépens de la roche sous-jacente :

    S, gaizeux;

    AC, d'argile crayeuse.

5° Terrains sableux ou glaiseux tertiaires :

    S, sableux;

    Gl, glaiseux.

6° Terrains crayeux :

    Cr, crayeux ;
    Gc, de grève crayeuse.

7° Terrains marneux, marno-sableux ou marno-crayeux :

    M, marneux ou marno-crayeux ;
    VM, marno-sableux (marne et sable glauconieux mélangés).

8° Terrains sablo-argileux verdâtres (SA).

9° Terrains gaizeux (S).

10° Terrains verts argilo-sableux de l'étage du gault :

    Gl, glaiseux ;
    V, argilo-sableux verdâtres.

11° Terrains généralement marneux du calcaire à astartes :

    M, marneux ;
    C, calcaires.

12° Terrains calcaires du système corallien (C).

13° Terrains marneux, marno-siliceux et marno-ferrugineux ou argilo-ferrugineux du système oxfordien :

    M, marneux ;
    MS, marno-siliceux ;
    MF, marno-ferrugineux ;
    AF, argilo-ferrugineux.

Chacune de ces divisions est indiquée par une teinte qui s'étend sur toute la surface des compartiments qu'elle occupe. Toutefois la 7° a été partagée en trois subdivisions teintées chacune d'une manière différente, en raison de l'intérêt que présente une couche de sable glauconieux intercalée dans les marnes, et qui peut être employée comme amendement, ou même entrer utilement dans les composts à cause de la potasse qu'elle renferme.

La 5ᵉ division, correspondante aux terrains tertiaires, n'existait pas dans la carte de Vouziers, qui, de son côté, en comprenait une autre, afférente au groupe kimméridgien, qui n'existe plus dans la carte de Rethel.

Les mêmes terrains sont d'ailleurs représentés par les mêmes teintes sur les deux cartes ; et ces teintes ont été choisies de manière à exprimer autant que possible des terrains d'une nature déterminée. Ainsi, le rouge a été adopté pour les terres sableuses, le jaune pour les terres calcaires et le bleu pour les terres glaiseuses. De sorte qu'au premier coup d'œil, les teintes de chaque compartiment donnent une idée générale de la nature des terres qui s'y trouvent comprises. Les alluvions modernes ont été recouvertes d'une teinte d'encre de Chine pâle, et les alluvions anciennes laissées en blanc.

En général, les meilleures terres sont comprises dans les compartiments des alluvions anciennes et modernes ; les teintes rouge ou jaune correspondent à des terres légères, et celles dont le bleu fait la base, à des terres fortes.

Il résulte de l'exposé qui précède que chaque compartiment, distingué par une seule teinte, peut cependant comprendre des terres de nature et de qualité différentes. On a adopté, pour indiquer celles-ci, des lettres initiales indépendantes du compartiment géologique où elles se trouvent. Ces lettres, au nombre de diz-sept, sont de plus affectées d'un indice faisant connaître le degré de sécheresse ou d'humidité, l'indice 1 se rapportant aux terres très-sèches, 2 aux terres simplement sèches, 3 aux terres d'humidité moyenne, 4 aux terres humides et 5 aux terres très-humides ou marécageuses.

Enfin la carte porte, dans certaines parties, des points ronds qui, sans la surcharger, représentent le sol superficiel tout en laissant voir le sous-sol indiqué par la teinte conventionnelle qu'ils recouvrent. Ils expriment l'un des terrains compris dans la légende sous les n°ˢ 2, 3, 4. Le plus souvent ils s'appliquent à des terres limoneuses ou à des roches éboulées ou remaniées sur place. Ces points sont d'ailleurs accompagnés de lettres indiquant la nature des terres en chaque lieu.

Nota. Une notice sur la carte agronomique de l'arrondissement de Vouziers se trouve insérée dans le volume contenant la description des objets exposés en 1873 à Vienne par les soins du Ministère des travaux publics.

NOTICE XI.

CARTE GÉOLOGIQUE
DU DÉPARTEMENT DE MEURTHE-ET-MOSELLE,

PAR M. BRACONNIER, INGÉNIEUR DES MINES.

Cette carte, collée sur toile, a $1^m,25$ de hauteur et $1^m,45$ de largeur; elle est formée par la réunion de six feuilles de l'État-Major à l'échelle du 80 000e. En raison de la forme allongée du département, forme qui est à peu près celle d'un canard, on a détaché la presque totalité de l'arrondissement de Briey, pour la reporter, parallèlement à elle-même, au-dessus de l'extrémité orientale de l'arrondissement de Lunéville. De cette manière, on a obtenu pour la carte les dimensions les plus petites. Le tracé des différentes formations a été exécuté d'après les cartes antérieures dressées par MM. les ingénieurs en chef Levallois et Reverchon; mais ces cartes ont été complétement revues et corrigées des erreurs qu'elles présentaient, erreurs qui provenaient principalement de ce que ces ingénieurs n'avaient point suffisamment tenu compte de l'existence de failles souvent importantes.

On a établi quelques sous-divisions de plus, afin de rendre la carte plus pratique : d'abord, pour mieux signaler les variétés de calcaires pouvant donner de la pierre de taille; ensuite, pour mieux préciser le régime des eaux souterraines et faciliter la recherche des sources.

Les grandes lignes de fracture ont été tracées sur la carte ; plusieurs d'entre elles correspondent à des failles importantes, dont l'amplitude est variable et l'importance pratique considérable, tant pour les carrières que pour les exploitations de fer et de sel.

On a adopté pour cette carte un mode particulier de coloriage : à part les diverses variétés de diluvium, qui restent en blanc, chaque terrain est désigné par une couleur en rapport avec sa composition minéralogique ; de cette manière, on apprécie beaucoup plus facilement comment varie la nature du sol suivant les différentes directions, et la carte est agronomique autant que géologique. Les divers étages géologiques embrassés par une même couleur se distinguent les uns des autres par des hachures diversement dirigées.

A la carte se trouve annexée une description géologique et minéralogique du département, que l'on a cherché, suivant le désir du conseil général, à rendre aussi courte et aussi simple que possible, tout en étant aussi complète que peuvent le réclamer l'industrie et l'agriculture. Après des considérations générales, on commence par des détails sur la structure du sol, en indiquant les divers systèmes de failles qui sillonnent le département et en montrant toute l'importance qu'ont ces lignes, tant au point de vue orographique qu'au point de vue hydrographique. On passe ensuite à la description des différents terrains ; pour chacun d'eux, l'épaisseur totale a été relevée tant à l'aide des indications données par les sondages qu'à l'aide de nivellements effectués avec soin ; ces épaisseurs, qui varient suivant les points, sont indiquées pour les diverses régions. On a recueilli des échantillons des différentes couches contenues dans chaque étage ; on en a fait l'analyse complète, et les résultats en sont indiqués dans une série de tableaux.

Les gisements de fer et de sel ont été étudiés d'une façon toute spéciale ; un nombre considérable de coupes et d'analyses indiquent la manière dont varient ces gisements dans les différentes régions.

L'hydrographie a été traitée d'une manière détaillée par l'indication des différents niveaux des sources; on a donné les résultats des nombreuses analyses effectuées sur les eaux puisées à ces différents niveaux et en différentes localités. On indique également la composition des différents cours d'eau.

Le département est pauvre en eaux minérales, car on ne peut comprendre sous ce nom les nombreuses sources ferrugineuses produites par la décomposition des pyrites. Cependant on a signalé, dans les environs de Blamont, une source sulfatée calcique analogue à celle de Contrexéville; on en a indiqué l'origine et la composition.

On a étudié le diluvium et le terrain sidérolithique en un grand nombre de points du département, et on en donne la composition chimique, pour compléter autant que possible l'étude du sol superficiel.

On fait connaître également la nature et l'usage des différents matériaux extraits du sol, ainsi que la composition des produits d'art obtenus dans les usines qui élaborent ces matériaux.

NOTICE XII.

CHEMIN DE FER SOUS-MARIN
ENTRE LA FRANCE ET L'ANGLETERRE.

L'Association concessionnaire du chemin de fer sous-marin entre la France et l'Angleterre s'est proposé d'étudier la structure géologique du détroit; cette étude a été faite en 1875 et 1876, sous la direction de M. A. Lavalley, administrateur délégué, par MM. Larousse, ingénieur hydrographe, Potier et de Lapparent, ingénieurs des mines.

Les résultats ont été consignés dans un rapport duquel sont extraits la carte géologique du détroit et les profils indiquant l'épaisseur et la nature des couches crétacées telles que les montrent les falaises et les sondages récemment forés par la compagnie.

Pour plus amples détails, consulter le rapport sur l'exploration géologique du détroit.

NOTICE XIII.

DIRECTION DES MINES.

1

CARTE STATISTIQUE DE LA PRODUCTION MINÉRALE DE LA FRANCE,
EN 1876.

Cette carte a été dressée, à la demande de M. Lamé Fleury, Directeur des mines, dans le but de représenter la production des principales substances minérales exploitées en France en 1876, et d'après les renseignements qui, recueillis pour chaque département par les ingénieurs des mines, ont été coordonnés par le Service de la statistique de l'industrie minérale.

Comme il n'existait pas, jusqu'à ce jour, de carte de la France indiquant la situation individuelle des mines et des autres exploitations minérales, il a fallu établir d'abord une carte géographique spéciale, propre à recevoir les données de la statistique relatives à 1876 et où devaient, avant tout, figurer les exploitations qui ont été en activité pendant l'année.

Ces indications ont été portées sur une carte murale à l'échelle de $\frac{1}{50,0000}$, qui a été établie d'après la carte des principales voies de communication de la France dressée au Dépôt des cartes et plans du Ministère de l'agriculture, du commerce et des travaux publics en 1861, et revue en 1876.

Les cartes de l'État-Major ont été consultées, en outre, pour déterminer la position des exploitations.

Chacune des mines a été identifiée, à cet effet, avec la commune où est établi le siége principal d'extraction et où les redevances sont perçues. Bien qu'elles confinent les unes aux autres sur certains points, spécialement dans nos principaux bassins houillers, il a été possible de les indiquer toutes séparément, avec leur nom, sauf pour le bassin de la Loire; cette lacune a d'ailleurs été comblée par une carte spéciale, à une échelle quadruple, comprenant toutes les mines de ce bassin et qui a trouvé place dans l'un des angles inférieurs de la carte murale.

Des signes parfaitement distincts représentent les mines, les minières, les tourbières, les sources salées et les marais salants; de même, les groupes de minières, de tourbières ou de marais salants.

Ces signes sont de couleurs différentes, suivant la nature des substances exploitées, divisées en huit catégories, savoir :

Houille et anthracite,
Lignite,
Tourbe,
Asphalte et bitume,
Minerai de fer,
Pyrites de fer et soufre natif,
Minerais divers,
Sel gemme ou marin.

Lorsque les produits d'une mine font partie de deux catégories, — comme c'est le cas pour certaines mines de houille, où l'on exploite aussi soit des schistes bitumineux, soit du minerai de fer, — la croix qui représente cette mine a ses branches de deux couleurs.

Les noms des exploitations des minerais divers sont accompagnés de lettres indiquant la nature des substances extraites de ces minerais : plomb, argent, cuivre, zinc, manganèse, étain, antimoine, aluminium, alun, etc. De même pour les pyrites et pour le soufre.

On a inscrit en caractères un peu plus grands les noms des mines qui ont produit, en 1876, plus de :

100,000 tonnes de combustibles ;

50,000 tonnes de minerai de fer;

20,000 tonnes de sel gemme.

La production des diverses substances minérales a été représentée, par bassins houillers ou par groupes d'exploitations, au moyen de cercles de diamètres gradués : un cercle de 1 centimètre de diamètre figure 10,000 tonnes. Une faible production de 100 tonnes peut encore, à cette échelle, être représentée, puisqu'elle correspond à un cercle de 1 millimètre de diamètre. La couleur de ces cercles dépend de la catégorie dans laquelle sont rangés les produits correspondants, de sorte qu'on peut se rendre compte, à première vue, de la richesse minérale d'une région ou d'un département quelconque.

Pour les minerais de fer et pour les autres minerais métalliques, les cercles représentent la production du minerai, brut ou préparé, propre au traitement métallurgique. Un cercle concentrique, d'une nuance affaiblie, indique en outre, s'il y a lieu, la production du minerai à l'état brut, avant sa préparation.

Le nombre de tonnes produites, dans chaque bassin ou dans chaque groupe, est inscrit d'une manière apparente dans l'intérieur ou à côté du cercle correspondant.

Les exploitations réunies en un groupe sont reliées sur la carte par des traits discontinus, de la couleur affectée à la catégorie dans laquelle elles sont rangées, sauf pour les exploitations comprises dans l'intérieur du cercle représentant la production totale du groupe et dont le groupement est évident.

Les centres des cercles ne coïncident pas généralement avec les centres de figure des groupes. Ils concordent, d'une manière approchée, avec le centre de gavité qui serait propre à chaque réseau, si l'on appliquait, au siége des diverses exploitations, des poids proportionnels à ceux des minerais qu'on a extraits pendant l'année.

Tout en continuant l'explication de la carte, il convient d'indiquer les principaux renseignements statistiques qu'elle représente graphiquement et qui y sont inscrits en chiffres.

Combustibles minéraux. — Les mines sont groupées par *bassins géologiques* et un cercle spécial figure la production de chaque bassin. Toutefois on a réuni, pour plus de clarté, quelques petits bassins sans lien géologique évident soit entre eux, soit avec un bassin voisin plus important.

Les mines de lignite à très-faible production présentent plusieurs exemples de pareils groupements.

Le nombre des bassins exploités en 1876 est de 44 pour la houille et l'anthracite, et de 23 pour le lignite. Par suite des groupements opérés sur la carte, les centres de production distincts s'y réduisent respectivement à 32 et 14 pour ces deux catégories.

Il reste ainsi, pour les combustibles minéraux, 46 cercles représentant ensemble la production totale, montant à 17,104,794 tonnes.

Le bassin le plus important est celui du Nord, dont le centre n'est plus à Valenciennes, mais à Douai, et qui a produit 6,618,760 tonnes. Puis viennent les bassins de la Loire (3,514,338 tonnes), du Gard (1,559,198 tonnes), du Creusot et de Blanzy (1,021,038 tonnes), de l'Allier (882,170 tonnes), de l'Aveyron (707,067 tonnes). Le bassin d'Aix, à lui seul, a fourni 366,128 tonnes de lignite, plus des trois quarts de la production totale de ce combustible, qui a été de 465,595 tonnes.

Tourbe. — Les tourbières ont été divisées en huit groupes, correspondant aux *bassins hydrographiques* de la Loire, de la Garonne, du Rhône, de la Seine, de la Somme, de l'Escaut, de la Meuse et de la Moselle.

Ces grands cours d'eau ont été seuls indiqués sur la carte; on y a toutefois ajouté les affluents parcourant les vallées où sont situés les groupes importants de tourbières et donnant généralement leur nom à ces groupes.

La production de la tourbe est représentée, au lieu de cercles, par des carrés de surface équivalente. Elle s'est répartie, en 1876, comme il suit :

	Tonnes.
Bassin de la Somme....................	242,816
— de la Seine.....................	61,439
— du Rhône......................	37,007
— de la Loire.....................	35,900
— de la Garonne..................	9,781
— de l'Escaut....................	2,300
— de la Moselle et de la Meuse........	2,275
PRODUCTION TOTALE...........	391,558

Asphalte et bitume. — La production des schistes bitumineux et des calcaires asphaltiques est figurée par des cercles, pour les bassins ou les groupes de bassins, comme celle des charbons, savoir :

	Tonnes.
Bassin d'Autun (Saône-et-Loire)..............	128,058
— de l'Allier (y compris le Puy-de-Dôme)...	26,112
— de Seyssel (Ain, Haute-Savoie).........	18,951
— du Gard........................	848
PRODUCTION TOTALE...........	173,969

Minerai de fer. — Les exploitations ont été groupées d'après leurs relations géographiques et, en même temps, autant qu'il a été possible sans pousser trop loin les divisions, d'après les conditions géologiques des gisements et la nature minéralogique des minerais.

On a obtenu ainsi vingt-cinq centres de production, qu'il a paru convenable de distinguer, tantôt au point de vue géographique, tantôt au point de vue géologique ou bien encore industriel. Ces centres sont assez caractérisés, comme le montre l'inspection de la carte, pour qu'il n'ait pas paru nécessaire d'y inscrire la nature, parfois diverse, des minerais qu'on exploite dans chacun d'eux, inscription d'ailleurs très-difficile à réaliser matériellement dans une carte destinée à embrasser l'ensemble de la production minérale de la France.

Quelques-uns consistent d'ailleurs en une seule exploitation isolée, qu'on n'a pas cru devoir réunir à des exploitations similaires, situées à une autre extrémité du pays. Le nombre des centres importants de production, ayant fourni plus de 20,000 tonnes dans l'année, se réduit en réalité à douze, d'où l'on a tiré, en 1876, 2,283,752 tonnes de minerai propre au traitement métallurgique, c'est-à-dire plus des neuf dixièmes de la production totale (qui a été de 2,380,091 tonnes), savoir :

	Tonnes.
Meurthe-et-Moselle	1,058,535
Vassy	288,605
Privas	194,664
Autun	174,215
Bourges	157,513
Pyrénées-Orientales et Ariége	81,459
Boulogne	73,034
Besançon	65,510
Gascogne	56,710
Alais	54,465
Aveyron	54,364
Bretagne	24,678

La production de chacun des vingt-cinq centres est représentée par un cercle spécial, qui, pour dix d'entre eux, est accompagné d'un cercle concentrique, d'un plus grand diamètre, représentant l'importance des produits à l'état brut, avant d'avoir subi aucune préparation.

Pyrites de fer. — Les mines où l'on exploite des pyrites de fer, parfois légèrement cuivreuses, pour la fabrication de l'acide sulfurique, forment deux groupes distincts dans la vallée du Rhône. Le plus important, celui du département du Rhône, a produit 101,198 tonnes; le second, dans le Gard et l'Ardèche, en a donné 38,071; au total : 139,269 tonnes.

Une exploitation isolée, dans le département de Vaucluse, a fourni en outre 5,280 tonnes de marnes imprégnées de soufre et figure séparément sur la carte.

Minerais divers. — Les mines de plomb, d'argent, de cuivre, d'antimoine, de zinc, de manganèse et d'étain, auxquelles on a réuni une exploitation d'alunite et une autre de bauxite (minerai d'aluminium), forment cinq groupes seulement, savoir :

	Tonnes.
Le groupe central	14,522
— des Cévennes	8,579
— des Pyrénées	3,354
— des Alpes	2,793
— de la Bretagne	1,436
— de la Corse	330
PRODUCTION TOTALE	31,014

Il est intéressant de connaître, malgré le peu d'importance de la production, quelles sont les quantités relatives des divers minerais propres au traitement métallurgique qui composent le total ci-dessus. Dans ce but, la carte renferme, dans un de ses angles, un cercle divisé en secteurs diversement teintés, dont les surfaces sont proportionnelles à ces quantités :

	Tonnes.
Minerais de plomb et argent	9,539
— de zinc	7,442
— de cuivre	7,366
— de manganèse	4,596
Bauxite	1,200
Alunite	553
Minerais d'antimoine	293
— d'étain	19
— de nickel et cobalt argentifères	6
PRODUCTION TOTALE	31,014

Sel. — Les exploitations de sel gemme sont aux extrémités opposées de la France : à l'Est, on trouve des mines et des sources salées en Lorraine et dans le Jura ; au S. O., des sources salées seulement, dans les Landes et au pied des Pyrénées.

Elles constituent trois groupes, dont la production totale a été de 246,451 tonnes de sel. Le groupe de Nancy a fourni, à lui seul, 191,752 tonnes; celui du Jura, 42,021 tonnes.

Afin de permettre les comparaisons, on a en outre indiqué sur la carte la position des marais salants et on les a ensuite réunis en deux groupes, ceux de l'Ouest, ceux du Midi. La production de chacun de ces groupes a été figurée par un carré représentant 151,845 tonnes pour les sels de l'Atlantique et 176,365 tonnes tonnes pour ceux de la Méditerranée.

Cette carte est due à M. O. KELLER, ingénieur des mines.

II

REPRÉSENTATION GRAPHIQUE,

1° DU DÉVELOPPEMENT DE L'INDUSTRIE HOUILLÈRE EN FRANCE, DEPUIS 1811;
2° DE LA PRODUCTION DES FONTES, DES FERS ET DES ACIERS EN FRANCE, DEPUIS 1819.

(2 tableaux.)

Les *Résumés des travaux statistiques de l'Administration des mines* renferment des renseignements d'un grand intérêt concernant le développement de l'industrie houillère et de l'industrie du fer en France.

On y trouve consignées depuis 1787, mais avec des lacunes, sans aucune interruption, année par année, depuis 1811, la production, l'importation, l'exportation et la consommation des combustibles minéraux. Ces résumés contiennent, entre autres renseignements, à partir de 1833, année où le Ministère des travaux publics en a commencé la publication, l'indication du prix moyen des combustibles, le nombre des mines et celui des mineurs.

Des renseignements analogues y figurent touchant la production des fontes et des fers depuis 1819 et celle des aciers depuis 1826; ils sont complétés par les prix moyens de vente, depuis 1833.

Le Directeur des mines a chargé le Service de la statistique de l'industrie minérale du soin de représenter graphiquement, à une assez grande échelle, ces précieuses indications, de manière à permettre de saisir d'un seul coup d'œil la marche générale de ces industries et d'étudier les fluctuations annuelles auxquelles elles ont été soumises.

Deux tableaux ont été dressés sous la surveillance de M. O. Keller, ingénieur des mines.

Le mode de représentation adopté a pour base des coordonnées orthogonales, les différentes années étant échelonnées sur la ligne des abscisses.

Le premier tableau, relatif à l'industrie houillère, représente, pour la période de 1811 à 1877, les quantités de charbon, 1° extraites des mines françaises; 2° exportées; 3° importées des pays étrangers; 4° consommées en France. L'échelle des ordonnées est de $\frac{1}{2}$ millimètre pour 10,000 tonnes de combustible.

L'importation figure au-dessus et comme en addition de la production; l'exportation, au contraire, à la base du tableau; de façon que la consommation est rendue visible par la simple différence des surfaces représentées, de teintes variées. Celle qui figure l'importation est divisée en trois zones de couleurs différentes, suivant la provenance des houilles (Belgique, Angleterre, Allemagne).

De même, la surface correspondant à la production des mines indigènes est divisée en une série de zones superposées qui indiquent la production annuelle de chacun des principaux bassins. Ce mode de représentation permet de saisir d'un coup d'œil les phases successives et l'importance relative de l'exploitation des combustibles minéraux dans les bassins de Valenciennes, de la Loire, d'Alais, du Creusot et de Blanzy, de Commentry, d'Aubin et d'Aix; il montre clairement la part pour laquelle chacun d'eux a contribué à la production totale annuelle depuis 1833.

Les ordonnées de deux lignes plus ou moins brisées, de couleur rouge, figurent les prix moyens annuels des combustibles consommés en France sur les lieux d'extraction et sur les lieux de consommation. Deux autres lignes indiquent le nombre annuel des mines exploitées et celui des ouvriers.

Le second tableau est divisé en trois parties dans sa hauteur et représente, d'une manière distincte et en corrélation au point de vue chronologique, la production : 1° des fontes, 2° des fers, 3° des aciers.

Des surfaces diversement teintées y figurent :

La production totale de la fonte, divisée en fonte au bois, fonte au coke ou mixte ;

La production totale du fer, divisé en fer au bois ou mixte, fer marchand au coke, rails ;

La production de l'acier, distingué en acier puddlé et de forge, acier fondu par les procédés Bessemer, Siemens ou Martin, acier fondu au creuset, acier cémenté.

Des lignes plus ou moins brisées, tracées dans chacune des trois divisions du tableau, indiquent les prix moyens des divers produits, d'année en année.

III

CARTE DE LA PRODUCTION, DE LA CONSOMMATION ET DE LA CIRCULATION DES MINÉRAUX EN FRANCE, PENDANT L'ANNÉE 1872.

Cette carte, à l'échelle de $\frac{1}{1,600,000}$, a été dressée au Ministère des travaux publics, en 1875, par M. le comte DE VASSART D'HOZIER, ingénieur en chef des mines, d'après les documents coordonnés par le Service de la statistique de l'industrie minérale.

Elle a été publiée dans le *Résumé des travaux statistiques de l'Administration des mines en 1870, 1871 et 1872*.

La production des combustibles minéraux y est figurée, pour chaque bassin, par un carré dont la surface a été réglée proportionnellement à la quantité extraite en 1872, le carré de 1 millimètre de superficie représentant une production de 10,000 quintaux métriques.

La quantité du charbon consommé dans chaque département est représentée, d'une manière analogue, par un cercle ayant son centre au chef-lieu.

L'originalité de cette carte réside principalement dans le tracé des lignes de circulation, voies ferrées et voies navigables, suivies, d'une part, par les combustibles indigènes, et, de l'autre, par les houilles importées de la Belgique, de l'Angleterre ou de Sarrebrück. Une couleur spéciale est attribuée aux combustibles de ces quatre provenances, tant pour figurer les lignes de circulation que les quantités consommées dans les départements. Ces quantités peuvent être évaluées approximativement à première vue, d'après la surface des secteurs diversement teintés que présentent les cercles tracés autour des chefs-lieux.

Pour les lignes de circulation dans l'intérieur du pays, les teintes sont alternées lorsque des combustibles de diverses origines parcourent la même voie. Des lignes, toujours distinctes, tracées hors des côtes, indiquent les voies de circulation maritime.

Les noms de tous les bassins producteurs sont inscrits sur la carte, ainsi que les nombres de quintaux métriques des combustibles extraits de chaque bassin ou consommés dans chaque département.

NOTICE XIV.

STATISTIQUE GÉOGRAPHIQUE,

PAR DÉPARTEMENT,

DES PRINCIPAUX MINERAIS DE FER DE LA FRANCE.

L'Administration de l'École des mines a voulu exposer une représentation figurative des principaux types de minerais de fer de la France, disposés chacun à peu près à leur place géographique.

A cet effet, dans un fond plastique figurant la carte de France à l'échelle de $\frac{1}{320,000}$ avec les divisions départementales, on a enchâssé, comme dans une sorte de *mosaïque*, des échantillons de minerais de fer sensiblement cubiques de 4 centimètres de côté; lorsque les minerais se sont trouvés pulvérulents ou en grains, ou bien trop friables, on a remplacé les cubes de minerai par des boîtes cubiques en verre, de mêmes dimensions, pouvant renfermer les fragments desdits minerais. Les cubes ont tous été enchâssés à 2 1/2 centimètres de profondeur, de manière à former au-dessus du fond de plâtre une saillie de 1 1/2 centimètre.

Le projet de figurer ainsi à l'œil la géographie statistique des minerais de fer français a été conçu et proposé par M. Dupont, inspecteur de l'École des mines, conservateur des collections; il a été approuvé par la Commission chargée d'organiser la participation du Ministère des travaux publics à l'Exposition universelle.

Le fond de cette sorte de *carte mosaïque* des minerais de fer étant une reproduction de la carte de France du Dépôt de la guerre au $\frac{1}{320,000}$, il s'ensuit que chaque type de minerai de fer qui y figure occupe une superficie de 12 kilomètres 800 mètres sur 12 kilomètres 800 mètres, soit 163^{kq},84 ; or, d'une part, on ne saurait prétendre qu'un pareil espace de 163 kilomètres carrés (en nombre rond) soit occupé tout entier par le gisement du minerai enchâssé; d'autre part, il peut se trouver, et il se trouve souvent dans cet espace plusieurs gisements de minerais dont les types ne figurent pas sur la carte, et ils ne pourraient pas d'ailleurs y figurer tous ; aussi convient-il de déclarer à l'avance que la *présente carte ne fournit pas les types de tous les gîtes de minerais de fer de la France, mais seulement les principaux.*

Lorsque la chose a été possible, on a disposé les cubes de minerais de façon que le centre de leur base carrée reposant sur la carte coïncidât exactement avec la localité d'où provient l'échantillon ; dans les autres cas, on s'est toujours conformé à cette règle, de placer le cube de minerai de telle manière que le lieu du gisement fût toujours situé à l'intérieur du carré de base.

En satisfaisant ainsi à ces conditions, on espère être arrivé à figurer dans son ensemble, aussi exactement que possible, une représentation des principaux minerais de fer de la France, mis à leur place géographique et pour ainsi dire naturelle.

Le premier coup d'œil jeté sur la *carte mosaïque* des minerais de fer permet de reconnaître immédiatement les régions riches et les régions pauvres en minerais.

En examinant plus à fond, on peut lire en quelque sorte la distribution géographique et naturelle, sur le territoire français, des divers types de minerais de fer suivants : minerais oxydulés, minerais peroxydés anhydres, minerais hydroxydés en roches et en grains, minerais carbonatés.

Enfin, en reportant par la pensée cette distribution géographique desdits minerais sur la carte géologique de la France, on peut se rendre compte de leur position stratigraphique dans l'échelle des terrains, et des relations possibles de leurs alignements avec les accidents géologiques.

Trois cent vingt-cinq échantillons de minerais de fer de diverses espèces, répartis dans *soixante-quinze départements,* figurent sur la carte mosaïque.

Pour ce qui est de la nature desdits minerais, on reconnaît qu'ils peuvent se distribuer de la manière suivante : 10 échantillons de minerais de fer oxydulé magnétique (magnétite), d'une richesse variable, reconnue, au bureau d'essai de l'École des mines, de 50 à 67 p. o/o de fer métallique, viennent des départements suivants :

Ariége, 1; Corse, 2; Maine-et-Loire, 4; Manche, 1; Pyrénées (Basses-), 1; Var, 1.

31 échantillons de minerais de fer peroxydé anhydre (hématite rouge, oligiste), d'une richesse variable, constatée, au bureau d'essai, de 20 à 59 p. o/o de fer métallique, proviennent des départements suivants :

Hautes-Alpes, 1; Alpes-Maritimes, 1; Ardèche, 3; Ariége, 2; Aveyron, 2; Calvados, 1; Finistère, 1; Hérault, 3; Isère, 1; Maine-et-Loire, 5; Pyrénées (Basses-), 5; Pyrénées (Hautes-), 1; Pyrénées-Orientales, 2; Saône (Haute-), 1; Savoie, 1; Vosges, 1.

133 échantillons de minerais de fer hydroxydé compacte ou en roche (limonite, hématite brune), d'une richesse variable, reconnue, au bureau d'essai, de 25 à 56 p. o/o de fer métallique, proviennent des départements suivants :

Allier, 1; Alpes-Maritimes, 1; Ardèche, 2; Ardennes 2; Ariége, 3; Aude, 5; Aveyron, 2; Cantal, 1; Charente, 2; Charente-Inférieure, 1; Cher, 2; Corrèze, 2; Côtes-du-Nord, 5; Creuse, 2; Dordogne, 1; Drôme, 2; Eure, 5; Eure-et-Loir, 1; Finistère, 1; Garonne (Haute-), 1; Hérault, 3; Ille-et-Vilaine, 7; Landes, 2; Loire-Inférieure, 4; Loire (Haute-), 2; Loiret, 1; Lot, 3; Lot-et-Garonne, 5; Manche, 4; Mayenne, 1; Meurthe-et-Moselle, 5; Meuse, 8; Morbihan, 5; Nièvre, 3; Nord, 3; Orne, 5; Pas-de-

Calais, 5 ; Puy-de-Dôme, 1 ; Pyrénées (Hautes-), 1 ; Pyrénées-Orientales, 2 ; Saône-et-Loire, 3 ; Sarthe, 4 ; Seine-Inférieure, 1 ; Tarn, 7 ; Tarn-et-Garonne, 2 ; Var, 3 ; Vendée, 1.

118 échantillons de minerais de fer hydroxydé oolithique ou en grains, d'une richesse variable, reconnue, au bureau d'essai, de 26 à 56 p. o/o de fer métallique, proviennent des départements suivants :

Ain, 3 ; Ardennes, 7 ; Aube, 2 ; Belfort, 1 ; Bouches-du-Rhône, 5 ; Cher, 8 ; Côte-d'Or, 9 ; Dordogne, 6 ; Doubs, 3 ; Gard, 6 ; Gironde, 1 ; Indre, 8 ; Indre-et-Loire, 4 ; Isère, 2 ; Jura, 3 ; Loir-et-Cher, 4 ; Marne, 1 ; Marne (Haute-), 10 ; Meurthe-et-Moselle, 7 ; Nièvre, 2 ; Saône (Haute-), 9 ; Saône-et-Loire, 2 ; Vaucluse, 4 ; Vienne, 4 ; Vosges, 2 ; Yonne, 5.

33 échantillons de minerais de fer carbonaté (sidérose), d'une richesse variable, constatée, au bureau d'essai, de 33 à 60 p. o/o de fer métallique, proviennent des départements suivants :

Allier, 1 ; Ariége, 1 ; Aude, 3 ; Aveyron, 1 ; Gard, 2 ; Ille-et-Vilaine, 1 ; Isère, 4 ; Loire, 2 ; Lozère, 1 ; Nord, 5 ; Pyrénées (Basses-), 3 ; Pyrénées (Hautes-), 2 ; Pyrénées-Orientales, 5 ; Savoie, 2.

Pour ce qui est du mode de gisement des minerais de fer figurant sur la carte mosaïque, on peut, en se reportant à la carte géologique de la France ou aux diverses descriptions des gîtes ferrifères français, constater que, sur les 325 échantillons de minerais de fer variés enchâssés dans ladite carte :

18 appartiennent à des gîtes en filons dans les terrains cristallisés (gneiss, micaschistes, granites, etc.) : ce sont les minerais de la Rousse, près Saint-Bonnet (Hautes-Alpes); de Valmasque et Chastel (Alpes-Maritimes); de Fondevialle (Cantal); d'Olmeta-di-Tuda et de Farinole (Corse); de Saint-Pierre-d'Allevard, Vizille, Theys, Saint-Pierre-de-Mésage et Freney-d'Oisans (Isère); de Servance (Haute-Saône); de Saint-Georges-d'Hurtières, Freney

et Thermignon (Savoie); de Bagna, près Collobrières (Var); de Plombières et du Thillot-Ramonchamp (Vosges);

9 appartiennent à des gîtes en filons ou amas dans les schistes paléozoïques (terrains cambrien, silurien et dévonien) : ce sont les minerais de Cascastel, près Durban (Aude); de Diélette, près Cherbourg (Manche); de Puicelcy et Lagarrigue, près Vaour, d'Alban, Saint-Michel-d'Alban, Montcouyoul, la Gloserie, près Montredon, et Frayssines (Tarn);

93 appartiennent à des gîtes interstratifiés en amas ou en couches dans les schistes paléozoïques (terrains cambrien, silurien, dévonien et carbonifère) : ce sont les minerais de Charnois, près Givet (Ardennes); de Rancié, près Vicdessos, Larcat, la Bastide-de-Sérou, Miglos, Riverenert, Engommer et Lassur (Ariége); de Casteuriels, Mamoulières, près Limouzis, Sériès, près Trasanel, Salsigne, la Ferronnière, près Sijean, Saint-Andrieu et Péchairoux (Aude); de Saint-Remy (Calvados); de Crénard, près Lescouët, Kergraist, près Perret, le Pas, près Lenfains, Bas-Vallon et Broons, près Dinan (Côtes-du-Nord), de Landevennec et Rosnoën (Finistère); de Mandagout, près le Vigan, la Valmy, près Saint-Jean-du-Gard et Saumane (Gard); de Courniou, près Saint-Pons, Rieussec, Masnaguine, près Cassagnolles, et Notre-Dame-de-Maurian (Hérault); de Paimpont, lande du Châtelier, près Messac, bois de la Porte, près Fougeray, Saint-Saturnin, près Pléchatel, Bonne-Fontaine, près Saint-Sulpice-des-Landes, lande de Gâtinel, près Ercé-en-Lamée, la Hayerais, près Brain, et Probert, près Renac (Ille-et-Vilaine); des Arques, Payrac et Puy-l'Évêque (Lot); de Roudigon, près Cuzorn, Tandon, la Borderie, près Salles, la Sauvetat, près Blanquefort, et Girard, près la Sauveterre (Lot-et-Garonne); de la Tréglantière, près Moissac (Lozère); de l'Oudon, près la Chapelle-sous-Oudon, le Bois, près Ségré, la Jaille-Yvon, près Châteauneuf-sur-Sarthe, Marigné, Champigné, Saint-Michel, près Pouancé, la Ferrière, Noyant et

Nyoiseau (Maine-et-Loire); de Saint-Pierre-la-Cour (Mayenne); de Silfiac, Sainte-Brigitte, Haut-Sourdéac, près Glénac, la lande de Rohan, près Sérent, et Béganne (Morbihan); de Glageon et Ohain (Nord); de Ferques (Pas-de-Calais); de Biriatou, Baburet, près Louvie-Soubiron, Saint-Étienne-de-Baigorry, Saint-Ignace, près Sare, Montory, Elgoyen, près Larrau, Caro, près Mendive, Etchebar et Aïnhoa (Basses-Pyrénées); de Vieille-Aure, Aure, près Bize-Nistos, Asté, près Campan, les Artigues, près Lourdes (Hautes-Pyrénées); de la Tour-de-Batère, la Pinouse, près Velmanya, Sahorre, Vernet, Escaro-Sud, Puymorens, Rasignères, Fillols et Boule-Ternère (Pyrénées-Orientales); du bois Georget, près Saint-Aubin-de-Locquenay, Haut-Éclair, près Ségrié, la Goupillière, près Rouez-en-Champagne, et la Devise, près Montreuil-le-Chétif (Sarthe); de Saint-Cirq et Cazals (Tarn-et-Garonne);

11 appartiennent à des gîtes interstratifiés en amas ou en couches dans le terrain houiller et permien : ce sont les minerais de Bézenet (Allier); d'Aubin (Aveyron); de Palmesalade, près Portes (Gard); de Rive-de-Gier et de Firminy (Loire); de Valenciennes, Escaudain, Fenain, Bruay et Fresnes, près Condé (Nord); de la Pépière, près Six-Fours (Var);

3 appartiennent à des gîtes interstratifiés en amas ou en couches dans le terrain triasique (grès bigarré, muschelkalk, marnes irisées) : ce sont les minerais d'Ailhon (Ardèche); de Travers, près Bessèges, et de Bordezac (Gard);

28 appartiennent à des gîtes interstratifiés en amas ou en couches dans le terrain jurassique (infralias, lias) : ce sont les minerais de Villebois, Serrières-de-Briord et Chazey-Bons (Ain); de Saint-Priest (Ardèche); de Villecomtal, Conques, près Saint-Félix-de-Lunel, Pruines et Mondalazac (Aveyron); de Thostes, Beauregard, Étrochey, Montliot, près Châtillon-sur-Seine, et Nolay, près Beaune (Côte-d'Or); de Cendras, près Alais (Gard); de Pisseratte, près la Verpillière, et de Saint-Victor, près Saint-

Marcel-de-Bel-Accueil (Isère); de Chalindrey (Haute-Marne); de Marbache, Pompey, Chavigny, Laxou, Mexy, Mont-Saint-Martin et Bouxières-aux-Dames (Meurthe-et-Moselle); de Jussey (Haute-Saône); de Mazenay et Changé (Saône-et-Loire); de Beau-Soleil, près Châteaudouble (Var);

25 appartiennent à des gîtes interstratifiés en amas ou en couches dans le terrain jurassique (oolithe inférieure, grande oolithe, oxfordien, corallien, kimméridgien, portlandien) : ce sont les minerais de Veyras et la Voulte (Ardèche); d'Artaise-le-Vivier près Raucourt, Poix, Neuvizy et Nouart (Ardennes); de Nespouls (Corrèze); de Marsannay-le-Bois (Côte-d'Or); d'Excideuil (Dordogne); de Roulans et Deluz (Doubs); des Deux-Jumeaux, près Sumène (Gard); de la Gardiole, près Frontignan (Hérault); d'Ougney (Jura); de Marault et Orges (Haute-Marne); de Maugiennes et Abainville (Meuse); d'Isenay et Gimouille (Nièvre); d'Oiselay, près Gy (Haute-Saône); de Sennevoy-le-Bas, Sennevoy-le-Haut, Étivey et Sully, près Beauvilliers (Yonne);

27 appartiennent à des gîtes interstratifiés en amas ou en couches dans le terrain crétacé (néocomien, grès et sables verts, gault, craie glauconieuse, craie marneuse, craie blanche) : ce sont les minerais de Soyons (Ardèche); du Bois-des-Toges, près Grand-pré, Sommerance et Havancourt (Ardennes); de Champ-sur-Barsse, près Vendeuvre et Thiéffrain (Aube); de Saint-Éloi-de-Gy et des Fontaines, près Allouis (Cher); de Cheminon (Marne); de Poissons, Mathons, Morancourt, Bettancourt, près Saint-Dizier, Pont-Varin, près Vassy-sur-Blaise, Narcy et Châteauvillain (Haute-Marne); d'Ancerville, Hévilliers, Villers-le-Sec, Tréveray et la Malmaison, près Moutiers-sur-Saulx (Meuse); de Saint-Remy-Chaussée, près Maubeuge (Nord); de Bainghen, près Leulinghen, Equihen, près Outreau, Ménneville et Saint-Martin-lès-Boulogne (Pas-de-Calais); de Forges-les-Eaux (Seine-Inférieure);

59 se rapportent aux minerais en grains du terrain tertiaire

(sidérolithique ou éocène, miocène, pliocène) : ce sont les minerais de Saint-Remy, Eygalières, Mouriès, les Baux et Fontvieille (Bouches-du-Rhône); de Roppe (Belfort); de la Chapelle-Saint-Ursin, bois Lavaux, près Saint-Florent, bois de Fondmoreau, près Plou, les Ruesses, près Châteauneuf, Bois-Vert, près Saint-Just, Dun-le-Roi, Louguerelles, près Saint-Hilaire-de-Gondilly, et les Bordes, près Allichamps (Cher); de Champagne, près Saulieu, Prémeaux et Charmes (Côte-d'Or); de Cabans, Miremont, près Lanouaille, Beaumont, la Joumelières, près Javerlhac, et Hautefort (Dordogne); d'Exincourt (Doubs); d'Arès, près Audenge (Gironde); de Cheignet, Mézières, Genitu, près Neuvy-Saint-Sépulchre, Ragon, près Cluis, Saint-Août, Issoudun, Valençay et Luant (Indre); de Chédigny, Luzillé, Reignac et Chambray (Indre-et-Loire); de Maynal et Fraisans (Jura); de Mesland, Santenay, Onzain et Mareuil (Loir-et-Cher); d'Autrey, Résie-Saint-Martin, Dampierre, Gy, Auvet, la Chapelle-Saint-Quillain et Noi-dans-le-Ferroux (Haute-Saône); de Goult, près Gordes, Villars, près Apt, Rustrel et Gignac (Vaucluse); de Ville-Salem, près Journet, la Marcherie, près Saulgé, l'Âge de Foix, près le Vigean, et Lussac, près Verrières (Vienne); de Martinvelle, près Monthureux-sur-Saône (Vosges); de Sambourg (Yonne);

52 se rapportent à des minerais en roches, en gîtes geysériens ou remaniés, remplissant les cavités du terrain tertiaire ou subordonnés aux dépôts quaternaires ou diluviens : ce sont les minerais de la forêt de Tronçais, près Cérilly (Allier); de Signy-le-Petit (Ardennes); de Montizon et Vouzan (Charente); de la Chapelle-des-Pots, près Saintes (Charente-Inférieure); de Chartriers-Ferrière, près Larche (Corrèze); de Bosmoreau et Lussat (Creuse); des Eyzies, près Tayac (Dordogne); de Barbières et Vallaurie, près Grignan (Drôme); de la Ferrière-sur-Risle, Sainte-Marthe, dans la forêt de Conches, Saint-Nicolas-d'Attez, Nogent-le-Sec et Piseux (Eure); de la forêt de Senonches (Eure-

et-Loir); de Bagnères-de-Luchon (Haute-Garonne); de Lamalou, près Villecelle (Hérault); de Vert et Saint-Paul-lès-Dax (Landes); de Navogne et Saint-Julien-Chapteuil (Haute-Loire); de Rougé, Avessac, Nozay et la Meilleraie (Loire-Inférieure); de Ferrière, près Montargis (Loiret); du Plessis, Régneville, Pierre-Butée et Ruffosse (Manche); de Saint-Pancré, Fillières, Mance, Aumetz et Briey (Meurthe-et-Moselle); de Thonne-le-Thil (Meuse); de Chiddes, Limon et Vieilmanay (Nièvre); d'Halouze-Saint-Clair, bois de Longni, le Sap-André, la Gatine et Malétable (Orne); de Chazoux (Puy-de-Dôme); de Génélard, Chalmoux, Saint-Aubin-sur-Loire (Saône-et-Loire); de Fontenay-le-Comte (Vendée); de Draguignan (Var).

La carte mosaïque des minerais de fer de la France, dont l'ensemble vient d'être exposé, porte le titre suivant, qui explique de quelle manière elle a été exécutée :

Statistique géographique, par département, des principaux minerais de fer de la France, dressée par M. Dupont, inspecteur général des mines, inspecteur de l'École des mines, avec la collaboration de M. Guyerdet, préparateur des collections géologique et départementale, sous la direction de M. Daubrée, inspecteur général des mines, directeur de l'École.

Les minerais exposés proviennent des envois faits par MM. les ingénieurs du Corps des mines, sollicités à cet égard par la circulaire ministérielle du 5 mai 1877. Nous devons donc dire qu'une grande part de l'œuvre leur appartient.

La liste suivante donne les noms de MM. les ingénieurs et autres personnes qui ont bien voulu faire des envois de minerais à l'École des mines; ce sont :

INGÉNIEURS EN CHEF.

M. Gentil.   M. Laur.

INGÉNIEURS DES MINES.

MM. Aguillon.	MM. de Grossouvre.	MM. Matrot.
Amiot.	Delafond.	Nivoit.
Benoît.	Duporcq.	Olry.
Bertrand.	Juge.	Oppermann.
Boutan.	Julien.	Rigaud.
Braconnier.	Lachat.	Vieira.
Carcanagues.	Langlois.	Villot.
de Castelnau.	Le Châtelier.	Vital.
de Corbigny.	Lévy.	Wickersheimer.
de Genouillac.	Lodin.	Worms de Romilly.

AUTRES DONATEURS.

MM. de Beaumefort, directeur des mines du Lac et de Saint-Priest;
Bertheault, directeur des forges de Montataire;
Euverte, sous-directeur de la compagnie de Terrenoire;
Jacquet, directeur des mines de la Voulte.

Pour compléter la carte mosaïque des minerais de fer, on a fait quelques emprunts d'échantillons soit dans les doubles de la collection de statistique départementale de l'École des mines, soit dans celle du bureau d'essai de ladite École.

La production totale des mines et minières de fer de la France s'est élevée, en 1876, à 3,344,370 tonnes, y compris 511,569 tonnes provenant des trois départements de l'Algérie.

L'album explicatif de la carte mosaïque des minerais de fer, qui indique les lieux d'origine des échantillons de minerais enchâssés dans ladite carte, fait connaître la production respective de chaque département; le même album donne la nomenclature des concessions de mines de fer exploitées et non exploitées.

NOTICE XV.

STATISTIQUE GÉOGRAPHIQUE,

PAR DÉPARTEMENT,

DES PRINCIPAUX GÎTES DE PHOSPHATE DE CHAUX DE LA FRANCE.

La représentation figurative, à leur place géographique, des principaux types de phosphate de chaux de la France a été conçue et exécutée dans le même esprit et de la même manière que celle des minerais de fer, qui a été exposée dans la notice précédente, à laquelle on peut se reporter.

Soixante-dix-huit échantillons de phosphates de chaux, de diverses espèces, répartis dans *trente-trois départements*, figurent sur la carte mosaïque.

Pour ce qui est de la nature desdits phosphates, on reconnaît qu'ils peuvent se distribuer de la manière suivante :

5 échantillons d'apatite (phosphate de chaux cristallin), d'une richesse d'environ 41 d'acide phosphorique pour 100 de matière, qu'on a fait figurer à titre d'indications minéralogiques, proviennent des départements suivants :

Creuse, 1; Loire-Inférieure, 1; Morbihan, 1; Vienne (Haute-), 2.

12 échantillons de phosphorite (phosphate de chaux concrétionné), d'une richesse variable, reconnue, au bureau d'essai, de 20 à 39 d'acide phosphorique pour 100 de minerai, proviennent des départements suivants :

Aveyron, 3; Hérault, 1; Lot, 5; Tarn-et-Garonne, 3.

61 échantillons de nodules de phosphate de chaux des terrains sédimentaires, d'une richesse variable, reconnue, au bureau d'essai, de 9 à 28 d'acide phosphorique pour 100 de matière, proviennent des départements suivants :

Ain, 1; Alpes-Maritimes, 1; Ardèche, 1; Ardennes, 6; Aube, 1; Aveyron, 1; Calvados, 3; Cher, 4; Côte-d'Or, 3; Doubs, 1; Drôme, 2; Eure-et-Loir, 1; Isère, 1; Marne, 3; Marne (Haute-), 3; Meuse, 7; Nièvre, 2; Nord, 4; Orne, 1; Pas-de-Calais, 5; Saône-Haute, 1; Sarthe, 2; Savoie (Haute-), 1; Seine-Inférieure, 2; Var, 1; Yonne, 2.

Pour ce qui est du mode de gisement des phosphates de chaux figurant sur la carte mosaïque, on peut, en se reportant à la carte géologique de la France, constater que, sur 78 échantillons de phosphate de chaux variés enchâssés dans ladite carte :

5 appartiennent à des gîtes en filons dans les terrains cristallisés (gneiss, micaschistes, granites, etc.); ce sont les gisements suivants :

De Montebras, près Soumans (Creuse); de Pluméviau (Morbihan); d'Orvault (Loire-Inférieure); de Chanteloube, près Razès, et Margnac, près la Croizille (Haute-Vienne);

1 appartient à un gîte en couche dans le terrain permien (grès vosgien) : c'est le gisement de Boson, près Fréjus (Var);

9 appartiennent à des gîtes en couches dans le terrain jurassique (infralias, lias, oolithe inférieure et oxfordien); ce sont les gisements suivants :

De Sully, Sainte-Honorine et Saint-Vigor-le-Grand (Calvados); de Germigny (Cher); d'Aisy-sous-Thil, Semur et Beaune (Côte-d'Or); de Nevers (Nièvre); d'Annéot, près Avallon (Yonne);

32 appartiennent à des gîtes en couches dans le terrain crétacé (grès et sables verts); ce sont les gisements suivants :

De Talmats, près Grandpré, Sommerance, Saulce-Monclin, Machéroménil, près Corny, et Grand'ham (Ardennes); de Montiéramey (Aube); de Pontailler-sur-Saône (Côte-d'Or); de Métabief (Doubs); de Saint-Serge (Eure-et-Loir); de Villard-de-Lans (Isère); de Sermaize, Dommartin et Dampierre-sur-Auve (Marne); de Saint-Dizier, Éclaron et Montiérender (Haute-Marne); de Villotte, Vassincourt, Rarécourt, Auzéville, Beurey et Varennes (Meuse); de Céton (Orne); de Brunembert, Desvres, Samer et Fiennes (Pas-de-Calais); du Tremblay, près Beulotte-Saint-Laurent (Haute-Saône); de Cormes et Cherré (Sarthe); d'Éloise, près Frangy (Haute-Savoie); d'Hauterive, près Seignelay (Yonne);

7 appartiennent à des gîtes en couches dans le terrain crétacé (gault); ce sont les gisements suivants :

De Bellegarde (Ain); du vallon de Clar (Alpes-Maritimes); de Viviers (Ardèche); de Clansayes et Saint-Paul-Trois-Châteaux (Drôme); de Carroué, près la Celle (Nièvre); de Wissant (Pas-de-Calais);

7 appartiennent à des gîtes en couches dans le terrain crétacé (gaize et craie glauconieuse); ce sont les gisements suivants :

De Sainte-Marie, près Vouziers (Ardennes); de Vailly, Pilate, près Sury-ès-Bois et Assigny (Cher); de Lochères (Meuse); de la Hève, près le Havre, et Buchy, près Rouen (Seine-Inférieure);

4 appartiennent à des gîtes en couches dans le terrain crétacé (craie marneuse et craie blanche); ce sont les gisements suivants :

D'Anappes, près Lille, Saint-Saulve, petite forêt de Raismes, près Valenciennes, et Marcoing, près Cambrai (Nord);

13 appartiennent à des gîtes en amas remplissant les fentes et cavités des terrains sur lesquels ils reposent (dépôts de sources thermales et sidérolithiques des terrains tertiaires (éocène, miocène, pliocène); ce sont les gisements suivants :

De Villeneuve, Naussac, Salles-Courbatiers et Puy-de-Jou, près Rodelle (Aveyron); de la Gardiole, près Frontignan (Hérault); de Larnagol, Lalbenque, Concots et Puyjourdes (Lot); de Saint-Antonin, Caylux et Montricoux (Tarn-et-Garonne).

La carte mosaïque des phosphates de chaux de la France, dont l'ensemble vient d'être exposé, porte le titre suivant, qui explique de quelle manière elle a été exécutée :

Statistique géographique, par département, des principaux gisements de phosphates de chaux de la France, dressée par M. Dupont, inspecteur général des mines, inspecteur de l'École des mines, avec la collaboration de M. Guyerdet, préparateur des collections géologique et départementale, sous la direction de M. Daubrée, inspecteur général des mines, directeur de l'École.

Les phosphates exposés proviennent des envois faits par MM. les ingénieurs du Corps des mines, sollicités à cet égard par la circulaire ministérielle du 5 mai 1877 et auxquels une grande part de l'œuvre appartient.

La liste suivante donne les noms de MM. les ingénieurs et autres personnes qui ont bien voulu faire, à cette occasion, des envois de phosphates de chaux à l'École des mines; ce sont :

INGÉNIEUR EN CHEF.

M. Laur.

INGÉNIEURS DES MINES.

MM. Benoît.	MM. Duporcq.	MM. Matrot.
de Castelnau.	Lachat.	Nivoit.
de Grossouvre.	Lévy.	Olry.
Delafond.	Lodin.	Vital.

MM. les Administrateurs de la compagnie de Saint-Gobain;
    l'abbé Le Camus, chanoine, à Cahors;
    Grüner, ingénieur civil;
    Souhart, directeur des mines de Villefranche.

Pour compléter la carte mosaïque des phosphates de chaux, on a fait quelques emprunts d'échantillons dans les doubles de la collection de statistique départementale de l'École des mines et dans celle du bureau d'essai de ladite École.

Il n'existe pas de statistique officielle de la production des phosphates de chaux exploités en France; on peut cependant, d'après les renseignements pris auprès de personnes compétentes, donner les chiffres approximatifs suivants sur la production de l'année 1877 : le groupe de la Meuse et des Ardennes a fourni 70,000 tonnes environ; celui du Quercy (Lot, Tarn-et-Garonne et Aveyron) a produit, en phosphates de qualités diverses, de 25,000 à 28,000 tonnes; celui du Boulonnais a donné environ 20,500 tonnes. Le groupe de la Côte-d'Or, où l'exploitation productive est assez récente, occupait, dans le courant de mars 1878, cinq cents ouvriers environ dans la région de Semur et du voisinage. Sans pouvoir donner encore le chiffre de la production de ce dernier groupe, on est fondé à dire qu'il s'annonce comme devant avoir probablement, dans un laps de temps peu éloigné, une certaine importance.

TABLE DES MATIÈRES.

NOTICE I.

ÉCOLE DES MINES. — ENSEIGNEMENT.

	Pages.
Cours d'exploitation des mines et de machines..................	1
Cours de métallurgie..	20
Cours de docimasie...	62
Cours de minéralogie.......................................	92
Cours de paléontologie......................................	112
Cours de géologie..	115
Cours de construction et de chemins de fer....................	143
Cours d'agriculture...	181
Cours de législation des mines, de droit administratif et d'économie industrielle...	188
Cours de topographie.......................................	207
Cours préparatoire d'analyse et de mécanique..................	210
Cours préparatoire de géométrie descriptive et applications à la charpente et à la stéréotomie..................................	224
Cours préparatoire de physique..............................	229
Cours préparatoire de chimie générale........................	233

NOTICES II, III ET IV.

BUREAU D'ESSAI DE L'ÉCOLE DES MINES.

Historique...	243
Compte rendu des analyses de minerais de fer français exécutées au Bureau d'essai de l'École des mines depuis sa fondation, en 1845, jusqu'au 31 décembre 1877....................................	247
Compte rendu des analyses d'eaux minérales et d'eaux potables.......	247
Compte rendu des analyses de phosphates de chaux................	248

NOTICE V.

	Pages.
Géométrie du réseau pentagonal et sphérodésie graphique.........	249
Étude des alignements géologiques et application du réseau pentagonal..	251

NOTICE VI.

CARTE GÉOLOGIQUE DÉTAILLÉE DE LA FRANCE.

Généralités..	255
Panneau central...	264
Bassin tertiaire sous-pyrénéen................................	268
Panneau comprenant les feuilles d'Orléans, Gien et Bourges........	272
Feuille du Mans...	276
Fragment de la carte géologique de la Sarthe au $\frac{1}{40,000}$...........	278
Feuille de Givet au $\frac{1}{40,000}$.................................	280
Feuille de Nancy..	284
Carte du Morvan au $\frac{1}{40,000}$.................................	287
Feuille de Chalon-sur-Saône..................................	291
Massif du Cantal au $\frac{1}{40,000}$.................................	294
Étude géologique du massif du Mont-Dore.....................	297
Carte du Gévaudan au $\frac{1}{20,000}$................................	301
Alpes françaises...	308
Feuille d'Antibes..	318
Région des Alpes-Maritimes à l'Est du Var et de la Vésubie.......	328
Fragments des feuilles de Montauban et de Cahors...............	336
Étude des gîtes sidérolithiques du bassin de la Chapelle-Saint-Ursin, près Bourges (Cher)..	340
Terrain sidérolithique des environs de Dun-le-Roi (Cher).........	345

NOTICE VII.

TOPOGRAPHIES SOUTERRAINES.

Généralités..	347
Bassin houiller du Nord et du Pas-de-Calais.....................	351

	Pages.
Bassin houiller de la Loire.	363
Topographie souterraine du bassin houiller de Saint-Pierre-la-Cour (Mayenne).	364
Topographie souterraine du bassin houiller de Brassac.	367
Étude géologique du bassin houiller de Langeac.	370
Étude géologique des bassins houillers de Champagnac, de Bourg-Lastic et de la haute Dordogne.	373

NOTICE VIII.

OCTOPLANISPHÈRE GNOMONIQUE.	379

NOTICE IX.

Carte agronomique du département de Seine-et-Marne.	381
Hydrologie souterraine de la Beauce.	384

NOTICE X.

CARTE GÉOLOGIQUE AGRONOMIQUE DE L'ARRONDISSEMENT DE RETHEL (ARDENNES).	387

NOTICE XI.

CARTE GÉOLOGIQUE DU DÉPARTEMENT DE MEURTHE-ET-MOSELLE.	393

NOTICE XII.

CHEMIN DE FER SOUS-MARIN ENTRE LA FRANCE ET L'ANGLETERRE.	397

NOTICE XIII.

DIRECTION DES MINES.

Carte statistique de la production minérale de la France en 1876.	399
Représentation graphique : 1° du développement de l'industrie houillère en France depuis 1811 ; 2° de la production des fontes, des fers et des aciers en France depuis 1819.	407
Carte de la production, de la consommation et de la circulation des minéraux en France pendant l'année 1872.	409

NOTICE XIV.

STATISTIQUE GÉOGRAPHIQUE, PAR DÉPARTEMENT, DES PRINCIPAUX MINERAIS DE FER DE LA FRANCE.................................... 411

NOTICE XV.

STATISTIQUE GÉOGRAPHIQUE, PAR DÉPARTEMENT, DES PRINCIPAUX GÎTES DE PHOSPHATE DE CHAUX DE LA FRANCE......................... 421

www.ingramcontent.com/pod-product-compliance
Lightning Source LLC
Chambersburg PA
CBHW071105230426
43666CB00009B/1832